plurall

Esta obra está no **Plurall**.
Baixe o app no seu celular
ou acesse **http://plurall.net**
e descubra uma nova
forma de estudar!

AASFK9NDD

Atenção! Somente serão liberados conteúdos
e serviços relacionados a esta obra.

Ajuda: @plurallnet

SOMOS EDUCAÇÃO

Elian Alabi Lucci

Bacharel e licenciado em Geografia pela Pontifícia Universidade Católica de São Paulo (PUC-SP)
Professor em escolas particulares do estado de São Paulo
Diretor da Associação dos Geógrafos Brasileiros (AGB) – seção local Bauru-SP

Anselmo Lazaro Branco

Licenciado em Geografia pelas Faculdades Associadas Ipiranga (FAI)
Professor em escolas particulares do estado de São Paulo
Ex-professor da rede estadual de ensino de São Paulo

Geografia 6

homem & espaço

Editora Saraiva

Dados Internacionais de Catalogação na Publicação (CIP)
(Câmara Brasileira do Livro, SP, Brasil)

Lucci, Elian Alabi
Geografia : homem & espaço, 6º ano / Elian Alabi Lucci, Anselmo Lazaro Branco. – 25. ed. – São Paulo: Saraiva, 2014.

Bibliografia.
ISBN 978-85-02-22281-6 (aluno)
ISBN 978-85-02-22259-5 (professor)

1. Geografia (Ensino fundamental) I. Branco, Anselmo Lazaro. II. Título.

14-04689 CDD-372.891

Índices para catálogo sistemático :

1. Organização do espaço : Geografia : Ensino fundamental 372.891

Gerente editorial	M. Esther Nejm
Editor responsável	Wagner Nicaretta
Editores	Ana Carolina F. Muniz, Raquel Maygton Vicentini
Coordenador de revisão	Camila Christi Gazzani
Revisores	Diego Carbone, Juliana Welling, Marisa de Oliveira
Coordenador de iconografia	Cristina Akisino
Pesquisa Iconográfica	Andrea Bolanho, Mariana Valeiro, Thiago Fontana, Carolina Carmini Lúcio
Licenciamento de textos	Erica F. Brambila e Ricardo Corridoni
Gerente de artes	Ricardo Borges
Coordenador de artes	Aderson Oliveira
Design e Capa	Megalo Design com foto de: Keystone; Getty Images; Getty Images
Diagramação	Select editoração
Assistentes	Jacqueline Ortolan, Paula Regina Costa de Oliveira
Ilustrações	Alberto Llinares, Alex Silva, Carlos Tadeu de Carvalho Gamba, Casa Paulista, Céllus, Conceitograf / Fernando Monteiro, Estúdio Ampla Arena, Estúdio B3, Ghristof Gunkel, João Anselmo, Ligia Duque, Luis Moura, Marcelo Martins, Marcos Aurélio, Mario Yoshida, Patricia Lima, Priscilla Camacho, Rickardo de Krisshna, Selma Caparroz, Vagner C. Santos, Walter Caldeira
Cartografia e gráficos	Carlos Tadeu de Carvalho Gamba, Mario Yoshida e Selma Caparroz
Tratamento de imagens	Emerson de Lima
Produtor gráfico	Robson Cacau Alves
Impressão e acabamento	Bercrom Gráfica e Editora

074.926.025.001

Editora Saraiva

SAC 0800-0117875
De 2ª a 6ª, das 8h30 às 19h30
www.editorasaraiva.com.br/contato

Rua Henrique Schaumann, 270 – Cerqueira César – São Paulo/SP – 05413-909

Apresentação

Caro aluno

Vivemos em um mundo complexo e que se transforma em ritmo acelerado. Modificações nos modos de se comunicar, de produzir, de se divertir, de obter informações vão se processando rapidamente. Abrem-se novas possibilidades de se conhecer, compreender e analisar paisagens e espaço geográfico, particularmente com o desenvolvimento da era digital. Neste mundo em mudanças, são múltiplas as possibilidades de comunicação e o volume de informações veiculadas é enorme.

Ao observarmos as paisagens no lugar em que vivemos, bem como aquelas que conhecemos pelos diferentes meios de comunicação, ao tomarmos contato com as informações sobre acontecimentos, fenômenos e processos verificados no espaço geográfico, muitos questionamentos podem surgir: por quê? como? para quê? Essas indagações ou reflexões, junto com o seu conhecimento, serão o ponto de partida para o estudo de Geografia neste livro. Assim, ao utilizá-lo, em um trabalho conjunto com seu professor e seus colegas, você será capaz de elaborar muitas noções e encontrar respostas para várias perguntas. No decorrer do curso, porém, surgirão outros questionamentos, pois a busca pelo conhecimento, pela compreensão do mundo que nos cerca, em toda a sua complexidade, é tarefa que nunca termina.

Justamente por isso, em boa parte, a humanidade conquistou tantos avanços tecnológicos, modificou paisagens e desenvolveu amplas possibilidades de sobrevivência em diversos lugares da Terra. E é também por meio do conhecimento que podemos encontrar caminhos para estender os benefícios conquistados a um número cada vez maior de pessoas, reduzindo as desigualdades sociais materializadas nas paisagens do espaço geográfico.

Nesse contexto, a Geografia, ciência que estuda o espaço organizado pela sociedade e, portanto, a própria sociedade, pode colaborar para a formação de cidadãos capazes de compreender o mundo em que vivem e nele atuar de modo consciente, contribuindo para a conservação do meio ambiente e para que as desigualdades, a exclusão, a discriminação e o preconceito não sejam marcas de nossa sociedade.

Bom trabalho!
Os autores

VEJA COMO SUA COLEÇÃO está estruturada

Cada livro da coleção está dividido em 6 unidades que, por sua vez, subdividem-se em capítulos.

ABERTURA DA UNIDADE

Na seção que inicia as unidades, há imagens relacionadas à temática que será desenvolvida nos capítulos. Além disso, por meio das questões de exploração das imagens você descobre o que já sabe sobre aqueles temas.

Atmosfera, clima e vegetação

UNIDADE IV

A
Piranhas, Alagoas (2008).

B
Barcelos, Amazonas (2011).

C
Cambará do Sul, Rio Grande do Sul (2011).

Nas unidades anteriores, você conheceu e analisou algumas características, processos e fenômenos naturais do planeta Terra e suas alterações pela ação dos seres humanos no decorrer do tempo.

Nesta unidade, você irá conhecer outras importantes características do nosso planeta: a atmosfera que nos envolve, os tipos de clima e as coberturas vegetais que existem nele.

O clima é um dos fatores importantes para a prática de diversas atividades econômicas, como a agricultura. A cobertura vegetal original de uma região, por sua vez, é influenciada pelas condições climáticas e adapta-se a elas.

- Que tipos de clima e de vegetação podem ser percebidos nas imagens A, B e C?

Agora vamos estudar as condições atmosféricas, o tempo e o clima e os principais tipos de vegetação que existem na superfície terrestre e como esses fatores influenciam nossas vidas.

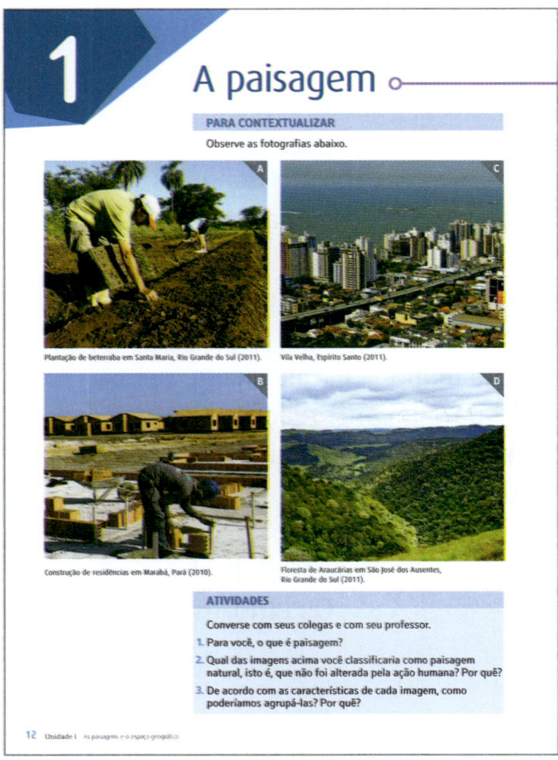
1

A paisagem

PARA CONTEXTUALIZAR

Observe as fotografias abaixo.

A
Plantação de beterraba em Santa Maria, Rio Grande do Sul (2011).

C
Vila Velha, Espírito Santo (2011).

B
Construção de residências em Marabá, Pará (2010).

D
Floresta de Araucárias em São José dos Ausentes, Rio Grande do Sul (2011).

ATIVIDADES

Converse com seus colegas e com seu professor.

1. Para você, o que é paisagem?
2. Qual das imagens acima você classificaria como paisagem natural, isto é, que não foi alterada pela ação humana? Por quê?
3. De acordo com as características de cada imagem, como poderíamos agrupá-las? Por quê?

12 Unidade I As paisagens e o espaço geográfico

Este ícone indica que você encontrará Objeto Educacional Digital (OED), no DVD.

ABERTURA DO CAPÍTULO

Na abertura de cada capítulo, você encontra a seção **Para contextualizar** com atividades que serão o ponto de partida para o estudo dos conteúdos abordados. Propomos questões para você ler, interpretar e analisar imagens (fotografias, charges, cartuns, mapas, infográficos, gráficos e outros) e textos variados. Converse sobre as questões com seus colegas e com seu professor, utilize os conhecimentos que possui, apresente suas opiniões. As discussões aqui desenvolvidas serão resgatadas em alguns momentos, no decorrer do capítulo.

TEXTO PRINCIPAL

Para que você possa ler e compreender com facilidade os aspectos fundamentais do conteúdo, escrevemos um texto com linguagem objetiva e fluente. Durante sua leitura, você encontrará fotografias, ilustrações, mapas, tabelas, gráficos, que irão ajudá-lo a analisar e compreender melhor o que foi explicado.

Vegetação original

A vegetação original de um lugar equivale ao conjunto de plantas que nascem e crescem naturalmente, isto é, sem a intervenção humana.

Ela é considerada o elemento mais "frágil" da paisagem, pois é a primeira a sofrer modificações quando há ocupação do espaço pelo ser humano, inclusive com exploração de recursos da natureza.

As plantas que compõem a vegetação original não vivem isoladamente, mas em comunidades denominadas **cobertura vegetal**. A essas coberturas vegetais integram-se diversas espécies de animais, e muitas delas se alimentam diretamente das plantas. Observe o mapa.

Planisfério – Vegetação original

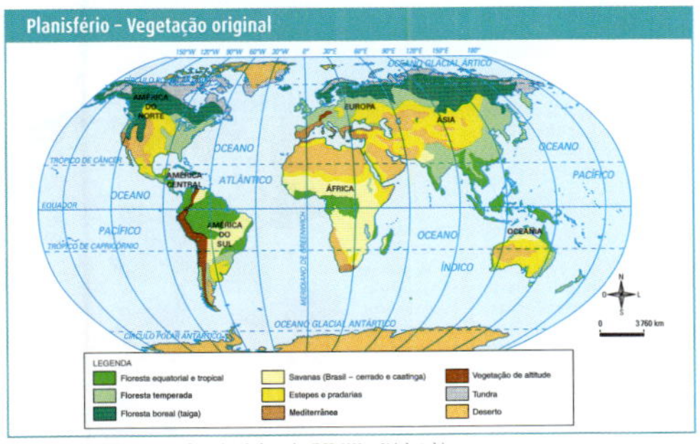

Fonte: *Atlas geográfico escolar*. Rio de Janeiro: IBGE, 2009. p. 61 (adaptado).

Converse com seus colegas e com seu professor.

1. Compare este mapa ao de climas (p. 133). Há coincidências quanto à localização de climas e as coberturas vegetais? Quais?
2. Que tipo de cobertura vegetal aparece em áreas de clima equatorial? Há relação entre as características desse tipo climático e a paisagem vegetal? Em caso afirmativo, qual seria essa relação?

O fato de haver diferentes tipos de clima, de relevo e de solo acaba determinando uma variedade de coberturas vegetais. Sem dúvida, a influência do clima é a que mais se destaca, havendo, de certo modo, uma associação entre a cobertura vegetal e o tipo climático.

As diversas coberturas vegetais da Terra, as espécies de animais e os microrganismos que nelas existem, assim como a inter-relação desses seres com os elementos e fatores do clima, com os rios e lagos, com o solo e o relevo formam grandes conjuntos de ecossistemas.

142 Unidade IV Atmosfera, clima e vegetação

EXERCÍCIOS

Ao longo do texto principal, sugerimos alguns exercícios que poderão auxiliá-lo na leitura, interpretação e análise de mapas, gráficos, fotografias, tabelas, charges ou de algum aspecto importante abordado no texto.

GLOSSÁRIO

Palavras ou termos que talvez você não conheça são explicados junto ao texto principal do capítulo, na seção Glossário, que lhe possibilitará uma ampliação de seu vocabulário, beneficiando também sua capacidade de compreensão leitora.

Redes de cabos de fibra óptica
Sistemas que interligam diversos lugares com cabos feitos de fibras de material transparente (vidros de alta pureza). As fibras ópticas possibilitam a transmissão de sinais sonoros, textos, imagens e dados em quantidade muito superior e numa velocidade bem maior que os cabos tradicionais, geralmente feitos de cobre.

Provedores de acesso
Empresas que permitem o contato ou a interligação do computador com a rede mundial de computadores. São também chamados de servidores.

Site
Conjunto de documentos apresentados ou disponibilizados na internet por um indivíduo, instituição, empresa etc. e que pode ser acessado por um computador em endereço específico da rede.

Porém, a mais significativa evolução nos meios de comunicação ocorreu com a informática, os computadores e o advento da internet, no século XX.

A **informática** é a ciência que trata do processamento de informações pelo computador. Ela está presente na maioria das empresas e em muitas situações da nossa vida, mesmo que não façamos uso dos recursos de um microcomputador pessoal. A simples utilização de um serviço bancário ao pagarmos uma conta ou uma compra em um supermercado ao passarmos pelo caixa são exemplos de atividades rotineiras em que a informática é empregada.

Graças à informática e às redes de transmissão de dados, as pessoas conseguem sacar dinheiro de suas contas bancárias mesmo estando em outros países. Belo Horizonte, Minas Gerais (2011).

A internet foi desenvolvida em 1969, como um sistema de comunicação entre as bases militares dos EUA. Mas foi só a partir da segunda metade da década de 1990 que a internet começou a provocar mudanças nos hábitos e costumes de parte da sociedade que tem acesso a esse serviço.

Hoje, internet é uma rede que interliga computadores do mundo inteiro por meio de satélites artificiais de comunicação, redes de cabos de fibra óptica, linhas telefônicas (fixa e móvel – celulares) e provedores de acesso.

Essa rede mundial de computadores tornou-se possível graças à modernização dos equipamentos de comunicação, como satélites, centrais e cabos telefônicos, e ao desenvolvimento dos equipamentos de informática.

Nos *sites* da internet pode ser encontrada uma série de informações reunidas e organizadas. A internet permite às pessoas realizar inúmeras atividades:

- leitura ou pesquisa em diversos *sites*, como os de bibliotecas, jornais, revistas, universidades, escolas, órgãos ou organizações nacionais e internacionais, particulares ou governamentais, como o Instituto Brasileiro de Geografia e Estatística (IBGE), a Fundação Nacional do Índio (Funai), o Instituto Socioambiental e a Organização das Nações Unidas (ONU);
- envio de mensagens pelo correio eletrônico ou *e-mail*;
- pagamento de contas e realização de diversos serviços bancários;
- transmissão de arquivos com textos, imagens, sons e filmes;
- exposição de diários (*blogs*) e fotografias pessoais;
- compras;
- conversas nas salas de bate-papo virtuais ou *chats*;
- participação em jogos;
- acompanhamento de eventos etc.

Internet
2 Para o assunto ***Internet: surgimento, conexão e mudanças***, acesse e explore este OED.

30 Unidade I As paisagens e o espaço geográfico

PARA COMPREENDER

Nesta seção apresentamos questões que desenvolvem habilidades de compreensão, comparação, diferenciação, identificação, análise, entre outras, de variados recursos, como poema, música, texto, mapa, charge, gráfico, fotografia, notícia, tabela ou infográfico. Na seção são apresentados textos de livros, de jornais, revistas, inclusive de meios eletrônicos.

MAIS INFORMAÇÃO

Seção composta de textos e, em alguns casos, imagens, que propiciam o contato com informações complementares ou que reforçam os conteúdos do texto principal, favorecendo a aquisição de novos conhecimentos. Os textos apresentados têm origens diversas – livros, jornais, revistas, meios eletrônicos.

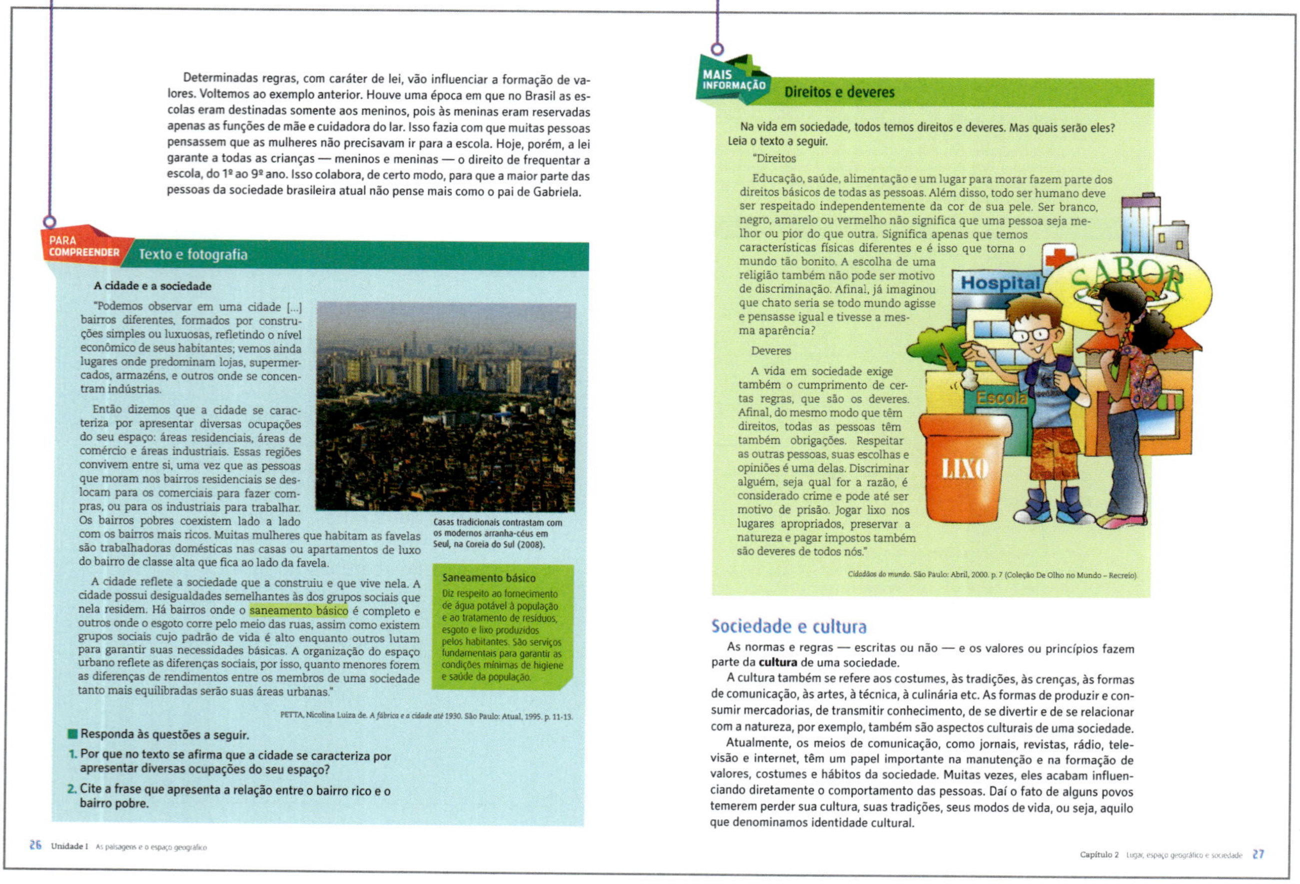

Determinadas regras, com caráter de lei, vão influenciar a formação de valores. Voltemos ao exemplo anterior. Houve uma época em que no Brasil as escolas eram destinadas somente aos meninos, pois às meninas eram reservadas apenas as funções de mãe e cuidadora do lar. Isso fazia com que muitas pessoas pensassem que as mulheres não precisavam ir para a escola. Hoje, porém, a lei garante a todas as crianças — meninos e meninas — o direito de frequentar a escola, do 1º ao 9º ano. Isso colabora, de certo modo, para que a maior parte das pessoas da sociedade brasileira atual não pense mais como o pai de Gabriela.

PARA COMPREENDER — Texto e fotografia

A cidade e a sociedade

"Podemos observar em uma cidade [...] bairros diferentes, formados por construções simples ou luxuosas, refletindo o nível econômico de seus habitantes; vemos ainda lugares onde predominam lojas, supermercados, armazéns, e outros onde se concentram indústrias.

Então dizemos que a cidade se caracteriza por apresentar diversas ocupações do seu espaço: áreas residenciais, áreas de comércio e áreas industriais. Essas regiões convivem entre si, uma vez que as pessoas que moram nos bairros residenciais se deslocam para os comerciais para fazer compras, ou para os industriais para trabalhar. Os bairros pobres coexistem lado a lado com os bairros mais ricos. Muitas mulheres que habitam as favelas são trabalhadoras domésticas nas casas ou apartamentos de luxo do bairro de classe alta que fica ao lado da favela.

A cidade reflete a sociedade que a construiu e que vive nela. A cidade possui desigualdades semelhantes às dos grupos sociais que nela residem. Há bairros onde o saneamento básico é completo e outros onde o esgoto corre pelo meio das ruas, assim como existem grupos sociais cujo padrão de vida é alto enquanto outros lutam para garantir suas necessidades básicas. A organização do espaço urbano reflete as diferenças sociais, por isso, quanto menores forem as diferenças de rendimentos entre os membros de uma sociedade tanto mais equilibradas serão suas áreas urbanas."

Casas tradicionais contrastam com os modernos arranha-céus em Seul, na Coreia do Sul (2008).

Saneamento básico
Diz respeito ao fornecimento de água potável à população e ao tratamento de resíduos, esgoto e lixo produzidos pelos habitantes. São serviços fundamentais para garantir as condições mínimas de higiene e saúde da população.

PETTA, Nicolina Luiza de. *A fábrica e a cidade até 1930*. São Paulo: Atual, 1995. p. 11-13.

Responda às questões a seguir.

1. Por que no texto se afirma que a cidade se caracteriza por apresentar diversas ocupações do seu espaço?
2. Cite a frase que apresenta a relação entre o bairro rico e o bairro pobre.

26 Unidade I As paisagens e o espaço geográfico

MAIS INFORMAÇÃO — Direitos e deveres

Na vida em sociedade, todos temos direitos e deveres. Mas quais serão eles? Leia o texto a seguir.

"Direitos

Educação, saúde, alimentação e um lugar para morar fazem parte dos direitos básicos de todas as pessoas. Além disso, todo ser humano deve ser respeitado independentemente da cor de sua pele. Ser branco, negro, amarelo ou vermelho não significa que uma pessoa seja melhor ou pior do que outra. Significa apenas que temos características físicas diferentes e é isso que torna o mundo tão bonito. A escolha de uma religião também não pode ser motivo de discriminação. Afinal, já imaginou que chato seria se todo mundo agisse e pensasse igual e tivesse a mesma aparência?

Deveres

A vida em sociedade exige também o cumprimento de certas regras, que são os deveres. Afinal, do mesmo modo que têm direitos, todas as pessoas têm também obrigações. Respeitar as outras pessoas, suas escolhas e opiniões é uma delas. Discriminar alguém, seja qual for a razão, é considerado crime e pode até ser motivo de prisão. Jogar lixo nos lugares apropriados, preservar a natureza e pagar impostos também são deveres de todos nós."

Cidadãos do mundo. São Paulo: Abril, 2000. p. 7 (Coleção De Olho no Mundo – Recreio).

Sociedade e cultura

As normas e regras — escritas ou não — e os valores ou princípios fazem parte da **cultura** de uma sociedade.

A cultura também se refere aos costumes, às tradições, às crenças, às formas de comunicação, às artes, à técnica, à culinária etc. As formas de produzir e consumir mercadorias, de transmitir conhecimento, de se divertir e de se relacionar com a natureza, por exemplo, também são aspectos culturais de uma sociedade.

Atualmente, os meios de comunicação, como jornais, revistas, rádio, televisão e internet, têm um papel importante na manutenção e na formação de valores, costumes e hábitos da sociedade. Muitas vezes, eles acabam influenciando diretamente o comportamento das pessoas. Daí o fato de alguns povos temerem perder sua cultura, suas tradições, seus modos de vida, ou seja, aquilo que denominamos identidade cultural.

Capítulo 2 Lugar, espaço geográfico e sociedade 27

DIVERSIFICANDO

Seção presente no final de cada unidade, com indicações e comentários de livros, filmes e *sites*, que tratam temas discutidos ao longo dos capítulos.

DIVERSIFICANDO

LIVROS

Vivendo com as estrelas
Dulcília de Mello.
São Paulo: Panda Books, 2009.

A autora, brasileira que trabalha na NASA — Agência Espacial Americana —, explica de forma simples o que é a Astronomia, como é o dia a dia de um astrônomo, onde ficam os principais observatórios do Brasil e do mundo e como se tornar um astrônomo amador.

Uma aventura no espaço
Iara Jardim e Marcos Calil.
São Paulo: Cortez, 2009.

O livro trata de informações astronômicas por meio de uma viagem ficcional, levando o leitor a conhecer o Universo e os planetas do Sistema Solar.

A mais bela História da Terra
André Brahic e outros.
Rio de Janeiro: Difel, 2002.

O livro relata as origens da Terra, desde a grande explosão, que dá início ao Universo, gerando estrelas, planetas, o Sistema Solar, as galáxias e os demais corpos celestes. A obra também aborda o modo como as pessoas utilizam os recursos naturais que o planeta oferece e que não são inesgotáveis.

Dinos do Brasil
Luiz E. Anelli.
São Paulo: Peirópolis, 2011.

O leitor deste livro vai saber como os paleontólogos — aqueles que estudam as formas de vida existentes em períodos geológicos passados — descobriram as formas e os tamanhos dos 23 dinossauros brasileiros. Vai conhecer também as histórias que estão por trás dos seus nomes, além de descobrir que eles podiam ser muito diferentes uns dos outros.

SITES

Planeta em tempo real
<http://www.planetaemtemporeal.blogspot.com>.

Site muito rico que trata de vários aspectos do nosso planeta, começando por sua localização no Universo e onde você poderá fazer uma viagem pela Apolo 11. Nele você poderá conhecer também mais sobre terremotos, marés vermelhas, *tsunamis* e o Sol da Meia-Noite.

Mundo físico
<http://www.mundofisico.joinville.udesc.br/index.php?idSecao=101&idSubSecao=&idTexto=22>.

Nesse trecho do *site* é apresentado um resumo da história da conquista espacial.

FILME

1492: A conquista do paraíso
Direção: Ridley Scott.
EUA/França/Espanha, 1992.

Filme que narra vinte anos da vida do italiano Cristóvão Colombo, desde que se convenceu de que o mundo era redondo, passando pelo empenho para conseguir apoio financeiro da Coroa Espanhola para sua expedição, ao descobrimento de um novo continente.

79

ATIVIDADES

Para encerrar cada capítulo, sugerimos uma seção de atividades variadas. Elas estão agrupadas em duas subseções – **Retome seus conhecimentos** e **Exercite seus conhecimentos**. As atividades propostas têm o objetivo de rever, melhor compreender e desenvolver diferentes habilidades a partir dos conhecimentos obtidos no decorrer do capítulo, além de propor, em alguns casos, pesquisas, entrevistas, observações de paisagens.

PROJETO ESPECIAL

Ao final das unidades ímpares, você encontra projetos, apresentando textos, imagens e atividades que estimulam a aquisição de conhecimentos, de métodos de estudo, de estratégias de aprendizado, além de promoverem o trabalho cooperativo. A principal intenção na produção dos projetos especiais é o desenvolvimento de experiências de aprendizagem diferentes daquelas que são produzidas diariamente na sala de aula.

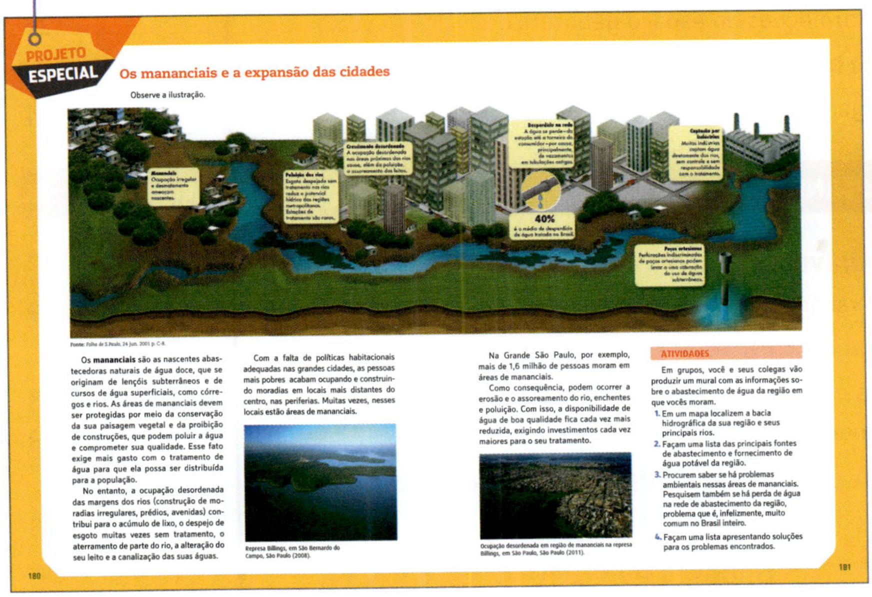

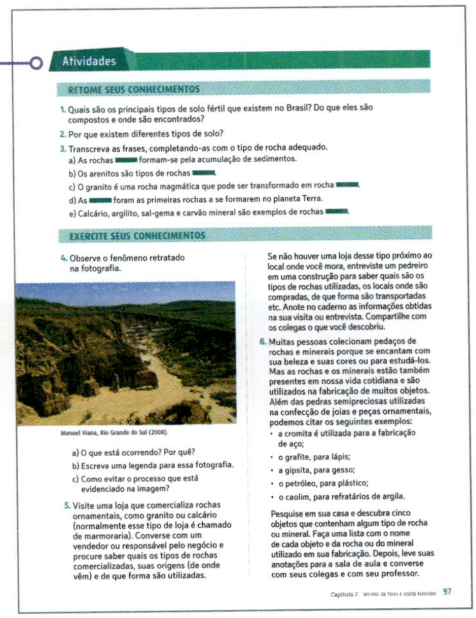

GEOGRAFIA & ARTE

Ao final das unidades pares, propomos uma seção que associa arte à ciência geográfica. O objetivo é desenvolver habilidades de observação, interpretação e análise de obras de arte, poemas, fotografias etc. relacionadas com temas trabalhados em Geografia.

Sumário

As paisagens e o espaço geográfico

A

Cataratas do Iguaçu. Lado brasileiro, à esquerda, e argentino, ao fundo (2009).

B

Floresta no Panamá (2011).

UNIDADE I

C

Vale e alpes italianos (2008).

D

Mercado em Vancouver, Canadá.

"Que bela paisagem!"

É comum as pessoas falarem desse modo quando avistam uma cachoeira, uma área de floresta ou um vale bastante ensolarado, como vemos nas imagens A, B e C. Mas, para a Geografia, **paisagem** é muito mais do que belas cenas bucólicas.

- Observe a imagem D. Em sua opinião, a palavra **paisagem** pode ser utilizada apenas quando observamos elementos naturais ou também quando observamos elementos construídos pelos seres humanos?
- Os elementos que podemos observar e perceber nas cidades, incluindo seus cheiros e sons, também são paisagens?

Nesta unidade, além de conhecer os diversos conceitos que a palavra **paisagem** abrange, você irá estudar como as pessoas organizam o **espaço geográfico** e os **lugares** em que vivem, os tipos de relações que estabelecem entre si, e a importância desse estudo para a Geografia.

Bucólico
Relativo ao campo ou à natureza.

1 A paisagem

PARA CONTEXTUALIZAR

Observe as fotografias abaixo.

Plantação de beterraba em Santa Maria, Rio Grande do Sul (2011).

Vila Velha, Espírito Santo (2011).

Construção de residências em Marabá, Pará (2010).

Floresta de Araucárias em São José dos Ausentes, Rio Grande do Sul (2011).

ATIVIDADES

Converse com seus colegas e com seu professor.

1. Para você, o que é paisagem?
2. Qual das imagens acima você classificaria como paisagem natural, isto é, que não foi alterada pela ação humana? Por quê?
3. De acordo com as características de cada imagem, como poderíamos agrupá-las? Por quê?

O que é paisagem

Para a Geografia, paisagem é tudo aquilo que a nossa visão alcança em determinado momento. Os sentidos humanos (olfato, paladar, visão, tato e audição) nos ajudam a perceber a paisagem e seus conteúdos. Todos os trechos da superfície terrestre, habitados ou não, modificados ou não pela ação humana, constituem paisagens.

Tipos de paisagens

As **paisagens naturais** são aquelas que apresentam somente elementos naturais.

O ser humano pode alterar as paisagens naturais com ações diretas, como quando desmata para construir algo, e com ações indiretas, por meio da emissão de gases poluentes que atingem áreas ainda não exploradas por ele, modificando-as.

As paisagens naturais vêm sendo cada vez mais alteradas direta ou indiretamente pelos seres humanos. Por isso, paisagens intocadas estão se tornando extremamente raras.

Trecho da Serra do Espírito Santo, no Jalapão, município de Mateiros, Tocantins (2010).

Nova Resende, Minas Gerais (2011).

As **paisagens artificiais** ou **culturais** são aquelas alteradas pelo homem.

As paisagens são compostas de diversos elementos, sendo eles:

- **Elementos naturais**: rios, árvores, flores, formas do relevo etc.
- **Elementos artificiais** ou **culturais**: pontes, prédios, ruas, muros etc.

1 As paisagens
Para o assunto ***Paisagem natural e artificial***, acesse e explore este OED.

Até agora você observou paisagens em que predominam elementos naturais e outras em que predominam elementos construídos pelos seres humanos, ou seja, os artificiais.

Da paisagem fazem parte os elementos observados e percebidos, por exemplo, no caminho entre a sua casa e a escola: construções, pessoas, veículos, plantas, rochas, os cheiros que você sente e os sons que ouve.

MAIS INFORMAÇÃO

As pessoas com deficiência e a percepção da paisagem

A ausência de alguns dos nossos cinco sentidos não nos impede de perceber a paisagem. As pessoas com deficiência, portanto, percebem efetivamente a paisagem e as transformações que nela ocorrem. Os cegos, por exemplo, com a ajuda de uma bengala, conseguem desviar de obstáculos, como degraus, placas, muros e postes, e deslocar-se até mesmo nas cidades grandes. Com os demais sentidos aguçados, percebem áreas verdes por meio do olfato e a movimentação ao redor pelos sons dos carros, dos pedestres, entre outras sensações. Assim, as pessoas com deficiência também fazem parte da paisagem, conseguem percebê-la e transformá-la.

PARA COMPREENDER

Poema

Leia um trecho do poema "Estudo", de Patativa do Assaré, poeta nordestino.

"Eu nasci ouvindo os cantos
das aves de minha serra
e vendo os belos encantos
que a mata bonita encerra
foi ali que eu fui crescendo
fui vendo e fui aprendendo
no livro da natureza
onde Deus é mais visível
o coração mais sensível
e a vida tem mais pureza.
Sem poder fazer escolhas
de livro artificial
estudei nas lindas folhas
do meu livro natural
e, assim, longe da cidade
lendo nessa faculdade
que tem todos os sinais
com esses estudos meus
aprendi amar a Deus
na vida dos animais."

Patativa do Assaré. *Digo e não peço segredo*. São Paulo: Escrituras, 2001. p. 18.

Responda às questões a seguir.

1. É possível, com base nesse trecho do poema, elaborar uma ideia sobre as paisagens que o poeta via e percebia? Explique.

2. Compare o modo como o poeta aprendeu e estudou ao seu modo de aprender e estudar. Há semelhanças? Há diferenças? Quais?

A observação da paisagem

Na seção **Para contextualizar**, você e seus colegas conversaram sobre o que é paisagem.

A **paisagem** é a porção do **espaço** que podemos **ver e perceber** em determinado momento. Ela é constituída, muitas vezes, por uma enorme variedade de elementos, como ocorre nas grandes cidades.

A Terra é formada por um conjunto de paisagens diferentes entre si. Essas diferenças são o resultado da grande diversidade de elementos que compõem o planeta e da maneira como foram alterados pela ação dos seres humanos. Dessa forma, as paisagens podem "guardar", "registrar" as ações dos seres humanos no espaço, além das ações da própria natureza.

Área de floresta Amazônica derrubada para plantação, em Manicoré, Amazonas (2009).

Vista da favela Real Parque, com prédios do bairro do Morumbi ao fundo, em São Paulo, SP (2011).

A observação da paisagem pode nos sugerir vários questionamentos:

- Por que existem montanhas e outras formas de relevo?
- Por que existem tantas torres metálicas com antenas em diversos locais da cidade e ao longo de rodovias?
- Como áreas de florestas são derrubadas rapidamente e ocupadas por pastagens e plantações?
- Por que há diversos tipos de construções nas cidades?
- Por que há favelas ao lado de prédios luxuosos?

As respostas a essas questões podem ser oferecidas pela Geografia, que estuda, entre outros temas, os processos responsáveis pela formação das paisagens.

Técnica e paisagem

O conjunto de conhecimentos que permite ao ser humano, entre outras ações, modificar a natureza e alterar paisagens, naturais e artificiais ou culturais, chama-se **técnica**. Por meio da produção de utensílios e instrumentos para praticar a agricultura e armazenar os alimentos, da confecção de vestuários e da construção de abrigos para se proteger da chuva e das variações de temperatura, os seres humanos foram satisfazendo suas necessidades de sobrevivência.

A capacidade de desenvolver técnicas possibilitou ao ser humano habitar diferentes áreas da superfície terrestre.

Sem conhecimentos específicos (de engenharia, por exemplo), recursos naturais, produtos (máquinas e concreto, por exemplo) ou trabalho, seria impossível construir uma usina hidrelétrica ou realizar modificações nas paisagens. Acima, à esquerda, vemos a Usina de Itaipu (Paraná) em construção (1982) e, à direita, em funcionamento (2009).

A fabricação de produtos ou bens materiais, de equipamentos variados e o desenvolvimento de diversos serviços são algumas realizações possíveis graças ao domínio das técnicas. No entanto, a aplicação das técnicas depende do **trabalho humano**.

Com o passar do tempo, os seres humanos foram adquirindo e acumulando mais conhecimentos, de acordo com suas necessidades de sobrevivência. Antes, as técnicas eram usadas apenas para a busca e a produção de alimentos e de forma artesanal e rudimentar. O desenvolvimento das técnicas de transformação da natureza permitiu o domínio de mais técnicas, a produção de maior variedade de bens materiais e a geração de serviços. Com o crescimento da população, o aumento da produção também se tornou necessário.

O aumento da capacidade produtiva em relação à agricultura, ao vestuário, aos utensílios domésticos, às moradias, entre outros, constitui uma característica importante da humanidade ao longo da história.

Com o avanço das técnicas e tecnologias, os seres humanos passaram a produzir de modo muito mais rápido e, com isso, a retirada de matéria-prima da natureza tornou-se mais intensa. Podemos entender **matéria-prima** como um dos elementos essenciais na fabricação de um produto. Por exemplo: a matéria-prima do lápis é a madeira, e a do chocolate é o cacau.

Diante da retirada excessiva da matéria-prima da natureza, muitos problemas ambientais foram surgindo, como o empobrecimento e esgotamento do solo, o desmatamento, a poluição do ar, das águas, entre outros.

- Observe as imagens ao lado e faça o que se pede.

1. Identifique em cada imagem:
   a) o que está sendo produzido;
   b) como está sendo produzido.
2. Compare as imagens e responda: Que diferenças podem ser observadas em relação às técnicas empregadas?

A paisagem geográfica

Atualmente, são poucas as áreas da superfície terrestre onde os elementos naturais, como rios, lagos, formações de relevo e vegetação, ainda não foram explorados e modificados pelas pessoas. Mesmo as áreas de alguns desertos, de cadeias de montanhas, de florestas (como parte da Floresta Amazônica) ou de regiões polares, embora conservem suas características originais, já foram investigadas ou percorridas pelos seres humanos. Isso nos permite afirmar, portanto, que praticamente não existem áreas intocadas na superfície da Terra.

A paisagem geográfica é aquela que foi modificada pela ação humana, também chamada de paisagem **artificial** ou **cultural**. Ela é o resultado das transformações que as pessoas realizam na natureza.

As paisagens (o que vemos e percebemos no espaço em determinado momento), as alterações que nelas são feitas pela ação humana, as diversas atividades (trabalho, estudo, lazer) realizadas pelas pessoas, as pessoas e o modo como se relacionam constituem o **espaço geográfico**. As pessoas modificam e organizam o espaço geográfico de acordo com as suas necessidades.

Centro da cidade de Manaus, às margens do Rio Negro, Amazonas (2010).

Atualmente, a maior parte da humanidade vive em cidades. Nelas, quase todos os elementos são culturais. Até mesmo os parques e as praças públicas, onde há elementos naturais, como árvores e outras plantas, são criações humanas. As casas, os edifícios, as ruas, os postes que sustentam os fios condutores de energia, as tubulações que transportam os esgotos e as que trazem a água foram construídos pelos seres humanos.

Por causa dos inúmeros tipos de construções e das diversas atividades econômicas, a paisagem da cidade tornou-se bastante complexa.

Nos espaços rurais também há muitos trechos de paisagem cultural. Os campos de cultivo e de pastagem, por exemplo, foram criados pelo ser humano. Eles fazem parte de uma natureza modificada.

Pastagem em pequena propriedade rural em Cruz Alta, Rio Grande do Sul (2010).

As mudanças na paisagem

Avenida Afonso Pena, em Belo Horizonte, Minas Gerais, em 1930 e em 2009.

As fotografias da região central do município de Belo Horizonte (MG) mostram exemplos de mudanças na paisagem.

Essas mudanças ocorrem quando há construção de novos elementos, alteração do curso de rios, retirada de cobertura vegetal, entre outros. Esse tipo de mudança pode ocorrer também quando são feitas demolições ou reformas.

Além disso, podem ocorrer mudanças de acordo com a utilização dos espaços ou das construções que fazem parte da paisagem. Uma mesma paisagem pode ter diferentes funções conforme o passar do tempo e as necessidades das pessoas.

As transformações nas paisagens também são resultado das novas descobertas tecnológicas que os seres humanos vão realizando e que fazem surgir, por exemplo, novas maneiras de produzir e novas formas arquitetônicas.

Além disso, há mudanças nas paisagens que são resultado da ação de fatores naturais: alternância entre as estações do ano (quando podem ser percebidas, dependendo da localização), terremotos e atividade vulcânica, por exemplo.

Podemos dizer, portanto, que há uma dinâmica nas paisagens, pois elas estão constantemente em transformação. Às vezes, são as suas formas que mudam; outras vezes, a finalidade para a qual os elementos da paisagem podem ser utilizados.

PARA COMPREENDER Fotografias

Observe as imagens do Largo de São Bento, na cidade de São Paulo, no estado de São Paulo, em quatro datas diferentes.

1887

1892

1920

2011

■ Responda às questões a seguir.

1. Quais são as transformações que podemos observar no Largo de São Bento com o passar do tempo?
2. Quais inovações podem ser percebidas desde a primeira fotografia até a última?

Atividades

RETOME SEUS CONHECIMENTOS

1. Responda.
   a) O que significa paisagem na Geografia?
   b) Como poderíamos agrupar as paisagens de acordo com os seus tipos?
2. Cite exemplos de elementos naturais e elementos artificiais.

EXERCITE SEUS CONHECIMENTOS

3. Observe as imagens e responda.

Praça da Alfândega, em Porto Alegre, Rio Grande do Sul, na década de 1960.

Praça da Alfândega, em Porto Alegre, Rio Grande do Sul em 2008.

   a) Quais as alterações realizadas pelos seres humanos na paisagem?
   b) Quais elementos permanecem na paisagem?

4. Observe a fotografia abaixo e responda às questões a seguir.

Comunidade de palafitas dos Irmãos Coragem em São Luís, Maranhão.

   a) Que problemas as pessoas que habitam as moradias ao lado do córrego enfrentam?
   b) Na sua opinião, quais as causas das situações apresentadas na fotografia?

5. Leia a afirmação e responda às questões a seguir.

   Em muitas cidades brasileiras, cada vez mais, vem aumentando o número de casas e edifícios com muros altos, grades amplas, cercas elétricas, lanças de ferro etc. Esses elementos de separação entre os espaços particulares (casas e edifícios) e o espaço público (calçadas, ruas e avenidas) tornam-se uma característica importante da paisagem.

   a) No lugar em que você vive, como as casas e/ou os edifícios estão cercados?
   b) Na sua opinião, por que as pessoas usam esses equipamentos?

2

Lugar, espaço geográfico e sociedade

PARA CONTEXTUALIZAR

Leia o texto.

Aroma e cheiro que entram pelo nariz

"Durante 12 anos, fui acordada, às seis da manhã, pela voz da minha mãe me chamando, pelo cheiro de pão fresco e pelo aroma do suco de laranja que minha mãe não deixava faltar. O bonde, movido à eletricidade, era ruidoso, porém inodoro. Quando tomávamos o bonde, os aromas da casa iam ficando para trás. Quando partia em direção à praça do Correio, começava o itinerário aromático. Primeiro, o cheiro da padaria da Doze de Outubro, que invadia o bonde inteiro. Entre a rua Trindade e a rua Guaicurus, passávamos por um córrego que exalava diferentemente conforme a chuva ou a seca. Esse córrego tinha seu ponto final no Tietê, a poucos metros dali.

O aroma seguinte vinha da Torrefação de Café Tiradentes. A esse paraíso olfativo, que não durava mais que alguns minutos, seguia-se um vácuo que também não durava muito e que era substituído pelas ondas de odor fétido e pegajoso das matérias-primas usadas para a produção de sabão e óleo pelas Indústrias Reunidas Francisco Matarazzo.

O mau cheiro vai rarefazendo porque aproximamo-nos do parque da Água Branca, cujos estábulos e jardins davam a impressão de nos mergulhar numa fazenda. Do outro lado da avenida, estava a madeireira Eucatex, que completava a sensação de fazenda.

Rarefazer
Tornar-se rarefeito; menos denso.

[...]

Padarias, pizzarias, pastelarias e docerias continuam até hoje marcando território. Mas os carros e os ônibus (os bondes não existem mais) nos isolam dos cheiros da cidade. [...]"

MAUTNER, Anna Veronica. Aroma e cheiro que entram pelo nariz. *Folha de S.Paulo*, 26 abr. 2001. Folha Equilíbrio. p. 15.

ATIVIDADES

Converse com seus colegas e com seu professor.

1. A que tipo de espaço o texto se refere: urbano ou rural?
2. A pessoa que descreve os cheiros do espaço que percorre sabia o que estava acontecendo nos diversos lugares por onde passava? Por quê?
3. Descreva com detalhes o lugar em que você mora. Não se esqueça de citar os cheiros e as sensações que esse lugar lhe proporciona.

O que é lugar

Lugar é uma **parte** ou **porção** determinada do espaço em que todos vivemos. O **lugar** é onde as pessoas moram, estudam, trabalham, consomem, ou seja, realizam as atividades cotidianas e, portanto, desenvolvem suas relações sociais, afetivas e de solidariedade — de ajuda e colaboração — ou de conflitos. É a primeira referência que cada um tem do mundo.

Os lugares são diferentes, mesmo que tenham paisagens muito parecidas. Compreendemos isso se pensarmos, por exemplo, nas diferenças entre as pessoas e na diversidade de relações que elas desenvolvem em cada lugar.

Os lugares não estão isolados uns dos outros. Eles se relacionam, uma vez que as pessoas e as empresas de lugares diferentes também estabelecem relações. Isso acontece quando pessoas se locomovem de um lugar a outro para trabalhar, estudar, se divertir, quando são veiculadas notícias e informações, quando são realizadas compra e venda de produtos entre empresas de lugares diferentes.

São, portanto, as pessoas que dão sentido ao lugar. Por isso é importante conhecer as relações entre elas e os diversos lugares.

Fazenda em Barra do Piraí, Rio de Janeiro (2009).

Praia de Ipanema com a Lagoa Rodrigo de Freitas ao fundo, na cidade do Rio de Janeiro, Rio de Janeiro (2009).

O lugar em que você mora

No início deste capítulo, você descreveu **como é** o lugar em que mora.

E se lhe perguntassem **onde** você mora, o que diria?

Ao responder, você estaria informando a localização de sua moradia, que poderia estar situada no campo ou na cidade.

Sobre a nossa moradia, muito provavelmente vamos informar:

- o nome da rua, avenida ou praça;
- o número da moradia (casa ou prédio de apartamentos). Se moramos em um prédio, informamos também o número do apartamento;
- o nome do bairro.

Podemos informar ainda o nome do município e do estado. Isso é necessário se, por exemplo, vamos receber uma correspondência pelo correio. Para isso, precisamos fornecer também o CEP (Código de Endereçamento Postal).

Outras formas de indicar o lugar em que você mora

Além do nome da rua, número da casa, bairro, cidade e estado em que moramos, também podemos usar outros **pontos de referência**, como em frente a uma praça, ao lado do parque, próximo à igreja, entre outros.

MAIS INFORMAÇÃO

Espaço urbano e cidade

Você deve ter constatado que o texto da seção **Para contextualizar** é sobre espaço urbano.

O Brasil está dividido em estados, e estes, por sua vez, em municípios. Além dos estados existe o Distrito Federal, onde está Brasília, capital do país.

Na maioria dos municípios brasileiros há trechos de espaço urbano e de espaço rural. O espaço urbano compreende a cidade — que é a sede do município, onde estão estabelecidas a Prefeitura e a Câmara dos Vereadores, ou seja, o poder público municipal —, as vilas — sedes de distrito — e até áreas urbanas isoladas.

Em muitos municípios há trechos de espaços urbanos, normalmente chamados de distritos, que estão separados das cidades. Quando um distrito cresce, pode ocorrer a sua emancipação, ou seja, a separação de um município, dando origem a outro. Veja, a título de exemplo, o caso de Volta Redonda.

Antes da construção da usina siderúrgica CSN (Companhia Siderúrgica Nacional), inaugurada em 1943, Volta Redonda era um povoado com cerca de 2 mil pessoas que pertencia ao município de Barra Mansa, no Rio de Janeiro. Com a instalação da usina, houve aumento da população, criando a possibilidade de o povoado emancipar-se. Atualmente, no município de Volta Redonda vivem aproximadamente 257 mil pessoas, e a cidade é uma das mais importantes do estado. Percebemos, assim, como a instalação dessa indústria, que produz aço, promoveu transformações significativas nesse lugar.

Companhia Siderúrgica Nacional (CSN), em Volta Redonda, Rio de Janeiro (2009).

O que é espaço geográfico

O **espaço geográfico** é fruto das modificações realizadas pelo homem ao longo da história. É o objeto de estudo da Geografia. O espaço geográfico compreende as diferentes **paisagens** e **lugares**.

A Geografia estuda como os seres humanos se relacionam entre si e com o meio em que vivem. Você já viu que as paisagens são um "retrato" do espaço, e que por meio da observação das paisagens podemos ver e perceber os elementos presentes no espaço em determinado momento. Assim, uma das maneiras de perceber as relações entre as pessoas e entre elas e os lugares que habitam é por meio da observação das paisagens.

O espaço geográfico engloba, portanto, os elementos e os aspectos existentes na paisagem e as diferentes ações que as pessoas produzem nela. Essas ações, que envolvem as relações econômicas, sociais e políticas, são as diversas atividades que a sociedade realiza. O espaço é, desse modo, bastante dinâmico.

Vista aérea do bairro de São Conrado e da favela da Rocinha na cidade do Rio de Janeiro, Rio de Janeiro (2011).

Observe a fotografia do Rio de Janeiro, na qual há diferenças significativas, ou seja, muito grandes, na paisagem cultural. Por que há diferenças na paisagem se a imagem retrata a mesma cidade e as pessoas que habitam as moradias mostradas na fotografia pertencem à mesma sociedade?

- As pessoas que moram nas diferentes habitações observadas na fotografia têm modos de vida variados? Se fazem parte da mesma sociedade, é possível que esses dois grupos de pessoas se relacionem?
- É possível melhorar as condições de moradia das pessoas que moram em habitações precárias? O que precisaria ser feito para que isso acontecesse?

Ao buscar respostas para essas questões, não estamos fazendo uma simples descrição da paisagem ou mesmo uma análise dela. Estamos procurando compreender a maneira como as pessoas se organizam no espaço, ou seja, como elas produzem, moram, trabalham, satisfazem outras necessidades (educação, saúde, lazer, transporte etc.), como são distribuídas as riquezas entre elas. Portanto, a noção de espaço geográfico é mais ampla que a de paisagem.

No caso da fotografia, podemos deduzir que há diferenças muito grandes entre os grupos de pessoas que fazem parte do espaço geográfico da cidade do Rio de Janeiro. Nela fica evidente a situação de desigualdade social, que é um aspecto da dinâmica das relações entre os habitantes dessa cidade.

A dinâmica das relações entre as pessoas de uma sociedade, as atividades que realizam, a desigualdade entre suas condições de vida, suas moradias e outras formas da paisagem são características do espaço geográfico. O objetivo principal da Geografia, portanto, é analisar o espaço geográfico e as suas contradições, os processos e relações que nele ocorrem, compreendendo como a sociedade organiza o espaço e nele vive.

A sociedade

Você estudou no capítulo 1 que, com o domínio de técnicas e por meio do trabalho, as pessoas conseguem transformar os elementos da natureza em bens necessários à sobrevivência. E que, para isso, interferem nas paisagens, modificando-as.

No entanto, as transformações nas paisagens e as atividades cotidianas não são realizadas isoladamente. Tudo isso é feito em **sociedade**.

O termo **sociedade** refere-se aos grupos de indivíduos (grupos sociais) que mantêm diversos tipos de relações entre si.

O primeiro grupo social do qual participamos é a família; depois, passamos a integrar o grupo dos amigos, dos vizinhos, da escola, de lazer (clube), da comunidade religiosa. Outros grupos sociais são, por exemplo, o profissional (empresa) e o político (partido político).

Grupo social e regras

Cada grupo social atua e estabelece as relações entre seus membros, em boa parte, de acordo com um conjunto de **regras** ou **normas**. Essas regras ou normas, que, de certo modo, regulam a maneira de agir das pessoas, podem ser combinadas pelos membros dos próprios grupos, como é o caso da família, dos amigos ou dos vizinhos, e variam conforme a opinião e o modo de pensar de seus membros.

As normas e regras podem ser transmitidas oralmente, como são os casos do grupo da família, dos amigos e também das sociedades indígenas, mas também podem ser escritas, como ocorrem nos grupos da escola, da empresa, da comunidade religiosa, do partido político e da sociedade brasileira. Neste último caso, todas as pessoas que vivem no Brasil devem respeitar um conjunto de normas ou regras, que são as leis.

Os grupos sociais podem ser identificados por classes, de acordo com qualidades ou atributos. Por exemplo: pela quantidade de dinheiro ou bens – classe baixa, classe média, classe alta; pelo tipo de ocupação – classe operária, classe empresarial; pelo nível de escolaridade; pela idade ou pelo modo e estilo de vida das pessoas.

Na vida em sociedade há também um conjunto de valores ou princípios. Eles correspondem à maneira de pensar, agir e encarar o comportamento das pessoas. Por exemplo, se você disser: "O pai da Gabriela não quer que a mãe estude, pois acha que ela deve apenas cuidar da casa. Eu acho isso errado", estará agindo de acordo com o que pensa a maioria das pessoas da sociedade brasileira atual.

Grupo indígena Kalapalo, da Aldeia Aiha, no Parque Indígena do Xingu, em Querência, Mato Grosso (2011). Os ensinamentos são transmitidos oralmente em muitos grupos indígenas brasileiros.

Determinadas regras, com caráter de lei, vão influenciar a formação de valores. Voltemos ao exemplo anterior. Houve uma época em que no Brasil as escolas eram destinadas somente aos meninos, pois às meninas eram reservadas apenas as funções de mãe e cuidadora do lar. Isso fazia com que muitas pessoas pensassem que as mulheres não precisavam ir para a escola. Hoje, porém, a lei garante a todas as crianças — meninos e meninas — o direito de frequentar a escola, do 1º ao 9º ano. Isso colabora, de certo modo, para que a maior parte das pessoas da sociedade brasileira atual não pense mais como o pai de Gabriela.

PARA COMPREENDER Texto e fotografia

A cidade e a sociedade

"Podemos observar em uma cidade [...] bairros diferentes, formados por construções simples ou luxuosas, refletindo o nível econômico de seus habitantes; vemos ainda lugares onde predominam lojas, supermercados, armazéns, e outros onde se concentram indústrias.

Casas tradicionais contrastam com os modernos arranha-céus em Seul, na Coreia do Sul (2008).

Então dizemos que a cidade se caracteriza por apresentar diversas ocupações do seu espaço: áreas residenciais, áreas de comércio e áreas industriais. Essas regiões convivem entre si, uma vez que as pessoas que moram nos bairros residenciais se deslocam para os comerciais para fazer compras, ou para os industriais para trabalhar. Os bairros pobres coexistem lado a lado com os bairros mais ricos. Muitas mulheres que habitam as favelas são trabalhadoras domésticas nas casas ou apartamentos de luxo do bairro de classe alta que fica ao lado da favela.

A cidade reflete a sociedade que a construiu e que vive nela. A cidade possui desigualdades semelhantes às dos grupos sociais que nela residem. Há bairros onde o saneamento básico é completo e outros onde o esgoto corre pelo meio das ruas, assim como existem grupos sociais cujo padrão de vida é alto enquanto outros lutam para garantir suas necessidades básicas. A organização do espaço urbano reflete as diferenças sociais, por isso, quanto menores forem as diferenças de rendimentos entre os membros de uma sociedade tanto mais equilibradas serão suas áreas urbanas."

Saneamento básico

Diz respeito ao fornecimento de água potável à população e ao tratamento de resíduos, esgoto e lixo produzidos pelos habitantes. São serviços fundamentais para garantir as condições mínimas de higiene e saúde da população.

PETTA, Nicolina Luiza de. *A fábrica e a cidade até 1930*. São Paulo: Atual, 1995. p. 11-13.

Responda às questões a seguir.

1. Por que no texto se afirma que a cidade se caracteriza por apresentar diversas ocupações do seu espaço?
2. Cite a frase que apresenta a relação entre o bairro rico e o bairro pobre.

MAIS INFORMAÇÃO Direitos e deveres

Na vida em sociedade, todos temos direitos e deveres. Mas quais serão eles? Leia o texto a seguir.

"Direitos

Educação, saúde, alimentação e um lugar para morar fazem parte dos direitos básicos de todas as pessoas. Além disso, todo ser humano deve ser respeitado independentemente da cor de sua pele. Ser branco, negro, amarelo ou vermelho não significa que uma pessoa seja melhor ou pior do que outra. Significa apenas que temos características físicas diferentes e é isso que torna o mundo tão bonito. A escolha de uma religião também não pode ser motivo de discriminação. Afinal, já imaginou que chato seria se todo mundo agisse e pensasse igual e tivesse a mesma aparência?

Deveres

A vida em sociedade exige também o cumprimento de certas regras, que são os deveres. Afinal, do mesmo modo que têm direitos, todas as pessoas têm também obrigações. Respeitar as outras pessoas, suas escolhas e opiniões é uma delas. Discriminar alguém, seja qual for a razão, é considerado crime e pode até ser motivo de prisão. Jogar lixo nos lugares apropriados, preservar a natureza e pagar impostos também são deveres de todos nós."

Cidadãos do mundo. São Paulo: Abril, 2000. p. 7 (Coleção De Olho no Mundo – Recreio).

Sociedade e cultura

As normas e regras — escritas ou não — e os valores ou princípios fazem parte da **cultura** de uma sociedade.

A cultura também se refere aos costumes, às tradições, às crenças, às formas de comunicação, às artes, à técnica, à culinária etc. As formas de produzir e consumir mercadorias, de transmitir conhecimento, de se divertir e de se relacionar com a natureza, por exemplo, também são aspectos culturais de uma sociedade.

Atualmente, os meios de comunicação, como jornais, revistas, rádio, televisão e internet, têm um papel importante na manutenção e na formação de valores, costumes e hábitos da sociedade. Muitas vezes, eles acabam influenciando diretamente o comportamento das pessoas. Daí o fato de alguns povos temerem perder sua cultura, suas tradições, seus modos de vida, ou seja, aquilo que denominamos identidade cultural.

PARA COMPREENDER

Música

Ladeira de São Francisco, em São Paulo, São Paulo, no ano de 1910.

Leia a letra da música a seguir.

Goiabada cascão

"Goiabada cascão em caixa
É coisa fina, sinhá, que ninguém mais acha

Rango de fogão de lenha na festa da Penha comido com a mão
Já não tem na praça, mas como era bom
Hoje só tem misto-quente, só tem *milk shake*, só tapeação
Já não tem mais caixa de goiabada cascão

Samba de partido-alto com a faca no prato e batido na mão
Já não tem na praça, mas como era bom
Hoje só tem discoteque, só tem som de *black*, só imitação
Já não tem mais caixa de goiabada cascão

Vida na casa de vila, correndo tranquila, sem perturbação
Já não tem na praça, mas como era bom
Hoje só tem conjugado que é mais apertado do que barracão
Já não tem mais caixa de goiabada cascão."

MOREIRA, Wilson; LOPES, Nei. Goiabada cascão. Intérprete: Dudu Nobre. Em: *Dudu Nobre ao vivo*. Rio de Janeiro: BMG, 2003.

Responda às questões a seguir.

1. Os autores fazem uma comparação entre costumes de antigamente e de hoje. Escreva alguns dos costumes antigos citados no texto.

2. Com base nessa comparação, pesquise junto a seus pais, tios, avós ou responsáveis, quais as principais mudanças que ocorreram na vida de sua família, considerando a época em que eles eram de sua idade, com relação à:

- alimentação;
- diversão;
- moradia.

3. Anote um trecho de uma música que retrate o modo de vida atual.

As transformações do espaço geográfico

A evolução dos meios de comunicação e de transporte, principalmente a partir do século XX, vem mudando a maneira como as pessoas se relacionam entre si e com o espaço geográfico. O fluxo de informações tornou-se muito mais rápido, e a sensação que temos hoje é a de que o mundo está menor.

Os meios de comunicação

No momento que passou a viver em sociedade, o ser humano sentiu a necesidade de se comunicar, registrar quantidades, expressar sentimentos, alertas sobre perigos. As primeiras representações foram pictóricas, ou seja, uma tentativa de reproduzir a realidade por meio de imagens (40000 a 10000 a.C.) As chamadas pinturas rupestres eram feitas em cavernas ou pedras. As pinturas foram se tornando, com o passar do tempo, símbolos que representavam conceitos abstratos e deles surgiram os códigos da língua escrita, por volta de 4000 a.C.

Pintura rupestre das montanhas de Jebel Acacus, Líbia, na África. Essa área é considerada Patrimônio Mundial pela Unesco por conta da importância de suas pinturas.

Os meios de comunicação foram se desenvolvendo ao longo dos séculos à medida que atingir um número cada vez maior de pessoas tornou-se uma questão importante. Assim, surgiu o jornal em Roma, em 59 a.C.; o telégrafo, no século XVIII, e o rádio e a televisão, no século XIX, apenas citando algumas invenções.

Jornais brasileiros.

Estação da Rádio London, em Londres, Inglaterra (1970).

Porém, a mais significativa evolução nos meios de comunicação ocorreu com a informática, os computadores e o advento da internet, no século XX.

A **informática** é a ciência que trata do processamento de informações pelo computador. Ela está presente na maioria das empresas e em muitas situações da nossa vida, mesmo que não façamos uso dos recursos de um microcomputador pessoal. A simples utilização de um serviço bancário ao pagarmos uma conta ou uma compra em um supermercado ao passarmos pelo caixa são exemplos de atividades rotineiras em que a informática é empregada.

Graças à informática e às redes de transmissão de dados, as pessoas conseguem sacar dinheiro de suas contas bancárias mesmo estando em outros países. Belo Horizonte, Minas Gerais (2011).

A internet foi desenvolvida em 1969, como um sistema de comunicação entre as bases militares dos EUA. Mas foi só a partir da segunda metade da década de 1990 que a internet começou a provocar mudanças nos hábitos e costumes de parte da sociedade que tem acesso a esse serviço.

Hoje, internet é uma rede que interliga computadores do mundo inteiro por meio de satélites artificiais de comunicação, redes de cabos de fibra óptica, linhas telefônicas (fixa e móvel – celulares) e provedores de acesso.

Essa rede mundial de computadores tornou-se possível graças à modernização dos equipamentos de comunicação, como satélites, centrais e cabos telefônicos, e ao desenvolvimento dos equipamentos de informática.

Nos *sites* da internet pode ser encontrada uma série de informações reunidas e organizadas. A internet permite às pessoas realizar inúmeras atividades:

- leitura ou pesquisa em diversos *sites*, como os de bibliotecas, jornais, revistas, universidades, escolas, órgãos ou organizações nacionais e internacionais, particulares ou governamentais, como o Instituto Brasileiro de Geografia e Estatística (IBGE), a Fundação Nacional do Índio (Funai), o Instituto Socioambiental e a Organização das Nações Unidas (ONU);
- envio de mensagens pelo correio eletrônico ou *e-mail*;
- pagamento de contas e realização de diversos serviços bancários;
- transmissão de arquivos com textos, imagens, sons e filmes;
- exposição de diários (*blogs*) e fotografias pessoais;
- compras;
- conversas nas salas de bate-papo virtuais ou *chats*;
- participação em jogos;
- acompanhamento de eventos etc.

Redes de cabos de fibra óptica
Sistemas que interligam diversos lugares com cabos feitos de fibras de material transparente (vidros de alta pureza). As fibras ópticas possibilitam a transmissão de sinais sonoros, textos, imagens e dados em quantidade muito superior e numa velocidade bem maior que os cabos tradicionais, geralmente feitos de cobre.

Provedores de acesso
Empresas que permitem o contato ou a interligação do computador com a rede mundial de computadores. São também chamados de servidores.

Site
Conjunto de documentos apresentados ou disponibilizados na internet por um indivíduo, instituição, empresa etc. e que pode ser acessado por um computador em endereço específico da rede.

Internet
2 Para o assunto ***Internet: surgimento, conexão e mudanças***, acesse e explore este OED.

Os meios de transporte

Assim como os meios de comunicação, os meios de transporte também se aperfeiçoaram à medida que aumentava a necessidade humana de se locomover e deslocar objetos de maneira cada vez mais rápida.

O desenvolvimento deles deu-se principalmente a partir do século XIX, com o advento da ferrovia e da utilização da energia a vapor. O automóvel a gasolina surgiu no final do século XIX, e o avião, no início do século XX.

Para termos uma ideia do "encurtamento" das distâncias proporcionado pela evolução dos meios de transporte, quando a Família Real deixou Portugal navegando em direção ao Brasil, no dia 29 de novembro de 1807, levou 54 dias para concluir a viagem, chegando aqui no dia 22 de janeiro de 1808. Hoje essa mesma viagem pode ser feita de avião e demora algumas horas.

- Em qual das quatro representações do planeta Terra se enquadra melhor a vinda da Família Real portuguesa ao Brasil? Justifique a sua resposta.

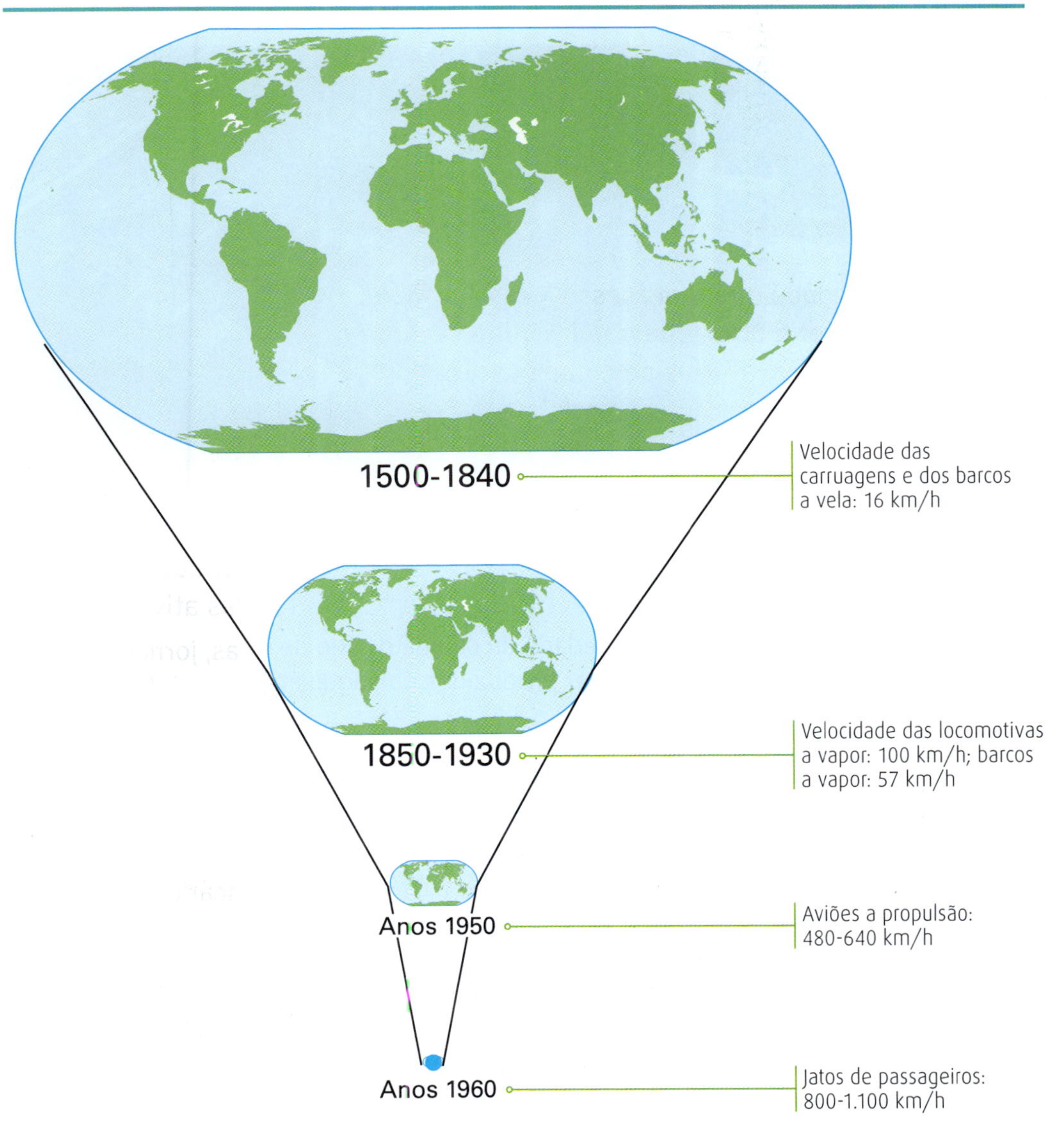

Fonte: HARVEY, David. *Condição pós-moderna*. São Paulo: Loyola, 1992. p. 220.

Atividades

RETOME SEUS CONHECIMENTOS

1. Para um colega que não conhece o lugar em que você mora, quais informações você daria para que ele conseguisse chegar até a sua casa? Escreva no caderno.
2. Qual a relação entre lugar e espaço geográfico?
3. Qual a relação entre sociedade e espaço geográfico?

EXERCITE SEUS CONHECIMENTOS

4. Observe as fotografias.

Favela da Rocinha (década de 2000).

Condomínio residencial no bairro da Barra da Tijuca (década de 2000).

a) Descreva a paisagem da fotografia **A**.

b) Descreva a paisagem da fotografia **B**.

c) Essas duas paisagens pertencem a uma mesma sociedade da cidade do Rio de Janeiro. Analise por que, em uma mesma sociedade, podem ser produzidas paisagens tão diferentes.

5. Pesquise entre as pessoas mais velhas de sua família, ou até mesmo do seu bairro, como ele era nas décadas passadas e como elas faziam para se comunicar com as pessoas de outros estados ou países; como elas ficavam sabendo das notícias do Brasil e do mundo ou mesmo como acompanhavam uma novela. Anote o que você descobriu.
6. Leia o parágrafo abaixo e responda às questões a seguir.

A internet permite às pessoas realizar inúmeras atividades, como leitura e pesquisa em diversos *sites*, envio de mensagens pelo correio eletrônico, conversas nas salas de bate-papo virtuais, participação em jogos ou acompanhamento de eventos.

a) A internet tem alguma influência na sua vida? Explique a sua resposta.

b) Você tem acesso à internet? Se a sua resposta for positiva, cite as atividades que você realiza nela.

DIVERSIFICANDO

LIVROS

Paisagens

Roseana Murray.
Belo Horizonte: Lê, 2005.

Este livro é um passeio poético pelas paisagens que compõem as cidades, os campos, as aldeias. Trata de como podemos perceber o que fica, o que desaparece e o que foi acrescentado nessas paisagens, como o ser humano interferiu nelas.

Brasil: paisagens naturais

Marcelo Leite.
São Paulo: Ática, 2007.

Neste livro, o autor descreve as características espaciais e naturais da Amazônia, da Caatinga, do Cerrado, do Pampa, do Pantanal e da Mata Atlântica, os grandes biomas brasileiros, além de trazer informações sobre o processo de ocupação humana do território, sua população, economia e cultura.

Além do portão da vila

Eliana Martins.
São Paulo: Edições SM, 2006.

A família de Cora, de imigrantes italianos, foi uma das primeiras a se instalar na vila operária Maria Zélia, no bairro do Belenzinho, em São Paulo, em 1918. Por trinta anos, a garota pôde observar e perceber as mudanças políticas, sociais e culturais que aconteciam no lugar em que ela morava.

Brim Azul: a história de uma calça

Ganymédes José.
São Paulo: Atual, 2004.

Da fábrica à loja, de dono em dono, uma calça de brim traça o perfil de alguns jovens brasileiros que vivem em grandes cidades.

Crianças como você: uma emocionante celebração da infância no mundo

Barnabas Kindersley e Anabel Kindersley.
São Paulo: Ática, 1996.

O livro faz uma viagem pelas diferentes culturas do mundo e mostra o cotidiano das crianças em diversos países.

SITE

IBGE

<http://www.ibge.gov.br/home/presidencia/noticias/vocabulario.pdf>.

Neste *link* do IBGE, você encontra disponível o livro *Vocabulário básico de recursos naturais e meio ambiente*, 2ª ed. 2004.

FILME

Baraka: um mundo além das palavras

Direção: Ron Fricke.
EUA, 1992.

Este documentário proporciona um passeio pelas mais diferentes paisagens naturais e humanizadas por 26 países. Ele levou mais de onze anos para ser realizado. Baraka é uma reprodução visual da ligação do ser humano com a Terra.

PROJETO ESPECIAL

As paisagens do bairro: as casas, as ruas, muitos lugares para conhecer

Croqui
Desenho esquemático simples feito à mão.

Daniele e Francisco elaboraram um croqui do bairro em que está localizada a escola em que eles estudam. Alguns elementos da paisagem do bairro foram evidenciados no desenho deles. Observe com atenção.

ATIVIDADES

1. Que elementos da paisagem foram evidenciados no croqui de Daniele e Francisco?
2. Observe como um dos elementos da paisagem foi desenhado no croqui, à esquerda, e como ele é representado nos mapas e nas plantas, à direita.

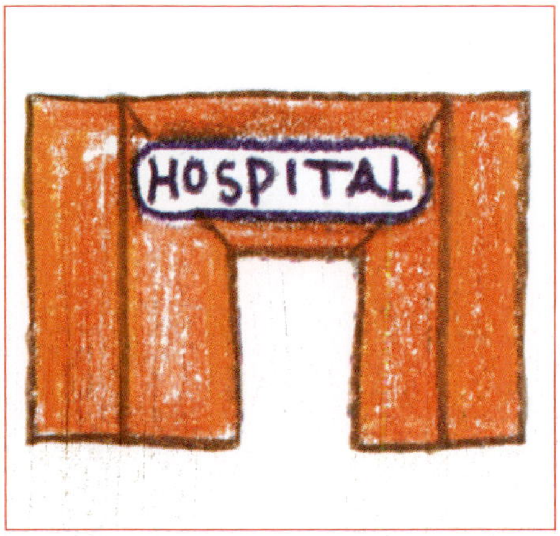

Agora, escolha outros elementos representados no croqui e crie em seu caderno outras formas de representar cada um deles. Lembre-se de que essas novas formas devem ser de fácil interpretação e não se esqueça de escrever ao lado do desenho o que ele quer dizer, ou seja, elabore uma legenda.

3. Agora é sua vez! Você será o cartógrafo do seu bairro representando-o em um croqui! Para isso, peça a um adulto que mora com você que o ajude em uma pequena expedição nas proximidades de sua casa e faça o seguinte:
   - Caminhe por uns dois ou três quarteirões do seu bairro e observe a paisagem atentamente, como se fosse a primeira vez que visitasse o bairro.
   - Anote pelo menos cinco elementos de cada quarteirão, por exemplo: um rio, um lago, um morro, uma praça, uma loja, um supermercado, um prédio, uma escola etc.
   - Em casa, faça um croqui como o de Daniele e Francisco representando o que você observou e anotou nos quarteirões próximos a sua moradia.
   - Depois, desenhe símbolos para identificar todos os elementos observados e faça uma legenda.
   - Leve seu croqui para a sala de aula e compare-o com o de um colega. Depois, discutam:
     O lugar em que você vive é parecido com o lugar em que vive seu colega? Quais semelhanças e quais diferenças vocês conseguem identificar?
     Você compreende com facilidade o que seu colega quis representar no croqui? E na legenda?
     Quais sugestões você daria a ele para melhorar o desenho que ele fez? Ouça também o que ele tem a dizer sobre o desenho que você elaborou.
4. Pesquise em atlas, livros, revistas e internet como alguns dos elementos desenhados no seu croqui são representados nos mapas e nas plantas. Depois, leve seu desenho e o resultado da sua pesquisa para a sala de aula e mostre-os para os colegas e para o professor.
5. Em um dia combinado com o professor, organize com seus colegas um mural com os croquis produzidos por vocês para que todos na classe possam conhecer um pouco dos lugares em que vocês vivem.

Universo e planeta Terra – movimentos, orientação e representação

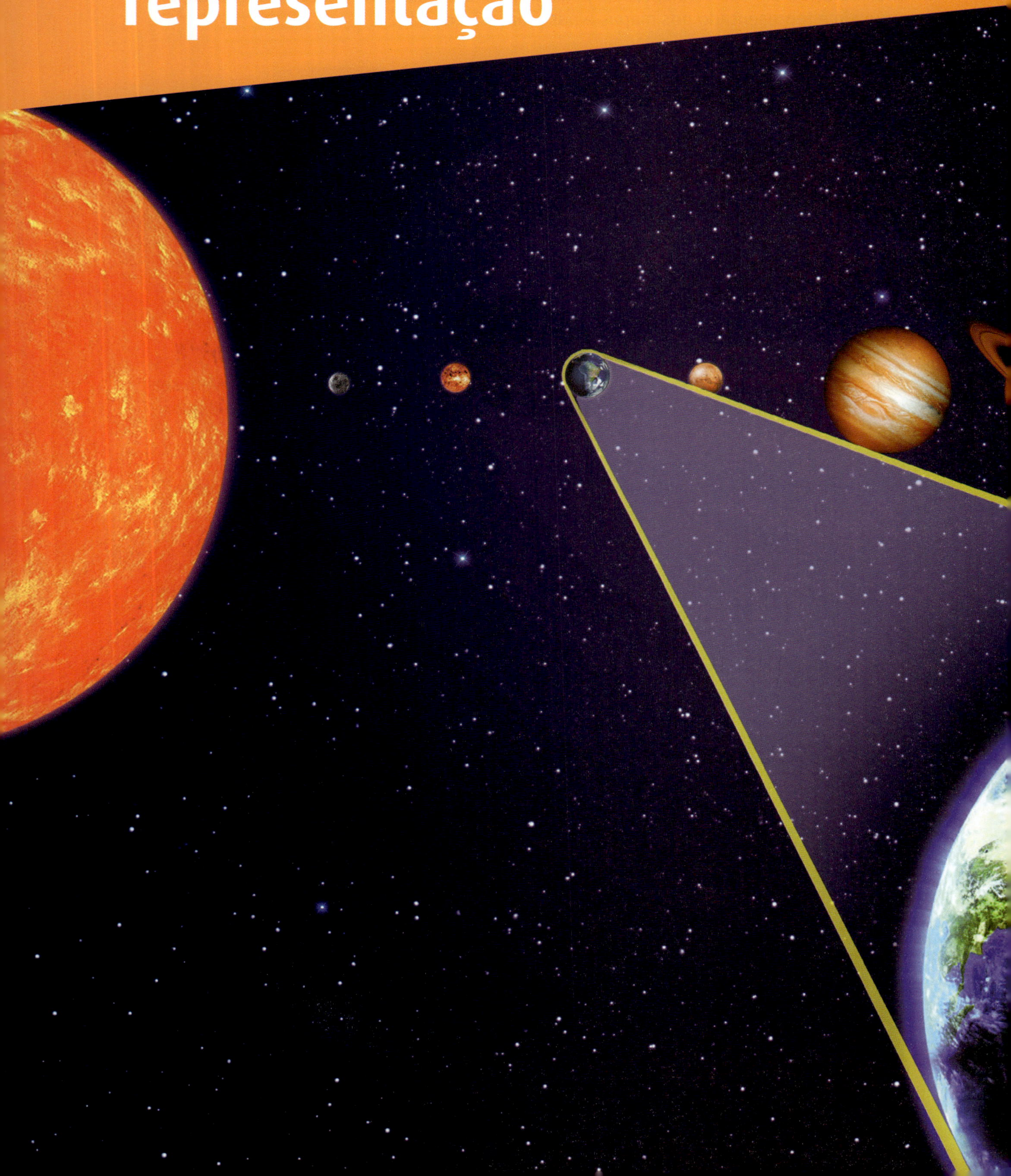

UNIDADE

II

Na unidade anterior, você aprendeu a ler e compreender uma paisagem, o que é lugar e o que representa, em Geografia, o espaço geográfico. Nesta unidade, você vai conhecer e compreender o que existe no Universo e, nele, o planeta em que vivemos — a Terra —, seus movimentos e as consequências deles para a vida das pessoas. Vai conhecer também como a Terra pode ser representada por meio de mapas e se orientar no espaço geográfico por meio de elementos da paisagem e também por meio de alguns astros que compõem o Universo.

Desde os tempos mais remotos, uma das maiores curiosidades do ser humano é sobre a imensidão dos pontos brilhantes que podem ser vistos no céu quando anoitece. Hoje, sabemos que esses pontos são os **astros**. Observá-los e estudá-los deu origem à Astronomia, ciência que estuda o espaço sideral e os corpos celestes.

- Observe a imagem destas páginas e descreva a cena e os elementos que podem ser observados nela.

3 Universo e Sistema Solar

PARA CONTEXTUALIZAR

Observe as fotografias a seguir.

A

B

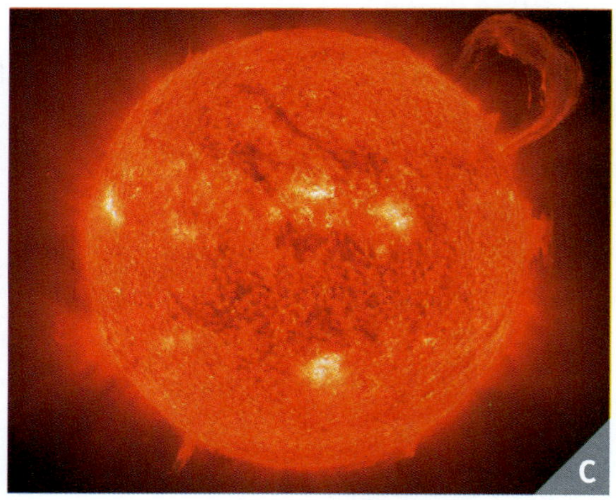

C

ATIVIDADES

Converse com seus colegas e com seu professor.

1. Qual a diferença entre Universo e Sistema Solar?
2. Que equipamento aparece na imagem A? Para que ele é usado?
3. Qual é a fonte de iluminação de partes da Lua e da Terra, visíveis na imagem B?
4. Na imagem C, é possível perceber ondulações na superfície do Sol. O que você acha que está ocorrendo?
5. Faça uma legenda para cada uma das imagens acima.

Da observação do céu à Astronomia

Desde tempos passados, os seres humanos têm o hábito de observar o céu. Você, provavelmente, já deve ter feito isso.

Longe das luzes e da poluição das grandes cidades, quando não há nuvens, à noite o céu desponta com uma enorme quantidade de pontos luminosos. Esses pontos são os corpos celestes ou **astros**.

Os corpos celestes que emitem luz própria, como as estrelas, são denominados astros **luminosos**. As **estrelas** são enormes massas de gases incandescentes, produtoras de energia resultante de grandes reações nucleares (principalmente transformações de hidrogênio em hélio) ocorridas em seu interior.

Existem outros corpos celestes, como planetas e satélites, que não emitem luz própria, mas recebem e refletem a luz dos astros luminosos. Eles são chamados astros **iluminados**.

A Astronomia é a ciência da observação e do estudo dos astros que compõem o **Universo**. Seu principal objetivo é situar os astros no espaço sideral e no tempo: determinar a localização provável e o tempo de vida, descrever e explicar as origens, as características e os movimentos deles.

Espaço sideral
Espaço em que estão situados os astros ou corpos celestes; espaço do Universo.

A distância entre os astros — o ano-luz

Será que as distâncias no Universo também são medidas em quilômetros como na superfície terrestre?

A distância entre os astros não é calculada em quilômetros, como aqui na Terra. Essa unidade de medida é muito pequena para avaliar as distâncias existentes no Universo. Para calcular as distâncias no espaço sideral, a Astronomia utiliza o **ano-luz**. O ano-luz equivale à distância percorrida pela luz em um ano.

A velocidade da luz é de 300 mil quilômetros por segundo, e o espaço percorrido por ela em um ano é de aproximadamente 9,5 trilhões de quilômetros.

A distância da Terra à Lua (384 mil quilômetros) é de 1,25 segundo-luz, por exemplo, e o Sol está há 8 minutos e 18 segundos-luz (150 milhões de quilômetros) da Terra, o que significa que sua luz leva 8 minutos e 18 segundos para chegar até nós.

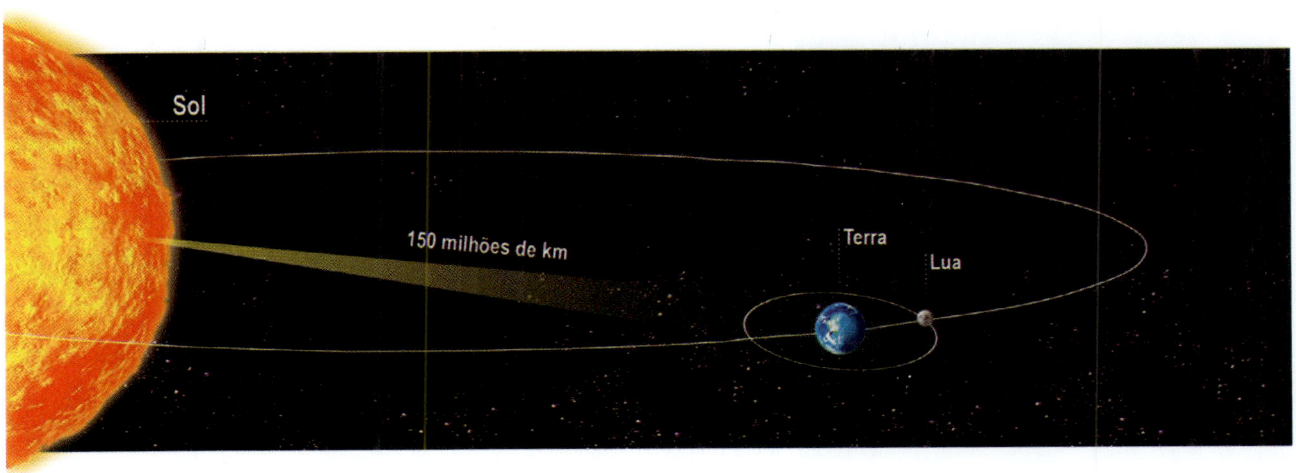

MAIS INFORMAÇÃO

Equipamentos de observação do Universo

Com a finalidade de obter imagens ampliadas e maiores informações sobre o Universo, o ser humano foi desenvolvendo e aperfeiçoando equipamentos.

O primeiro passo para ampliar o conhecimento que se tinha do Universo foi dado em 1610, quando Galileu Galilei (1564-1642) usou a luneta para esse fim. Ele descobriu, por exemplo, as quatro grandes luas ou satélites do planeta Júpiter, as montanhas e as crateras da Lua, as manchas solares.

Retrato de Galileu, pintado em 1635, e duas réplicas de suas lunetas.

Antes desse feito de Galileu, a luneta era utilizada para enxergar coisas distantes em nosso planeta, como, por exemplo, os navios em alto-mar.

Em 1672, Isaac Newton (1642-1727) aperfeiçoou o telescópio, possibilitando obter imagens mais nítidas do que as conseguidas até então.

Réplica do telescópio de Newton.

Em 24 de abril de 1990, foi lançado o telescópio espacial Hubble, que mede 13 metros de altura, pesa 12 toneladas e está a 600 quilômetros da superfície terrestre. Com ele foi possível ampliar os estudos sobre as estruturas do Universo. Em 2013, ele seria desativado, mas seu sucessor, o telescópio James Webb, deverá ser lançado somente em 2018, quando o Hubble será "aposentado".

O telescópio Hubble recebeu algumas visitas da Nasa, a Agência Espacial Norte-Americana, para sua manutenção e troca de equipamentos. Imagem feita em maio de 2009.

A Via Láctea

No Universo existem bilhões de galáxias, cada qual com bilhões de estrelas. É muito provável que, se observarmos o céu numa noite sem nuvens e longe dos lugares muito iluminados, possamos notar pontos brilhantes mais concentrados numa extensa faixa esbranquiçada, formando uma espécie de arco. Essa faixa é uma parte da **Via Láctea**.

A **Via Láctea** é a galáxia em que está localizado o **Sistema Solar**, do qual o planeta Terra faz parte.

O Sistema Solar e o Sol

Na seção **Para contextualizar** você e seus colegas conversaram sobre a diferença entre Universo — que você já estudou — e Sistema Solar.

O Sistema Solar é formado por vários astros — planetas, satélites, planetoides, meteoroides e cometas — que giram em torno do Sol, atraídos pela força gravitacional dessa estrela.

O Sol é uma estrela como milhares de outras que podem ser vistas a olho nu ou com a ajuda de um telescópio. Por estar mais próximo da Terra, ele parece ser a maior estrela mas, no Universo, há estrelas mais brilhantes e maiores que o Sol.

A Terra, parte do Sistema Solar, é influenciada pela ação gravitacional do Sol. Além disso, a luz e a energia provenientes do Sol possibilitam a existência de vida na Terra e contribuem para a ocorrência de diversos fenômenos, como vento, evaporação das águas, chuva, entre outros.

Os planetas

Os planetas do Sistema Solar, por ordem de distância do Sol.

Fonte: *Atlas geográfico escolar*. Rio de Janeiro: IBGE, 2009. p. 9.

Ilustração com cores-fantasia, sem proporção de tamanho e de distância.

Os **planetas** são astros iluminados que giram em órbitas ao redor de uma estrela da qual recebem luz. A Terra gira ao redor do Sol numa velocidade de aproximadamente 107 mil quilômetros por hora.

Atualmente, são conhecidos oito planetas no Sistema Solar: Mercúrio, Vênus, Terra, Marte, Júpiter, Saturno, Urano e Netuno. Plutão, que fora descoberto em 1930 e classificado como planeta, perdeu esse *status* em 2006, numa assembleia da União Astronômica Internacional (UAI), passando a ser considerado um planeta-anão.

MAIS INFORMAÇÃO

O rebaixamento de Plutão, a definição de planeta e os planetas-anões

"[...] Cerca de 2.500 especialistas reunidos em Praga na 26ª assembleia geral da União Astronômica Internacional [...] acabam de chegar a um consenso quanto à nova definição de planeta. De acordo com a decisão, passa a existir também a categoria de 'planetas-anões', da qual Plutão passa a fazer parte. Com isso, o Sistema Solar passa a contar com apenas oito planetas: Mercúrio, Vênus, Terra, Marte, Júpiter, Saturno, Urano e Netuno.

De acordo com a nova definição, um corpo celeste tem que preencher três requisitos para que seja considerado um planeta: tem que estar em órbita em torno de uma estrela, ter a forma aproximadamente esférica e ser o astro dominante da região de sua órbita.

'Ser o corpo mais importante de sua região significa que o planeta agregou a maior parte da matéria disponível ao seu redor no período de formação', explica o planetólogo Sylvio Ferraz Mello, da Universidade de São Paulo. 'Os outros oito planetas giram no mesmo plano e com órbitas parecidas, o que não acontece com Plutão.'

Com isso, Plutão deixa de ser considerado um planeta e passa a fazer parte da nova categoria de 'planetas-anões'. [...]"

LOVATI, Franciane. Plutão rebaixado a "planeta-anão". *Ciência Hoje On-line*. (Publicado em: 24 ago. 2006.) Disponível em: <http://cienciahoje.uol.com.br>. Acesso em: 23 abr. 2014.

O ponto brilhante maior é Plutão. Imagem do satélite Hubble (2006).

Os satélites e a Lua

Lua – satélite natural da Terra.

Com exceção de Mercúrio e Vênus, todos os demais planetas do Sistema Solar apresentam **satélites naturais** — astros que não têm luz própria e que giram ao redor dos planetas.

O único satélite natural da Terra é a Lua. Ela é o corpo celeste que está mais próximo de nós, a uma distância média de 384 mil quilômetros.

As crateras são um aspecto marcante do relevo da Lua. Elas resultam de impactos recebidos de outros corpos celestes, principalmente meteoritos. Isso ocorre porque a Lua não possui atmosfera. É por isso, também, que a sua temperatura pode chegar a 100 °C durante o dia e cair para –200 °C durante a noite.

A Lua gira em torno da Terra atraída por sua força gravitacional. Esse movimento dura exatamente o mesmo tempo que ela leva para dar uma volta em torno de si mesma. É a combinação desses dois movimentos que faz com que a Lua mantenha sempre a mesma face iluminada voltada para a Terra.

No decorrer do mês, percebemos alterações no aspecto da Lua. Há dias em que ela aparece totalmente iluminada e, em outros, não a vemos. Tais alterações ocorrem por causa da variação da posição da Lua em relação ao Sol e à Terra: são as fases da Lua.

A Lua apresenta quatro fases diferentes: lua nova, quarto crescente, lua cheia e quarto minguante.

Nunca foi provado cientificamente que as fases da Lua influenciam a vida das pessoas, mas muita gente se baseia nelas para cortar cabelo, fazer regimes, plantar, podar árvores, entre outras coisas.

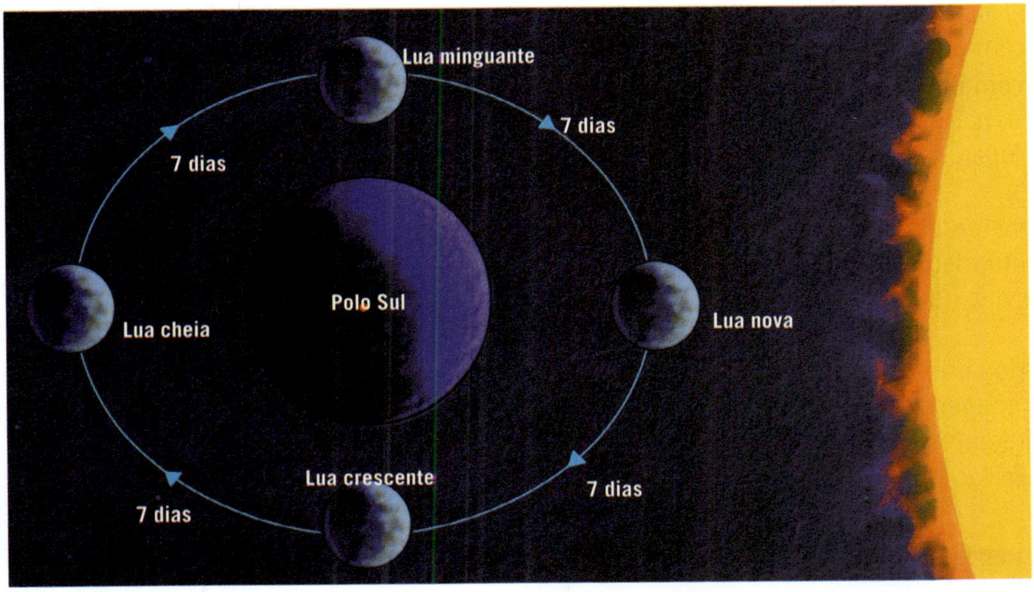

Ilustração com cores-fantasia, sem proporção de tamanho e de distância.

Fonte: *Sciences et avenir*, abr. 2005.

A Lua em seu giro ao redor da Terra.

MAIS INFORMAÇÃO

Corrida espacial

Na década de 1950, começou uma disputa entre Estados Unidos e a extinta União Soviética (da qual fazia parte a Rússia) para ver quem conseguiria conquistar o espaço. Essa disputa ficou conhecida como "corrida espacial", e foi inaugurada pelo lançamento do satélite russo Sputnik I, em outubro de 1957, seguido pelo lançamento do satélite estadunidense Explorer I, em janeiro de 1958. Satélites no ar, o próximo passo foi colocar o ser humano em órbita ao redor da Terra.

No dia 12 de abril de 1961, o russo Yuri Gagarin foi o primeiro homem a ir para o espaço sideral a bordo da nave Vostok I. Ele foi o autor da frase: "A Terra é azul".

Anos depois, no dia 20 de julho de 1969, o estadunidense Neil Alden Armstrong foi o primeiro homem a pisar na Lua, como comandante da missão Apollo 11, tripulada pelos astronautas Edwin 'Buzz' Aldrin e Michael Collins. Essa conquista foi fruto de várias etapas de trabalho: pesquisas, testes, envio de muitas sondas e naves. Tudo isso fez parte de um projeto desenvolvido pela Agência Espacial Norte-Americana (Nasa).

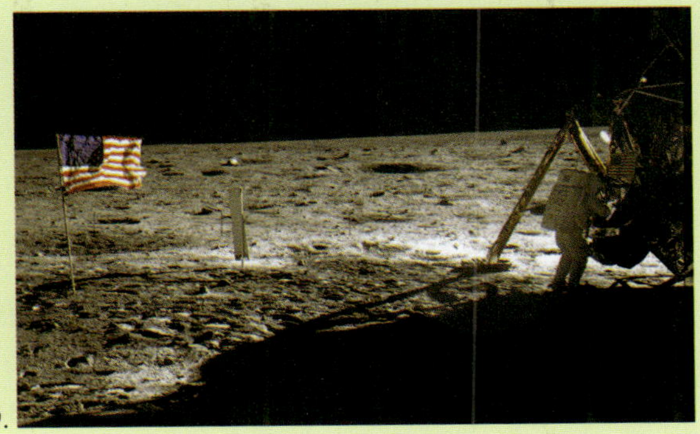

Armstrong em solo lunar, em 1969.

Os satélites artificiais

Desde os anos 1960, com o progresso alcançado pela ciência, o homem constrói satélites artificiais, que giram em torno dos astros e são utilizados para estudos, pesquisas, obtenção de imagens e telecomunicações.

PARA COMPREENDER **Texto**

Satélites artificiais

Existem diferentes tipos de satélites artificiais, divididos de acordo com a sua aplicação.

- Satélites de comunicação: permitem ver imagens de outros países na televisão, telefonar para qualquer lugar do mundo, navegar na internet.
- Satélites de meteorologia: possibilitam a elaboração de informações sobre as condições do tempo (chuvas, temperaturas, ventos e marés).
- Satélites de sensoriamento remoto: permitem a elaboração de imagens da superfície da Terra, utilizadas em diferentes aplicações.
- Satélites de radar: localizam objetos. O satélite Seasat, por exemplo, dedicado à pesquisa oceanográfica, procura navios perdidos nos oceanos.
- Satélites científicos: colhem informações sobre as camadas de gases que envolvem a Terra e informações sobre outros planetas.
- Satélites de espionagem: fornecem informações sobre atividades secretas de outros países.
- Satélites de navegação: o moderno Sistema de Posicionamento Global (GPS — *Global Positioning System*) utiliza satélites capazes de fornecer, com grande precisão, a posição de equipamentos móveis (instalados em navios, aviões, carros ou mesmo celulares e computadores portáteis).

Satélite artificial para pesquisa de salinidade dos oceanos (2011).

3 Satélites artificiais
Para o assunto ***Satélites artificiais no dia a dia***, acesse e explore este OED.

Responda às questões a seguir.

1. Qual a importância dos satélites nos dias atuais?
2. Na sua opinião, quais países possuem satélites?

Asteroides ou planetoides

Como você pôde notar na imagem da página 41, entre as órbitas de Marte e Júpiter existem milhares de corpos celestes chamados **asteroides** ou **planetoides**, que também giram ao redor do Sol. Os astrônomos acreditam que os asteroides correspondam à matéria que não chegou a formar um planeta.

Meteoroides

Os corpos celestes menores que um asteroide recebem o nome de **meteoroides**.

Diariamente, milhares de meteoroides penetram na atmosfera terrestre a grande velocidade, mas a maioria se desintegra na atmosfera. O atrito desses astros com os gases que compõem a atmosfera provoca sua queima, ocasionando um fenômeno luminoso chamado **meteoro**, popularmente conhecido como **estrela cadente**.

Poucos meteoroides não se queimam totalmente ao entrar na atmosfera da Terra e atingem a superfície terrestre, quando passam a ser chamados de **meteoritos**. Já foram encontrados mais de dois mil meteoritos na superfície terrestre. Há registros bastante antigos sobre esses corpos, como o de 476 a.C., na Grécia.

No Brasil, no ano de 1784, no leito seco de um rio na Bahia, foi descoberto um meteorito denominado Bendegó, pesando mais de cinco toneladas. Uma parte desse meteorito está exposta no Museu Nacional do Rio de Janeiro.

Fragmento do meteorito Bendegó, Museu Nacional do Rio de Janeiro. Fotografia de 2007.

Cometas

Os **cometas** são astros que giram ao redor do Sol, descrevendo órbitas elípticas que, às vezes, são bastante alongadas.

Os cometas — constituídos por uma mistura de gases e partículas sólidas (predominantemente gelo) no núcleo — apresentam densidade muito pequena, razão pela qual não chegam a perturbar as órbitas dos planetas quando deles se aproximam.

Ao aproximar-se do Sol, uma coma (cabeleira) e uma cauda são formadas, em virtude da liberação de gás pelo gelo, fato causado pela radiação solar. Por causa disso, a cauda sempre aponta para uma direção oposta à do Sol. Geralmente, o cometa recebe o nome do astrônomo que o observar pela primeira vez.

Em 1986, foi possível observar a passagem do cometa Halley, considerado o mais famoso do Sistema Solar. O cometa Halley cruza a órbita da Terra a cada 76 anos. Antes de 1986, ele se aproximara da Terra em 1910, e poderá ser visto novamente em 2062.

Atividades

RETOME SEUS CONHECIMENTOS

1. Qual é o nome da galáxia em que está localizado o Sistema Solar do qual a Terra faz parte?

2. Imagine que você é um cientista.
   a) Para observar o espaço sideral a partir da Terra, quais os principais equipamentos que você poderia utilizar?
   b) Quais equipamentos você poderia lançar para fora do nosso planeta para observar os astros, inclusive a própria Terra?

3. Qual a diferença entre satélites naturais e satélites artificiais? Cite exemplos de cada um deles.

4. Produza em seu caderno uma ilustração representando o Sistema Solar. Escreva uma legenda com os nomes dos astros que fazem parte desse sistema.

5. A fotografia abaixo mostra o planeta Terra visto do espaço. Elabore uma legenda para ela, considerando o avanço tecnológico da humanidade, que permitiu que essa imagem fosse produzida.

6. O único satélite natural da Terra é a Lua. Descreva o aspecto mais marcante do seu relevo e o que causa esse aspecto na sua superfície.

EXERCITE SEUS CONHECIMENTOS

7. Como você pôde observar neste capítulo, o Sistema Solar é formado por oito planetas. Mas até 2006, havia nove planetas no Sistema Solar, pois Plutão era considerado planeta e, em 2006, foi rebaixado a planeta-anão. Explique por que esse rebaixamento aconteceu.

8. Leia o texto e responda às questões.

Lá vai a Ná na nave pra lá

"A nave já está de partida
Dez minutos para a despedida
Mando um cartão-postal de Netuno
Outro quando pousar em Saturno
E na nave vá para o infinito
Cem mil quilômetros por minuto
Talvez eu pare lá em Urano [...]"

ASSUMPÇÃO, Itamar; OZZETTI, Ná; OZZETTI, Dante. "Lá vai a Ná na nave pra lá". Intérprete: Ná Ozzetti. Em: *Ná*. São Paulo: Núcleo Contemporâneo, 1998. CD.

   a) Para quais planetas os autores dizem que a Ná irá viajar? Escreva seus nomes e o nome da galáxia a qual pertencem.
   b) Os autores dizem que a Ná irá viajar para o infinito a "cem mil quilômetros por minuto". De acordo com a Astronomia, a utilização dessas unidades de medida é adequada? Por quê?

9. Em grupo, converse com seus colegas sobre a importância do Sol para a Terra, considerando:
   - as diversas formas da vida;
   - o ciclo da água;
   - as variações de temperatura no planeta;
   - a luminosidade;
   - a energia necessária para a economia e para a sociedade.

   Elabore, depois, um texto coletivo e leia para a classe.

4

Planeta Terra – características e movimentos

PARA CONTEXTUALIZAR

Observe a imagem.

Planeta Terra. Imagem feita pela Nasa (2007).

ATIVIDADES

Converse com seus colegas e com seu professor.

1. Faça de conta que você é um astronauta. Ao observar o planeta Terra, como você o descreveria?
2. Na parte clara da imagem (à direita) é dia; na parte escura (à esquerda) é noite. Você sabe por que isso acontece?
3. Qual é a forma do planeta Terra?

O planeta em que vivemos

Você estudou que a Terra é um dos planetas que compõem o Sistema Solar. Vamos conhecer agora algumas características do planeta em que vivemos e do que ele é formado.

- Cerca de 70% da superfície do planeta Terra encontra-se coberta por água, formando oceanos, mares, geleiras, aquíferos, rios e lagos. É a parte líquida do planeta, chamada de **hidrosfera**.
- A Terra está envolvida por uma camada gasosa, a **atmosfera**, composta principalmente de nitrogênio e oxigênio. Essa camada a protege dos choques dos meteoroides, permite a existência de vida animal e vegetal e evita um resfriamento mais intenso da superfície à noite.
- A parte sólida da Terra, formada por rochas, minerais e solo, compõe a **litosfera**, camada superficial na qual está a crosta terrestre.
- A interação entre hidrosfera, atmosfera e litosfera torna possível a existência de seres vivos. Ao conjunto de todas as partes do planeta Terra onde é possível existir vida chamamos **biosfera**.

4 **O planeta Terra**
Para o assunto ***O planeta em que vivemos***, acesse e explore este OED.

A forma da Terra

Na seção **Para contextualizar** vocês conversaram sobre a forma do nosso planeta.

A Terra não é perfeitamente esférica, apresenta uma superfície irregular e achatamento nos polos, aproximando-se de uma forma chamada de geoide. Essa forma foi pensada para ajudar na elaboração de mapas, mas ainda assim causava mais distorções que o desejado para representar a Terra em um plano. Foi então que os cartógrafos buscaram uma figura geométrica que se aproximasse do geoide e passaram a utilizar o elipsoide. Observe essas formas na figura a seguir.

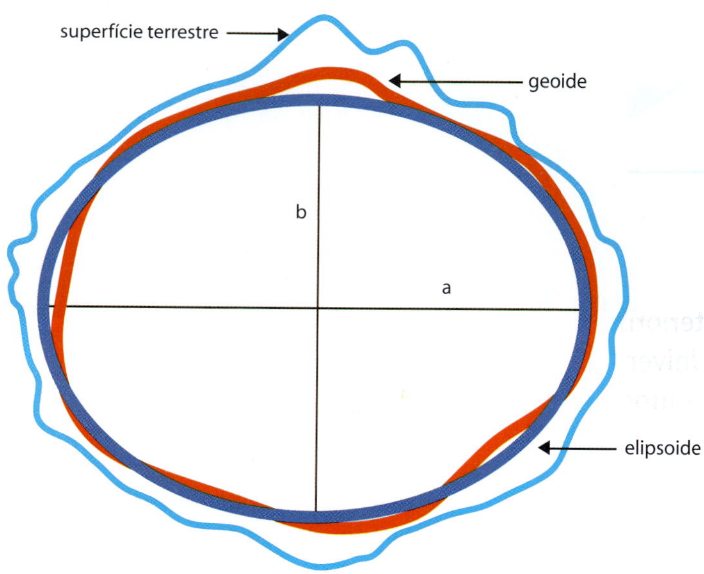

Nessa imagem, "a" é o eixo maior ou equatorial, e "b" é o eixo menor ou polar.

Fonte: *Atlas geográfico escolar*. Rio de Janeiro: IBGE, 2009. p. 17.

Os hemisférios

Chama-se **hemisfério** a metade da superfície da Terra, limitada por um círculo máximo — um **paralelo** ou um **meridiano** junto com seu antimeridiano. A divisão da Terra pelo principal paralelo, o Equador, forma os hemisférios Norte e Sul.

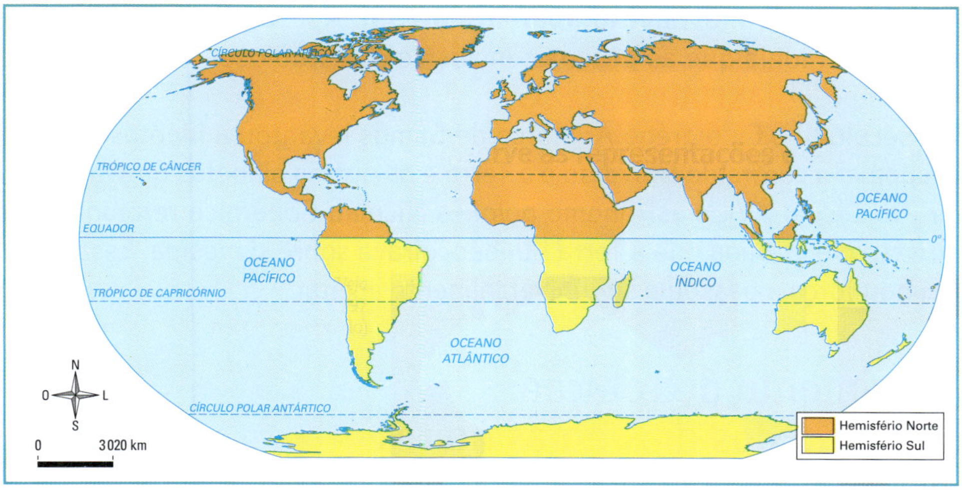

Fonte: *Atlas geográfico escolar*. Rio de Janeiro: IBGE, 2009. p. 34 (adaptado).

A divisão da Terra pelo principal meridiano, o de Greenwich, e por seu antimeridiano (180°) formam os hemisférios Oeste (Ocidental) e Leste (Oriental).

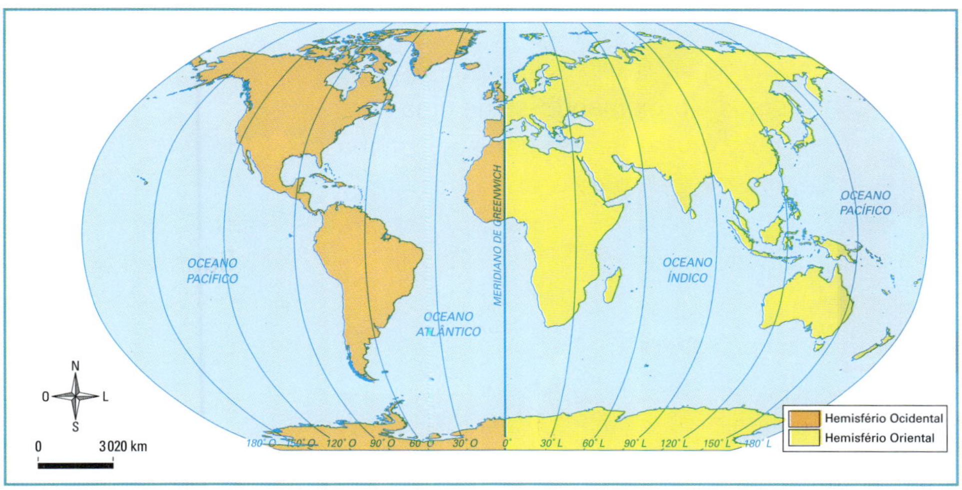

Fonte: *Atlas geográfico escolar*. Rio de Janeiro: IBGE, 2009. p. 34 (adaptado).

Os movimentos da Terra

Vimos anteriormente que os astros do Universo realizam alguns movimentos. A Terra, assim como todos os demais corpos celestes do Sistema Solar, realiza um movimento junto com o Sol em seu movimento ao redor do centro da Via Láctea.

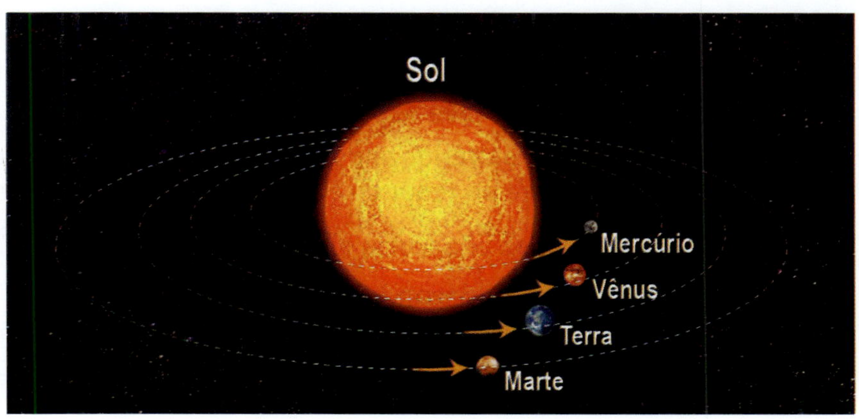

Ilustração com cores-fantasia, sem proporção de tamanho e de distância.

Além de participar desse movimento geral do sistema ao qual pertence, a Terra faz outros movimentos. Dois deles são fundamentais para a existência de vida no planeta: o de **rotação** e o de **translação**.

Errônea
Que contém erro, que não condiz com a verdade.

Se observarmos o posicionamento do Sol no decorrer do dia, podemos chegar à conclusão de que ele se movimenta ao redor da Terra. A esse fato damos o nome de **movimento aparente do Sol**. Apesar de errônea, foi exatamente essa ideia que as pessoas, inclusive os estudiosos, tiveram durante muito tempo.

No século III a.C., o grego Aristarco de Samos levantou a hipótese de que o Sol ocupava o centro do Universo e a Terra e os outros planetas giravam ao seu redor. No século XVI, o astrônomo polonês Nicolau Copérnico retomou a ideia de Aristarco e afirmou que a Terra também girava sobre si mesma. Essa hipótese ganhou força e passou a ser universalmente aceita.

O movimento de rotação: a sucessão dos dias e das noites

Analise a ilustração a seguir.

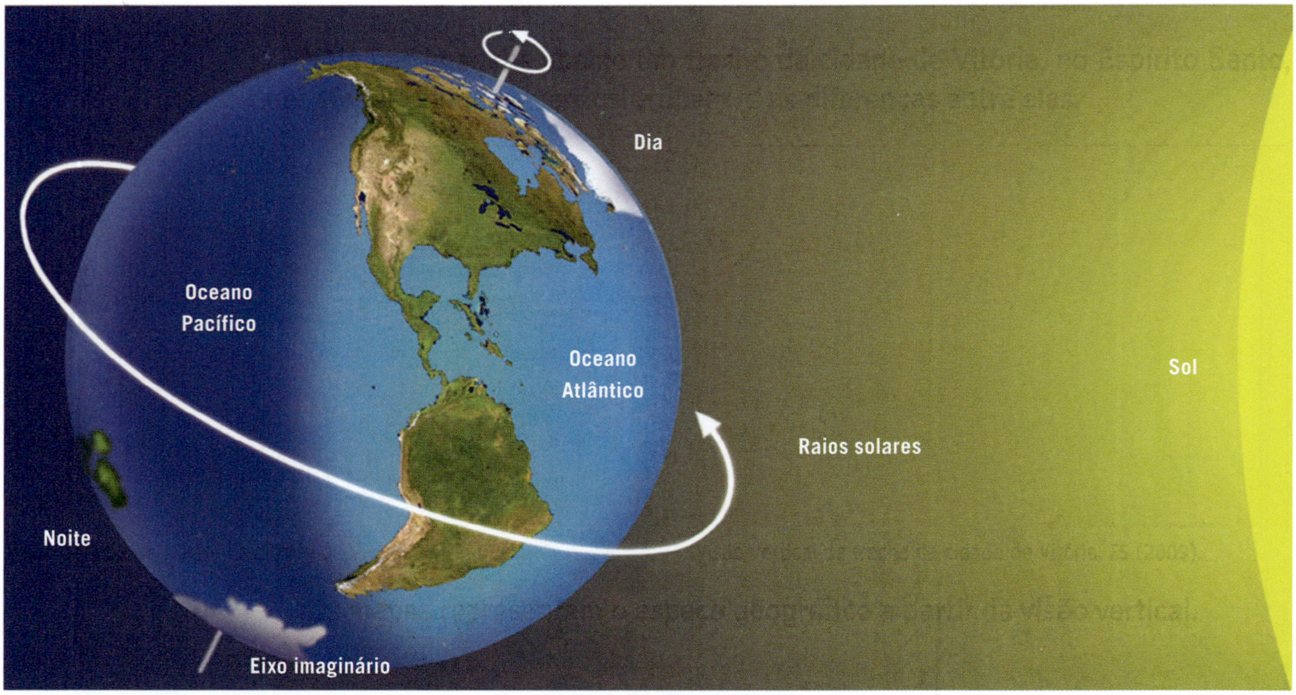

Ilustração com cores-fantasia, sem proporção de tamanho e de distância.

- Após vários anos de estudos, chegou-se à conclusão de que é a Terra que gira ao redor do Sol e não o contrário. Além de girar em torno do Sol, ela gira em torno de si mesma. Como podemos perceber que a Terra gira?

O movimento que a Terra faz em torno de si mesma chama-se **rotação** e tem a duração aproximada de 24 horas (o período exato de rotação é de 23 horas, 56 minutos e 4 segundos).

No tempo que a Terra leva para dar uma volta completa em torno de seu eixo, passamos por um período claro (dia), na face da Terra voltada para o Sol, e por um período escuro (noite), na face oposta. Assim, podemos afirmar que **o movimento de rotação é o responsável pela alternância dos dias e das noites**.

Teoricamente, o aparecimento do Sol deveria corresponder ao início de um novo dia. Era justamente isso que os babilônios, povo da Antiguidade, achavam. A partir de 1925, ficou estabelecido, por convenção, que o dia astronômico começaria à meia-noite.

Não se estabelece o início do dia, por exemplo, a partir das 6 horas, porque o momento em que o Sol aparece varia no decorrer do ano em muitos lugares da Terra.

De qualquer forma, no decorrer da história da humanidade, enquanto a incidência de luz solar (dia) permitia o desenvolvimento de atividades, a sua ausência (noite) o limitava. Tal fato, aliado à necessidade de repouso do corpo humano, fez com que o período noturno fosse utilizado para o descanso. Com o surgimento da luz elétrica, na segunda metade do século XIX, e sua popularização, no século XX, foi possível ampliar as atividades realizadas no período noturno.

O movimento de translação: o ano e as estações do ano

Conforme a Terra realiza o movimento de rotação (em torno de si mesma), ela também gira ao redor do Sol, num movimento que se chama **translação**, realizado a uma velocidade de aproximadamente 30 quilômetros por segundo, ou seja, 107 mil quilômetros por hora, conforme vimos no capítulo 3.

O movimento de translação dura aproximadamente 365 dias e 6 horas.

Observe na ilustração da página ao lado que o eixo da Terra se apresenta inclinado. A inclinação do eixo terrestre, combinada com o movimento de translação, provoca uma desigual distribuição da luz do Sol nos dois hemisférios durante o ano.

Essa desigualdade dá origem às **quatro estações do ano**: primavera, verão, outono e inverno, que acontecem em períodos diferentes e alternados nos hemisférios Norte e Sul, como você pode observar na ilustração da página seguinte. Assim, podemos afirmar que **o movimento de translação é responsável pelo surgimento do ano e das estações do ano**.

Equinócio, solstício e as estações do ano

Durante todo o ano, há somente dois dias em que os hemisférios Norte e Sul recebem a mesma quantidade de luz do Sol. Nesses dias, 21 de março e 23 de setembro, aproximadamente, ocorrem os equinócios: os raios solares ficam perpendiculares ao Equador, de modo que toda a área iluminada (de polo a polo) recebe a mesma quantidade de luz. Por essa razão, nos dois hemisférios o dia e a noite têm a mesma duração, 12 horas. Observe a ilustração da próxima página.

No dia 21 de março, tem início a primavera no hemisfério Norte; é o equinócio de primavera. No hemisfério Sul, começa o outono; é o equinócio de outono.

A partir de 21 de março, o hemisfério Norte passa a receber, gradativamente, maior quantidade de luz do Sol. Por isso, os dias vão ficando mais longos, e as noites, mais curtas. No hemisfério Sul, ocorre o contrário: ele recebe os raios solares de maneira mais inclinada, por isso as noites vão ficando mais longas, e os dias, mais curtos, até o dia 21 de junho, aproximadamente, quando os raios solares incidem exatamente sobre o trópico de Câncer. É a noite mais longa do ano no hemisfério Sul, onde ocorre o solstício de inverno, ou início do inverno. No hemisfério Norte é o solstício de verão.

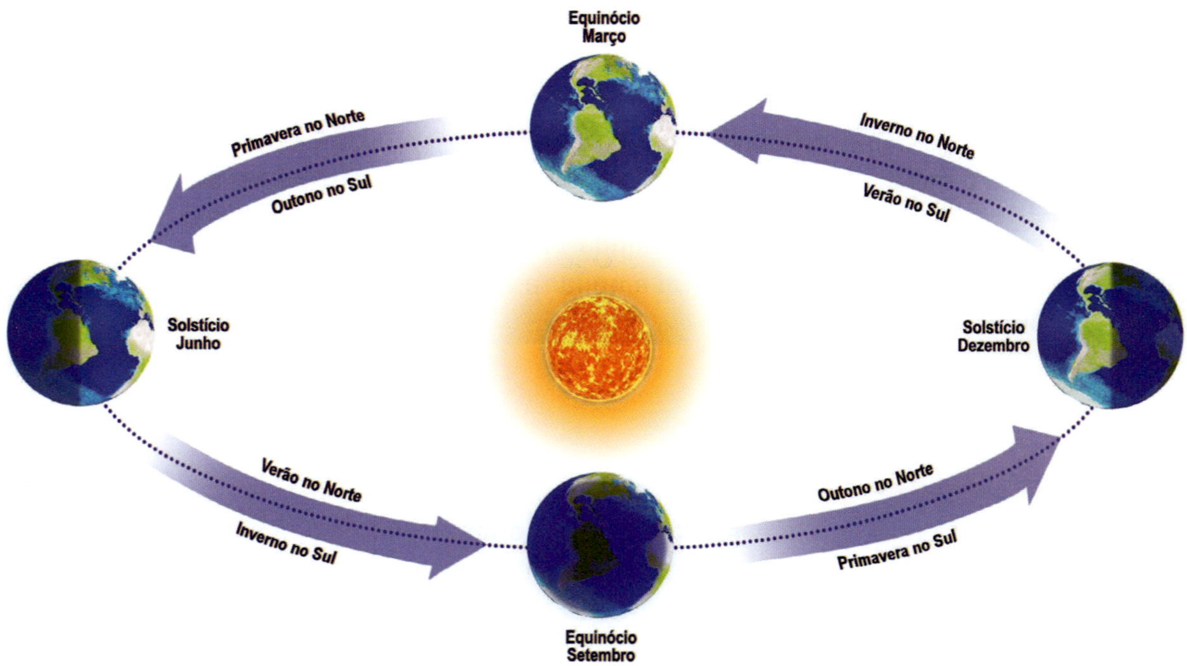

O movimento de translação e as estações do ano.
Fonte: *Atlas geográfico escolar*. Rio de Janeiro: IBGE, 2009. p. 10 (adaptado).

Ilustração com cores-fantasia, sem proporção de tamanho e de distância.

As diferenças entre a duração do dia e da noite começam a diminuir até o dia 23 de setembro, quando começa a primavera no hemisfério Sul; é o equinócio de primavera. No hemisfério Norte, começa o outono; é o equinócio de outono.

A partir de 23 de setembro, os dias vão ficando, gradativamente, cada vez mais longos que as noites no hemisfério Sul, que está recebendo os raios solares mais diretamente. No hemisfério Norte, as noites começam a se alongar.

No dia 22 de dezembro, aproximadamente, os raios solares atingem mais diretamente o trópico de Capricórnio. É novamente mudança de estação. No hemisfério Sul, o solstício de verão é o dia mais longo do ano. No hemisfério Norte, o solstício de inverno é a noite mais longa do ano.

Nos lugares da Terra em que as estações do ano são bem definidas, ou seja, em que há grandes variações de temperatura entre o verão e o inverno, os períodos de aulas e de férias escolares variam. Assim, em geral, nos lugares situados no hemisfério Sul, o período mais longo de férias estende-se por dezembro, janeiro e fevereiro, que são meses de verão. Já em muitos lugares do hemisfério Norte, o período de férias estende-se, geralmente, por junho, julho e agosto.

A translação e o calendário

Em seu movimento de translação, a Terra leva 365 dias e 6 horas para dar uma volta completa ao redor do Sol. Com base nesse movimento, criou-se o calendário usado atualmente, o calendário solar, em que o ano tem 365 dias, distribuídos em 12 meses.

E as seis horas restantes? A cada quatro anos, elas somam um dia, que é acrescentado ao mês de fevereiro como dia 29. Quando isso ocorre, o ano fica com 366 dias e é chamado de **bissexto**.

Assim, a partir da observação do movimento de translação, foi estabelecida uma unidade de tempo, o ano, que serve de base para determinar o ritmo de uma série de atividades humanas. O próprio tempo das nossas vidas e o tempo histórico são determinados a partir do ano.

As zonas térmicas da Terra

Como vimos, o planeta Terra, em razão do movimento de translação e do seu eixo inclinado, recebe diferentes quantidades de luz e calor do Sol. A maneira como os raios solares incidem nas diferentes regiões do planeta possibilita o estabelecimento das zonas térmicas.

Na região próxima à linha do Equador, os raios solares incidem mais diretamente ao longo de todo o ano. Essa parte é a mais quente do planeta. É denominada de **zona tropical**, também chamada de zona quente ou intertropical.

Ao norte do trópico de Câncer e ao sul do trópico de Capricórnio, até os círculos polares, os raios solares chegam à Terra de forma inclinada, portanto menos diretamente. Entre o trópico de Câncer e o círculo polar Ártico temos a **zona temperada norte**, e entre o trópico de Capricórnio até o círculo polar Antártico temos a **zona temperada sul**.

Ao norte do círculo polar Ártico temos a **zona polar ártica**, e ao sul do círculo polar Antártico temos a **zona polar antártica**. Nesses trechos, o frio é permanente o ano inteiro, havendo pequenas variações de temperatura entre as estações. Eles recebem também as denominações de zona fria ou glacial ártica e zona fria ou glacial antártica, respectivamente.

Zonas térmicas da Terra

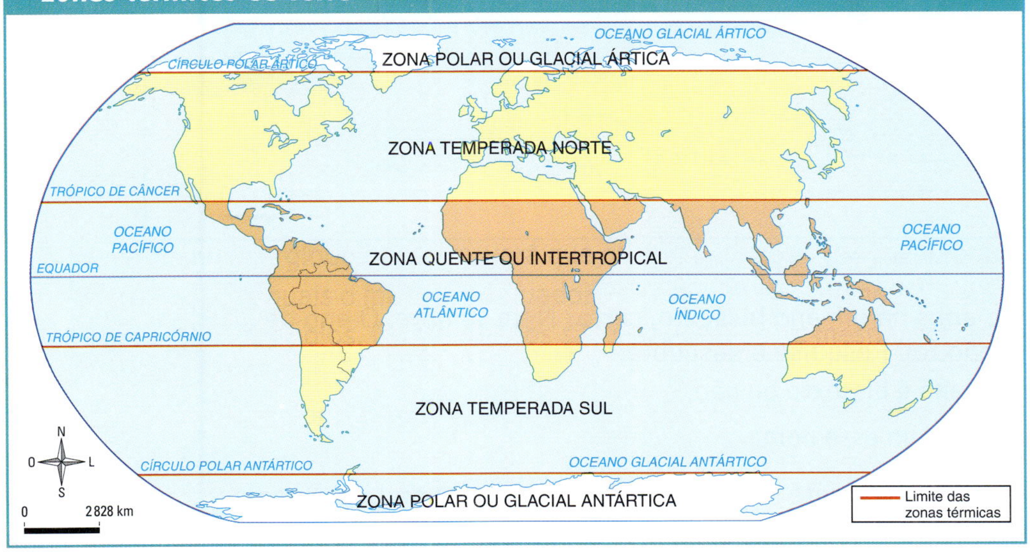

Fonte: ROBINSON, Arthur H. e outros. *Elements of cartography*. Nova York: John Wiley & Sons, 1995.

Atividades

RETOME SEUS CONHECIMENTOS

1. Após anos de observação, verificou-se que a forma do planeta Terra não é totalmente esférica. Qual o nome que damos à verdadeira forma do nosso planeta? Qual é sua principal característica?
2. Quantos são os hemisférios do planeta Terra? Quais são eles?
3. Observando os mapas deste capítulo, em quais hemisférios o Brasil possui suas terras?
4. Quais os movimentos realizados pelo planeta Terra e suas consequências na nossa vida?
5. Em quais datas ocorrem o equinócio e o solstício? Explique quais são as principais características desses fenômenos.
6. Qual fator responde pelo estabelecimento das zonas térmicas da Terra?
7. Qual é a parte mais quente do planeta Terra?

EXERCITE SEUS CONHECIMENTOS

8. Qual é a zona térmica predominante nos países indicados no planisfério abaixo?

Planisfério – Continentes

Fonte: *Atlas Britannica, Encyclopaedia Britannica*, 1995. p. 2 (adaptado).

9. De quatro em quatro anos há um ano bissexto, certo? Nem sempre. O ano de 1900, por exemplo, não foi. Pesquise e descubra:
   a) como calcular se um ano é bissexto ou não;
   b) por que o ano bissexto tem esse nome.
10. Observe o céu à noite, durante sete dias, atentando ao aspecto da Lua. Depois, compare o resultado de suas observações com as de seus colegas.

5 A orientação no espaço geográfico

PARA CONTEXTUALIZAR

Mariana convidou os colegas de classe para a festa de aniversário dela.

Para facilitar a indicação do local da festa para os convidados, ela colocou no convite o endereço e o croqui a seguir.

O endereço da festa é: Avenida Girassol, nº 486, bairro Alvorada.

ATIVIDADES

Converse com seus colegas e com seu professor.

1. Por que Mariana anotou o nome de alguns locais e os desenhou — escola, igreja, hospital e clube?
2. Por que as ruas, avenidas e praças têm nomes e as casas e outros edifícios têm números?
3. Por que, para encontrarmos um local, muitas vezes apenas o endereço não é suficiente?
4. Antes do aparecimento da escrita, como as pessoas faziam para se orientar? Que recursos utilizavam?
5. Caso Mariana não utilizasse o mapa acima, que outras formas ela poderia utilizar para facilitar a compreensão da localização?

Espaço geográfico: orientação

Ao dizer onde mora, você está fornecendo a **localização** de sua moradia. Contudo, se quisesse informar a alguém — um colega de classe — como ele deveria fazer para ir até onde você mora, apenas o endereço talvez não fosse suficiente. Seria necessário dar também outras informações para que ele pudesse se orientar.

As informações necessárias para que as pessoas se orientem no espaço geográfico dependem da época e do lugar onde elas vivem e por onde circulam. Dependem também, de certa forma, do tipo de transporte que utilizam.

No croqui de Mariana podemos observar **pontos de referência**, como igreja, hospital, escola, nomes de ruas e avenidas.

Para se deslocar no espaço geográfico, as pessoas procuram utilizar pontos de referência que facilitem sua orientação.

Na Antiguidade, por exemplo, se a distância a ser percorrida não fosse muito longa, as referências podiam ser um rio, um lago, um monte. Ainda hoje, referências desse tipo são utilizadas para a orientação. Para distâncias maiores, os povos antigos aprenderam a observar as estrelas, inclusive o Sol e a Lua, guiando-se, assim, pela sua posição no céu. É isso o que acontecia na Caldeia, onde as crianças aprendiam desde cedo a orientar-se pelo Sol e por outras estrelas, e também pela Lua. Ao basear-se nesses astros ou corpos celestes, elas conseguiam conduzir seus rebanhos de um lado para outro sem se perder.

Numa mesma época histórica, como a atual, podemos encontrar comunidades ou povos, como grupos indígenas da Amazônia, que utilizam referenciais da paisagem e conhecimentos que foram passados de geração a geração para se orientarem.

Mas como nos orientar em espaços maiores, onde não existem pontos de referência, como no mar ou no céu?

A observação dos astros foi por muito tempo a única fonte para a orientação no espaço, mas com o avanço da tecnologia, como vimos na Unidade I, muitos recursos tecnológicos surgiram, como a bússola e o GPS.

Antiguidade
Período que se estende do aparecimento da escrita (por volta de 4000 a.C.) ao século V d.C. Nessa época, desenvolveram-se, entre outras, as sociedades mesopotâmica, egípcia, grega e romana.

Caldeia
Região do Oriente Médio que atualmente corresponde ao Iraque.

Um piloto de aeronave utiliza equipamentos como GPS e bússola. Fotografia de 2008.

A orientação pelo Sol

Com base na observação dos astros, especialmente do Sol, os seres humanos criaram pontos de orientação, como norte, sul, leste e oeste.

Ao observar o deslocamento aparente do Sol, os seres humanos podem determinar a trajetória diária desse astro pelo céu. Dizemos que seu deslocamento é **aparente** porque, como vimos, é a Terra que se movimenta em torno do seu próprio eixo.

O Sol surge todas as manhãs, não exatamente na mesma posição, que varia no decorrer do ano, mas de um mesmo **lado**, chamado **nascente**, **leste**, **este** ou **oriente**.

O lado em que o Sol se põe ou desaparece à tarde é denominado **poente**, **oeste** ou **ocidente**.

Com base nesses pontos de orientação, podemos conhecer os outros. Observe a figura.

Se estendermos o braço direito para o **leste**, o braço esquerdo estendido apontará para o **oeste**. À frente, estará o **norte**, também chamado **setentrional** ou **boreal**, e às costas, o **sul**, também conhecido por **meridional** ou **austral**.

É importante ressaltar que a orientação pelos astros sempre se dá de forma aproximada e somente com o céu limpo, não encoberto por nuvens.

Os pontos de orientação

A observação do Sol foi usada para criar um conjunto de pontos de orientação que são os chamados **pontos cardeais**: leste, oeste, norte e sul.

Com base nos pontos cardeais, foram criados pontos intermediários, ou seja, pontos entre os pontos cardeais, que são os **colaterais**:

- nordeste (NE), entre o norte e o leste;
- noroeste (NO), entre o norte e o oeste;
- sudeste (SE), entre o sul e o leste;
- sudoeste (SO), entre o sul e o oeste.

Há ainda os pontos que estão entre os cardeais e os colaterais, que são os **subcolaterais**:

- nor-nordeste (NNE);
- és-nordeste (ENE);
- és-sudeste (ESE);
- su-sudeste (SSE);
- su-sudoeste (SSO);
- oés-sudoeste (OSO);
- oés-noroeste (ONO);
- nor-noroeste (NNO).

O conjunto de todos esses pontos — cardeais, colaterais e subcolaterais — dá origem a uma figura denominada **rosa dos ventos**.

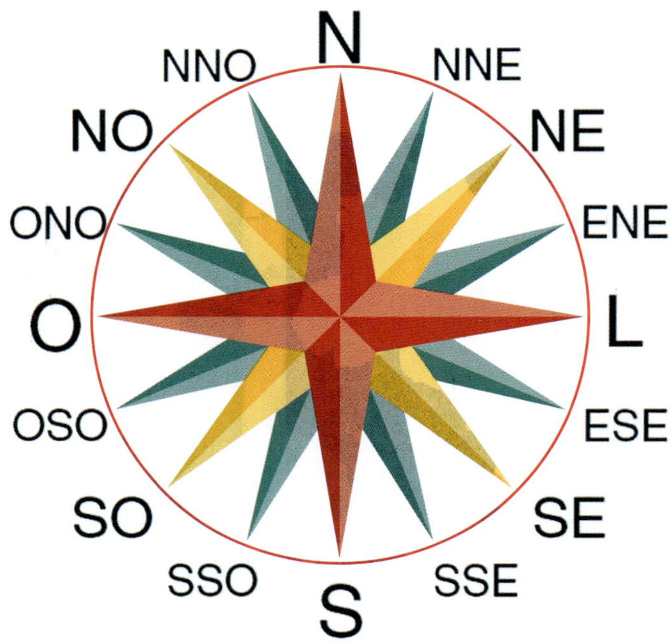

Rosa dos ventos, com os **pontos cardeais**, **colaterais** e **subcolaterais**.

5 Orientação
Para o assunto ***Orientação no espaço geográfico***, acesse e explore este OED.

Os equipamentos de orientação

Entre os séculos XV e XVI, com a intensificação das viagens marítimas de longa distância, a exigência por equipamentos de navegação mais precisos foi se tornando maior.

Equipamentos como bússola, quadrante e astrolábio permitiam viagens a regiões desconhecidas de forma mais segura. Esses equipamentos possibilitaram as grandes viagens de descobrimento.

Na primeira metade do século XX, com o avanço acelerado das técnicas, foram incorporados à navegação marítima os equipamentos eletrônicos e de transmissão de sinais, como o radar e o rádio.

Assim, a orientação nas viagens ficou mais precisa.

Astrolábio.

Radar
Instrumento com dispositivo eletrônico que detecta e localiza objetos pequenos ou grandes, fixos ou em movimento, a longa distância e invisíveis a olho nu. Ele é acessado por uma tela semelhante à de uma televisão ou de um computador. Sua operação é mantida mesmo em más condições de tempo ou à noite. Além de ser usado na cartografia, o radar é muito importante, por exemplo, para as navegações aéreas e marítimas.

A bússola

A bússola, um dos instrumentos de orientação, foi inventada pelos chineses. Ela é formada por uma agulha imantada que se apoia num eixo vertical. Essa agulha gira sobre um fundo onde estão indicados os pontos de orientação.

A ponta da agulha da bússola sempre indica, aproximadamente, a direção norte. Dizemos *aproximadamente* porque a indicação norte da agulha não corresponde exatamente ao Polo Norte geográfico.

A ponta da agulha é atraída pelo polo magnético do norte, que está 1.400 quilômetros distante do Polo Norte geográfico.

Imantada
Magnetizada, isto é, que tem as propriedades de um ímã.

Bússola.

O GPS

Hoje, com o avanço da tecnologia, temos sofisticados instrumentos de orientação, como radares, rádios e o Sistema de Posicionamento Global (GPS, sigla do termo inglês *Global Positioning System*). O equipamento do GPS capta sinais de satélites artificiais, como vimos no capítulo 3, que estão na órbita geoestacionária, ou seja, acompanhando o movimento de rotação da Terra. Esse aparelho, lançado em 1978, identifica com precisão a localização no espaço geográfico de qualquer veículo no qual esteja instalado. Amplamente usado em embarcações e aviões, por bombeiros e guardas florestais, tornou-se financeiramente acessível para alguns motoristas de automóveis e está presente também em alguns celulares. O GPS permite traçar as rotas mais rápidas ou mais curtas, facilitando os deslocamentos nas grandes cidades e também entre elas.

O GPS permite localizar um objeto com margem de erro de apenas 15 metros. Fotografia de 2009.

MAIS INFORMAÇÃO

O GPS, a internet e a localização

O GPS tem facilitado o trabalho de empresas e o deslocamento de pessoas em diversos setores de atividade. No caso das transportadoras, os desvios de rota de caminhões (por motivo de roubo) são detectados por uma central de controle, com auxílio do aparelho. Técnicos do Instituto de Colonização e Reforma Agrária (Incra) utilizam o GPS para calcular o verdadeiro tamanho das propriedades rurais.

O Instituto Brasileiro do Meio Ambiente e de Recursos Naturais Renováveis (Ibama) implantou um sistema que faz uso, ao mesmo tempo, de GPS, comunicação via satélite e dezenas de jipes para agilizar o trabalho de fiscalização na floresta Amazônica. Assim, os funcionários desse instituto, ao tomarem conhecimento de alguma ocorrência na floresta, como um foco de incêndio, avisam os fiscais, que, com o GPS, têm condições de alcançar o local da ocorrência de forma mais rápida e segura.

Uma tarefa complicada como a demarcação de fronteiras entre países em meio a uma floresta como a Amazônica, por exemplo, torna-se mais fácil com a utilização do GPS. Esse aparelho torna-se extremamente útil justamente em locais sem referenciais de localização, como densas florestas, áreas desérticas ou áreas geladas (Antártida).

Os automóveis mais modernos já estão sendo equipados com essa tecnologia. Graças ao GPS, que se conecta à internet, os motoristas podem receber as notícias sobre o trânsito e traçar a melhor rota a seguir. O navegador igualmente auxilia motoristas perdidos nas cidades ou que desconhecem a área onde estão, pois o GPS também funciona como guia de ruas.

Nos ônibus, esses aparelhos são utilizados para que as empresas de transporte coletivo controlem a velocidade e possíveis irregularidades dos veículos.

Para a localização de pessoas, já há também GPS acoplado a aparelhos de telefone celular, relógios e até em calçados esportivos, como os tênis, que podem ser monitorados pela internet.

As coordenadas geográficas

Para localizar com precisão um lugar determinado no espaço geográfico, a informação baseada apenas nos pontos de orientação não é suficiente, pois eles indicam somente a direção. Assim, os pontos de orientação permitem uma localização apenas aproximada. Observe a figura abaixo.

- Imagine que você precisasse ir até o Sítio das Flores e uma pessoa lhe informasse que essa propriedade fica a leste do rio Preto e ao norte do córrego da Velha.

As informações são suficientes para você chegar seguramente ao Sítio das Flores? Por quê?

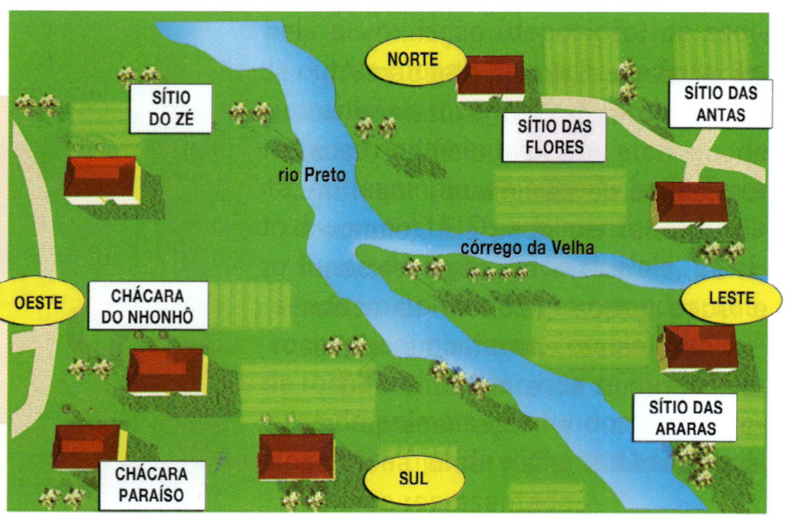

Numa cidade, como vimos, é possível encontrar os lugares utilizando o endereço, que indica os nomes do bairro e da rua e o número da casa.

Para ir de uma cidade a outra, mesmo que elas estejam situadas a centenas de quilômetros de distância, os motoristas dos veículos orientam-se pelas placas nas estradas, consultam o guia rodoviário ou pedem informações.

Mas como as pessoas que controlam navios e aviões podem obter sua localização de forma precisa e atingir com facilidade os locais de destino?

Como pessoas que estão andando na floresta Amazônica ou num deserto conseguem definir caminhos com direções corretas para atingir os locais a que desejam ir?

Como vimos anteriormente, a orientação das pessoas depende das características de cada espaço geográfico, da cultura de um povo e do tipo de meio de transporte utilizado.

Os pilotos dos navios e aviões e as pessoas que caminham por florestas e desertos, longe das estradas, orientam-se por meio de equipamentos que lhes fornecem a localização, como o GPS.

Para fornecer a localização, esses equipamentos baseiam-se num sistema de **coordenadas geográficas**, ou seja, linhas imaginárias que se cruzam sobre a esfera terrestre. Essas linhas são denominadas **paralelos** e **meridianos**. As linhas que vão de um polo a outro da Terra (semicírculos), no sentido norte-sul, são chamadas de **meridianos**. As linhas que dão uma volta completa ao redor da esfera terrestre, no sentido leste-oeste, são chamadas de **paralelos**. Os paralelos formam círculos completos.

Paralelos

O **Equador**, como já vimos, é um círculo imaginário equidistante dos polos, que divide a Terra em hemisfério Norte e hemisfério Sul.

Paralelamente ao Equador são traçados outros círculos menores, chamados **paralelos**. Se forem traçados 90 paralelos em cada hemisfério, a distâncias iguais, cada um deles corresponderá a um grau (1°). O Equador é o paralelo principal ou inicial (0°). Cada hemisfério vai de 0° a 90°.

Além do Equador, quatro paralelos recebem nomes, por serem considerados mais importantes: **círculo polar Ártico** e **trópico de Câncer**, no hemisfério Norte; **trópico de Capricórnio** e **círculo polar Antártico**, no hemisfério Sul.

Marco Zero do Equador, monumento que simboliza a linha imaginária do Equador, que divide os hemisférios Norte e Sul e passa pela cidade de Macapá, Amapá.

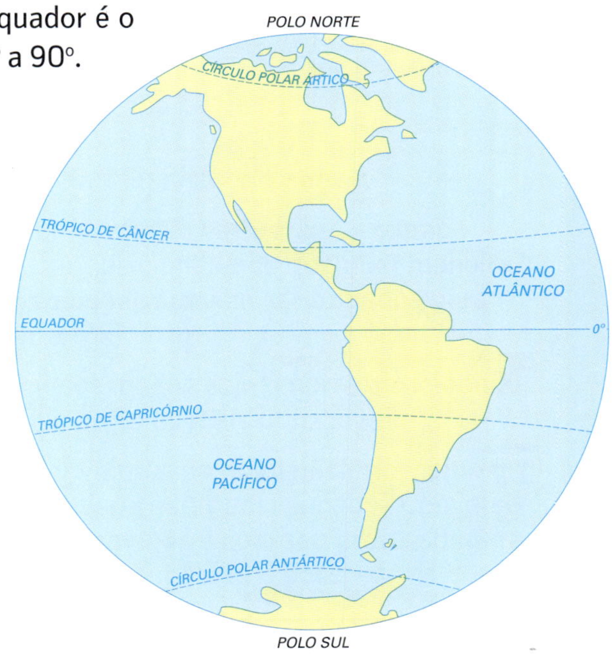

Fonte: elaborado com base em: *Atlas geográfico escolar*. Rio de Janeiro: IBGE, 2009. p. 32.

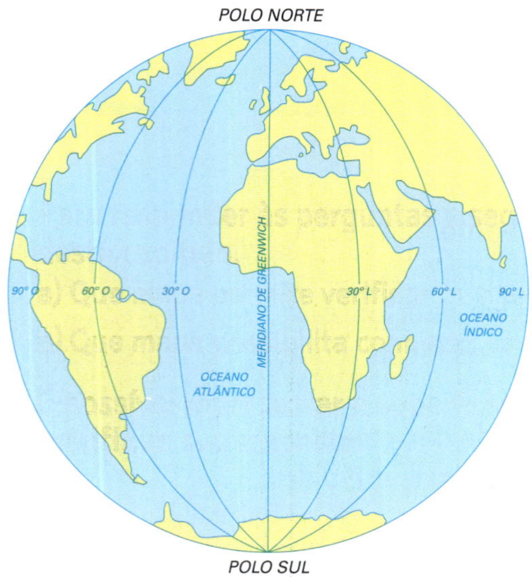

Fonte: elaborado com base em: *Atlas geográfico escolar*. Rio de Janeiro: IBGE, 2009. p. 18.

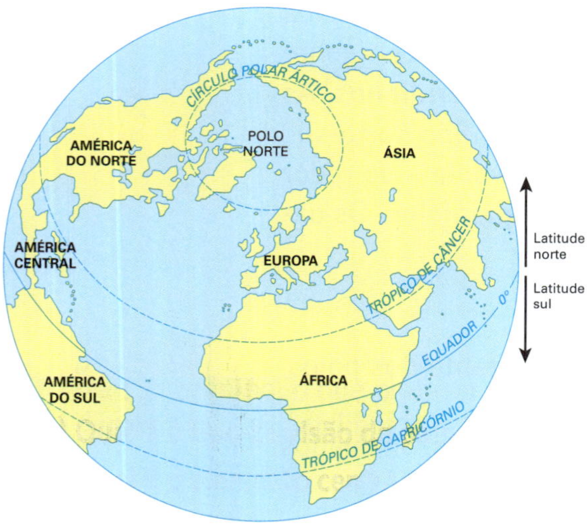

Fonte: elaborado com base em: *Atlas geográfico escolar*. Rio de Janeiro: IBGE, 2009. p. 18.

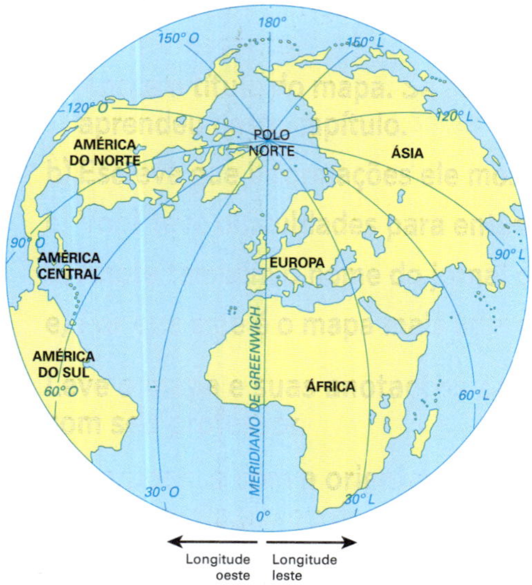

Fonte: CALDIN, Vera, ÍSOLA, Leda. *Atlas geográfico Saraiva*. São Paulo: Saraiva, 2009. p. 23.

Meridianos

Os **meridianos** são linhas traçadas do polo Norte ao polo Sul. Cada meridiano equivale à metade de um círculo. Todos os meridianos têm o mesmo tamanho, o que não acontece com os paralelos.

A cada meridiano corresponde outro oposto, chamado **antimeridiano**, com o qual se completa uma circunferência em torno da Terra, passando pelos polos. Um meridiano e seu antimeridiano dividem a Terra em dois hemisférios.

Todos os meridianos e seus antimeridianos dividem a Terra em duas partes, mas ficou estabelecido que um deles seria usado como referência para essa divisão. Esse meridiano, que passa pelo Observatório Real de Greenwich, na região metropolitana de Londres, Inglaterra, é chamado de meridiano de **Greenwich** ou Principal. O **meridiano de Greenwich** e seu antimeridiano dividem a Terra em hemisfério **Ocidental** (Oeste) e hemisfério **Oriental** (Leste).

Se forem traçados 180 meridianos em cada hemisfério, a distâncias iguais, cada um deles equivalerá a um grau (1°). O meridiano de Greenwich é o meridiano de 0°. Cada um dos hemisférios tem 180°.

Latitude e longitude

Podemos localizar com precisão qualquer lugar da superfície da Terra com base nas coordenadas geográficas determinadas pelos paralelos e meridianos. As medidas em graus das coordenadas geográficas de um lugar dão sua **latitude** e **longitude**.

A **latitude** é a distância em graus de um lugar qualquer da superfície terrestre até o **Equador**.

Todos os lugares situados em um mesmo paralelo têm a mesma latitude.

Tendo o Equador como referência (paralelo de 0°), a latitude pode ser norte ou sul, variando de 0° a 90°.

A **longitude** de um lugar da superfície terrestre é a distância em graus desse lugar até o meridiano de Greenwich.

Todos os lugares situados em um mesmo meridiano têm a mesma longitude.

Como na esfera terrestre o meridiano de Greenwich é o meridiano de 0°, a longitude pode ser leste (este ou oriental) ou oeste (ocidental), variando até 180°.

Como encontrar as coordenadas geográficas

É possível localizar qualquer lugar da superfície terrestre determinando sua latitude e sua longitude, ou seja, o paralelo e o meridiano que se cruzam naquele ponto.

O cruzamento ou encontro dessas linhas determina uma coordenada geográfica.

Observe o mapa.

Planisfério — Coordenadas geográficas de alguns lugares

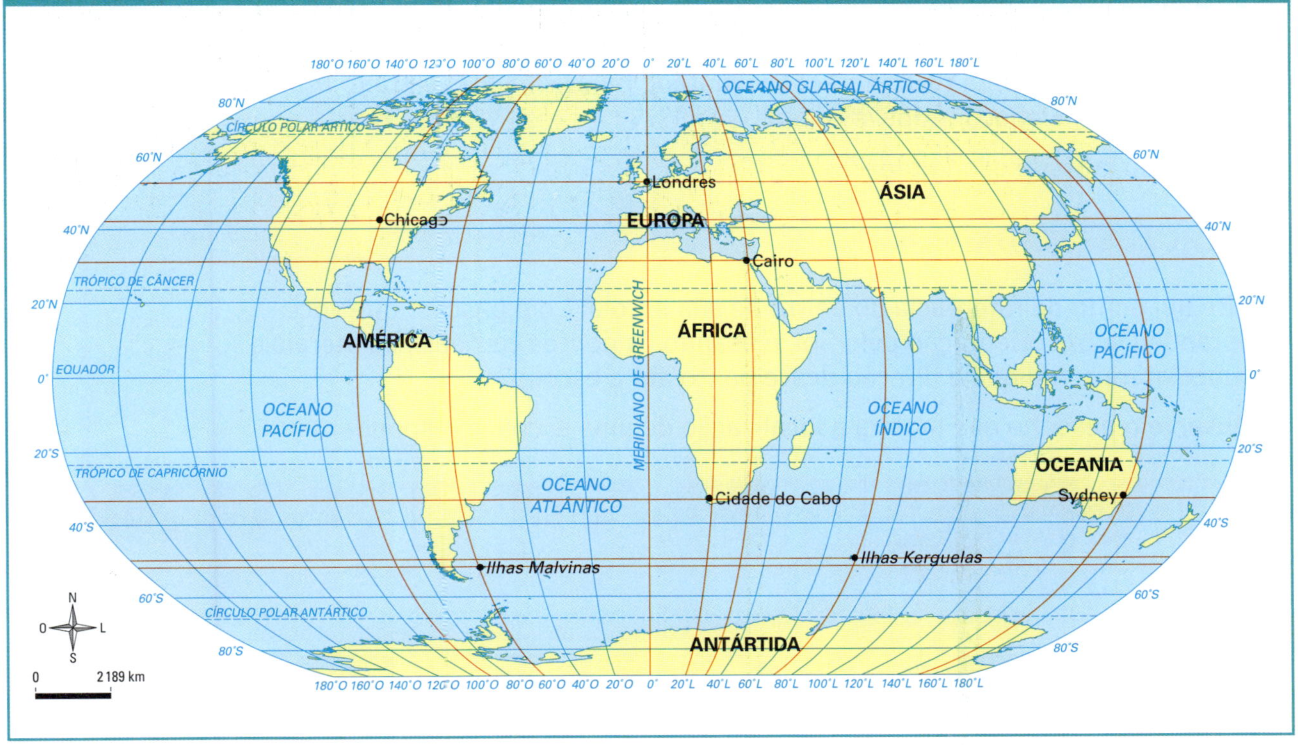

Fonte: *Atlas geográfico escolar*. Rio de Janeiro: IBGE, 2009. p. 32 e 41.

1. Dê a coordenada geográfica aproximada dos seguintes lugares.
Exemplo: Cairo: 31° latitude norte e 31° longitude leste.

a) Ilhas Malvinas

b) Chicago

c) Cidade do Cabo

d) Londres

e) Ilhas Kerguelas

f) Sydney

2. Se você fosse fazer uma viagem de Sydney até a Cidade do Cabo, por quantos graus passaria?
E das Ilhas Kerguelas até as Ilhas Malvinas? Por que os cálculos das duas perguntas são diferentes?

Atividades

RETOME SEUS CONHECIMENTOS

1. Durante muito tempo a observação dos astros foi a única fonte para orientação das pessoas no espaço geográfico. Que recursos temos hoje mais precisos para a orientação?
2. Quais são os pontos cardeais, colaterais e subcolaterais?
3. Os pontos de orientação foram criados tendo por base a observação do movimento aparente de que astro que compõe o Universo?
4. Qual foi o instrumento de orientação inventado pelos chineses e muito utilizado nas grandes navegações dos séculos XV e XVI?
5. O que são latitude e longitude?

EXERCITE SEUS CONHECIMENTOS

6. Cite um ponto de referência do bairro de sua escola. Com base no que você aprendeu sobre orientação pelo Sol, e usando os pontos cardeais, colaterais e subcolaterais, indique a direção desse ponto até a escola.
7. Observe o desenho que mostra a localização de uma escola e responda.

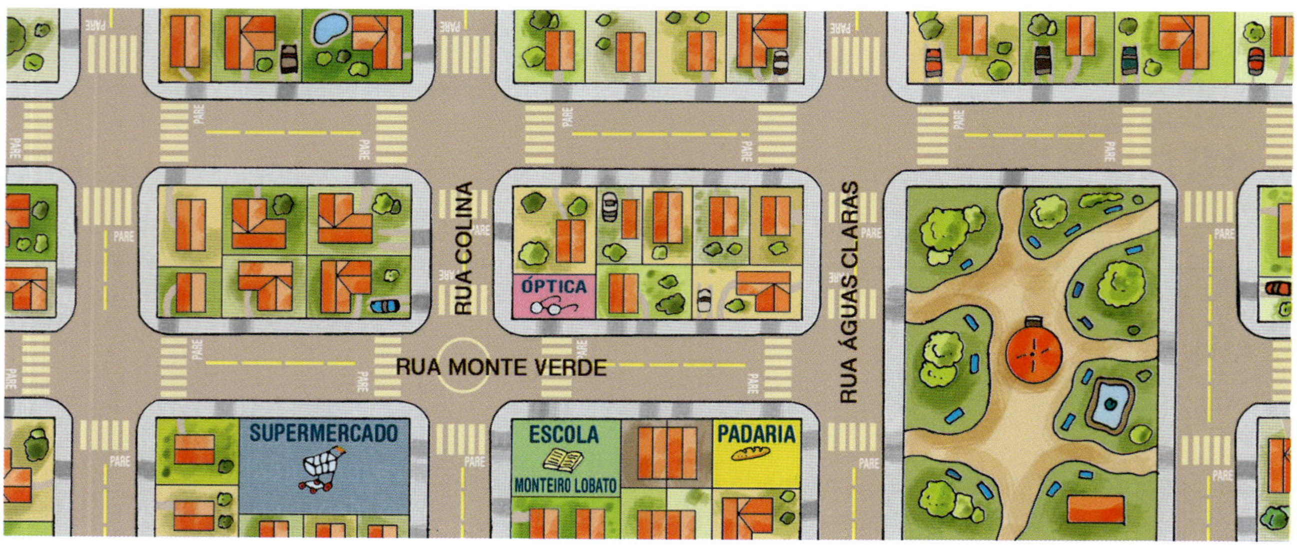

a) Qual é o nome da escola?

b) Em que ruas ela está localizada?

c) Cite três pontos de referência para a localização da escola.

8. Reúna-se com alguns colegas e desenhem uma rosa dos ventos. Posicionem-na no centro do pátio da escola, orientando-a corretamente de acordo com os pontos cardeais. Depois, respondam às questões.

a) Qual a posição ocupada pelas salas de aula, pela sala da diretoria e pela cantina?

b) Em seguida, levem a rosa dos ventos para o portão da escola e verifiquem: as dependências que já foram observadas anteriormente sofreram alguma alteração em relação às suas posições iniciais?

6 A representação do espaço geográfico

PARA CONTEXTUALIZAR

Observe as representações e a fotografia a seguir.

Vegetação original (mata Atlântica) no município do Una (BA)

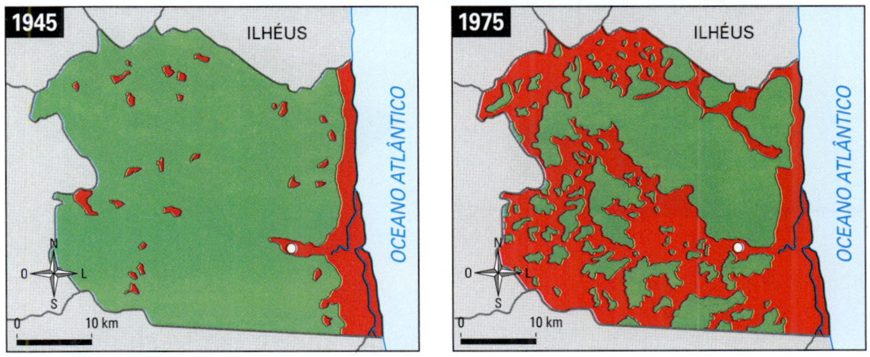
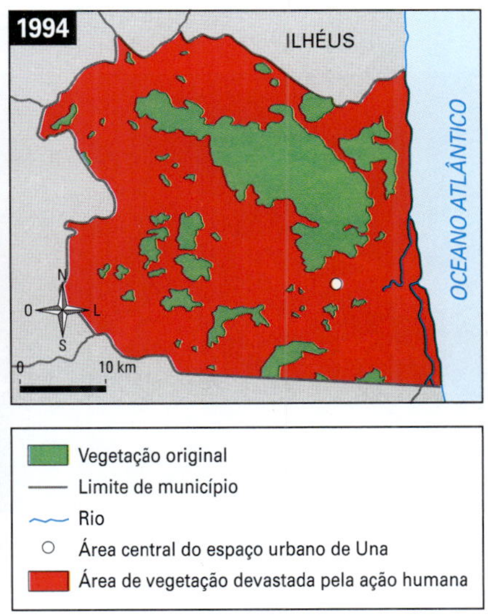

Fonte: Revista *Veja*. São Paulo: Abril, 1997. p. 82-83 (adaptado).

Mata Atlântica no município de Una, Bahia (2004).

ATIVIDADES

Converse com seus colegas e com seu professor.

1. Em sua opinião, mapas e fotografias fornecem algum tipo de informação? Por quê?
2. Os mapas e a fotografia acima são de que lugar?
3. Analisando esses mapas, é possível apontar alguma modificação na paisagem com o passar do tempo? Qual?
4. Você sabe para que serve a legenda de um mapa?

Mapas

Os **mapas** são a representação da superfície curva do planeta Terra sobre uma superfície plana, que pode ser uma folha de papel, uma tela de computador ou outro suporte. Neles, podemos ter representada toda a superfície terrestre ou parte dela, mas sempre em tamanho reduzido.

Podemos representar o espaço geográfico utilizando três tipos de visões: visão frontal, visão oblíqua e visão vertical.

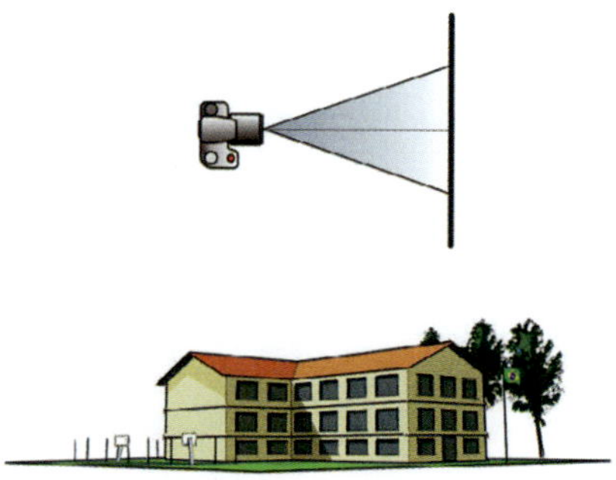

Visão frontal.

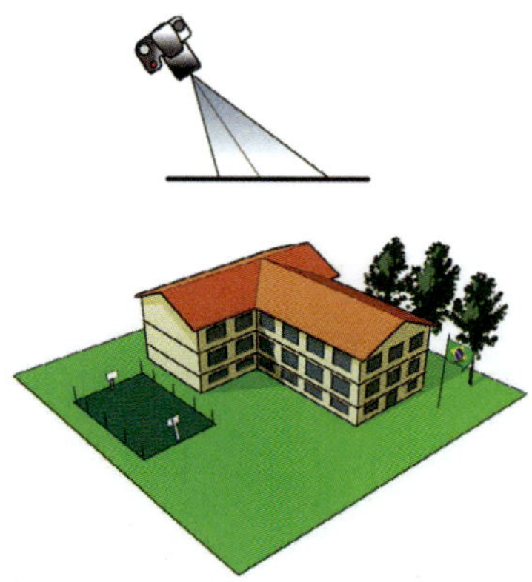

Visão oblíqua.

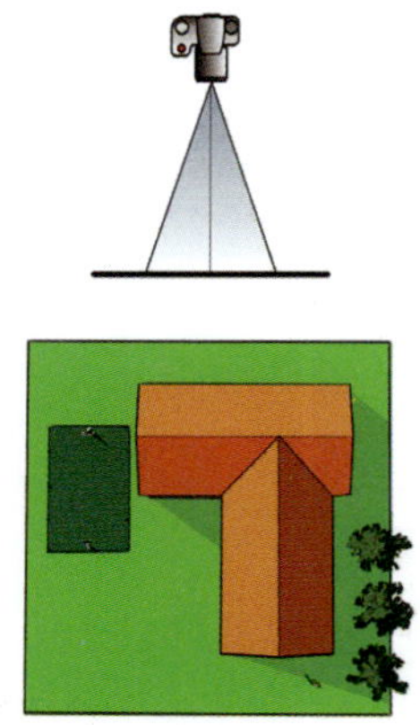

Visão vertical.

Veja nas imagens abaixo um trecho da cidade de Vitória, no Espírito Santo, nas visões oblíqua e vertical e observe as diferenças entre elas.

Visão oblíqua de trecho da cidade de Vitória, ES (2009).

Visão vertical de trecho da cidade de Vitória, ES (2009).

Os mapas representam o espaço geográfico a partir da visão vertical.

Elementos dos mapas

Os mapas contêm informações sobre o espaço geográfico. Assim, ao lê-los e interpretá-los, tomamos conhecimento de determinados aspectos e características do espaço. Por essa razão, os mapas são recursos de grande utilidade para a Geografia.

As informações dos mapas estão representadas por **símbolos**, **cores**, **linhas**, **título**, **legenda**, **escala**, **rosa dos ventos**, **coordenadas geográficas**, **fonte** etc. São recursos visuais gráficos que, aplicados aos mapas, recebem o nome de **elementos cartográficos**. Por isso, afirmamos que os mapas apresentam uma linguagem gráfica.

Para ler mapas, precisamos fazer a interpretação desses elementos cartográficos. Lembre-se das conversas da seção **Para contextualizar**.

Veja alguns exemplos.

Recursos visuais cartográficos			
	Estrada de rodagem		Porto
	Estrada de ferro		Indústria têxtil
	Rio		Indústria mecânica
	Capital de estado		Cana-de-açúcar
	Cidade com mais de 200.000 habitantes		Soja
	Cidade com 50.000 a 200.000 habitantes		Minério de ferro
	Cidade com 10.000 a 200.000 habitantes		Produção de petróleo
	Aeroporto	▲	Pico

Vamos pensar sobre isso analisando o mapa a seguir.

Brasil – Vegetação (início do século XXI)

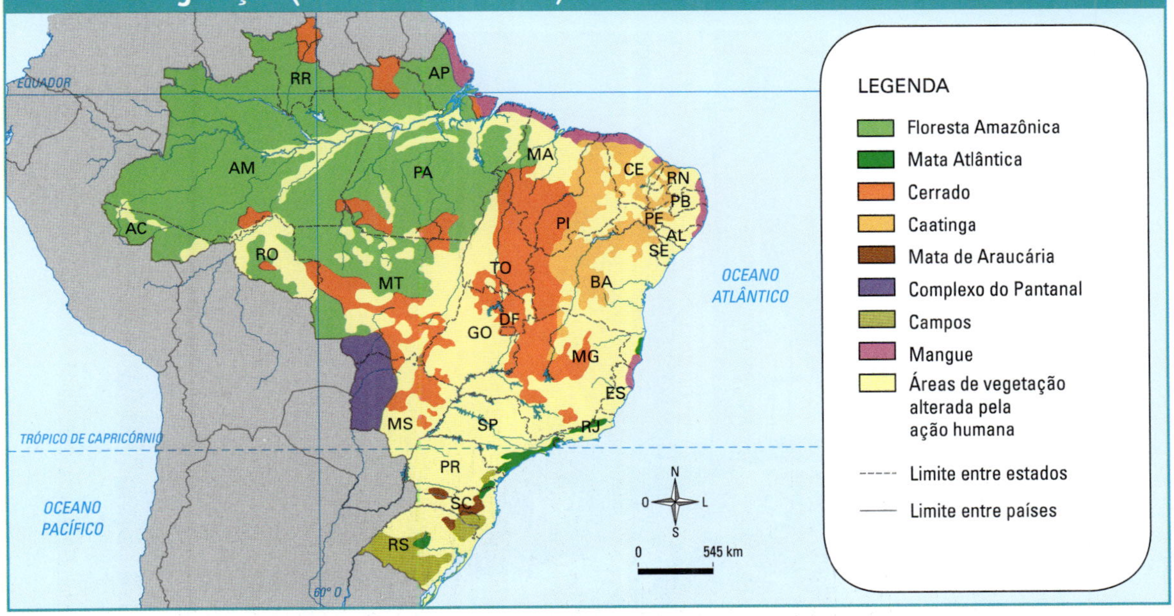

Fonte: ÍSOLA, Leda; CALDINI, Vera. *Atlas geográfico Saraiva*. São Paulo: Saraiva, 2009. p. 16 (adaptado).

1. Um dos elementos do mapa é o título, que resume as suas informações. No caso desse mapa, o título encontra-se na parte superior. Qual é ele?
2. A escala informa quantas vezes o espaço foi reduzido para ser representado por meio do mapa. Cada centímetro do mapa acima representa quantos quilômetros na realidade?
3. Num mapa podem existir símbolos, cores e linhas. Para saber seus significados, o que devemos observar?
4. Quais informações do espaço geográfico podemos obter ao interpretar a linguagem gráfica desse mapa?
5. Observando a legenda, cite estados que tiveram sua vegetação bastante alterada pela ação humana, chamada ação antrópica.

No mapa, vimos que a vegetação pode ser representada por meio de cores, assim como o oceano e a área devastada pela ação dos seres humanos. Em todos os mapas, a cor azul é destinada à representação de rios, lagos e oceanos.

Ao ler e analisar o mapa, observamos que uma boa parte da vegetação original do Brasil foi alterada pela ação dos seres humanos. Isso pode nos levar a alguns questionamentos: Por que ocorreu a derrubada da vegetação? Quais as consequências dessa ação para os animais, os vegetais, o solo, os rios e para a sociedade?

Ao buscar respostas para essas perguntas, estamos, na verdade, analisando as relações dos seres humanos entre si e com a natureza. Estamos analisando o espaço geográfico, como você estudou na Unidade I.

Cartografia e cartógrafo

A elaboração de mapas é uma das atividades realizadas pela **cartografia**. Ela engloba tarefas como: a obtenção de informações sobre o espaço a ser mapeado, a pesquisa em livros e outros escritos, a confecção dos mapas, a sua impressão e a sua publicação. O **cartógrafo** é o profissional que trabalha na elaboração de mapas.

VERMEER, Jan. *The Geographer* (1669).

Projeções

A representação da superfície curva da Terra num plano só é possível graças às projeções. Esse tipo de representação, porém, apresenta alguns problemas. É como abrir uma bola de futebol em gomos e tentar montar com eles uma figura plana, como um retângulo.

Observe a imagem e converse com seus colegas e com seu professor.

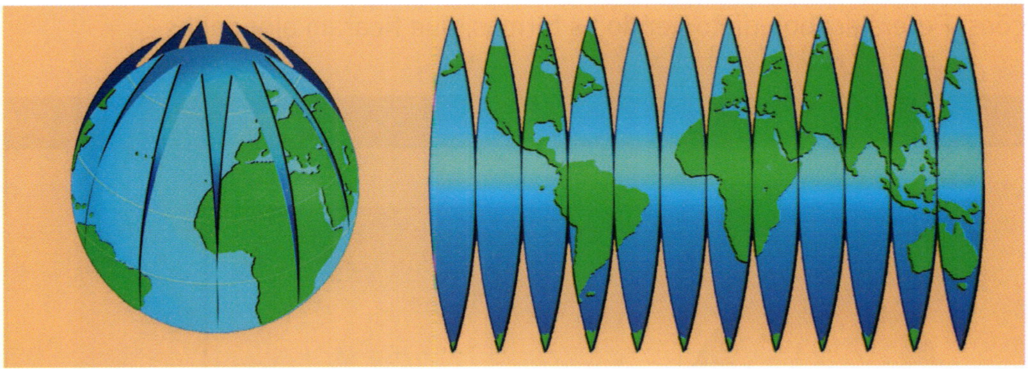

Passagem da superfície curva para um plano.

- Ao unir os "gomos" que se formam, o que acontece com a superfície dos continentes, principalmente nos trechos próximos dos polos?

Para representar uma superfície curva, como a da Terra, em uma superfície plana, é preciso fazer algumas alterações em suas formas.

Uma das aplicações mais importantes das projeções é o planisfério, que é a representação de toda a esfera em um só plano. Uma das projeções mais utilizadas para a elaboração do planisfério terrestre é a projeção cilíndrica, criada em 1569 pelo cartógrafo Mercator.

Projeção de Mercator

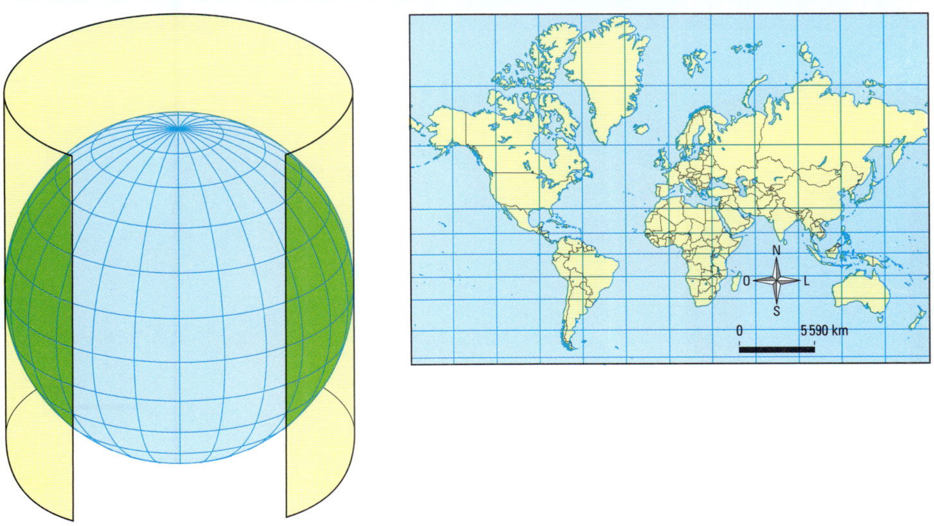

Fonte: *Atlas geográfico escolar*. Rio de Janeiro: IBGE, 2007. p. 23.

Se você observar o globo terrestre, verá que os paralelos são círculos de tamanhos diferentes, dos quais o maior é o Equador. Eles vão ficando menores conforme se aproximam dos polos. Os meridianos são semicírculos de mesmo tamanho que vão de um polo a outro.

Na projeção de Mercator, todos os paralelos ficam do mesmo tamanho, e os meridianos não se encontram nos polos. Isso indica que, nesse caso, as maiores deformações estão nas regiões polares, que ficam bastante aumentadas. As regiões próximas do Equador são representadas com mais exatidão.

Para preservar as proporções dos continentes, o cartógrafo Arno Peters publicou, em 1973, o seu planisfério. Como seu objetivo era preservar as proporções, Peters acabou distorcendo as formas, que ficaram alongadas.

Projeção de Peters

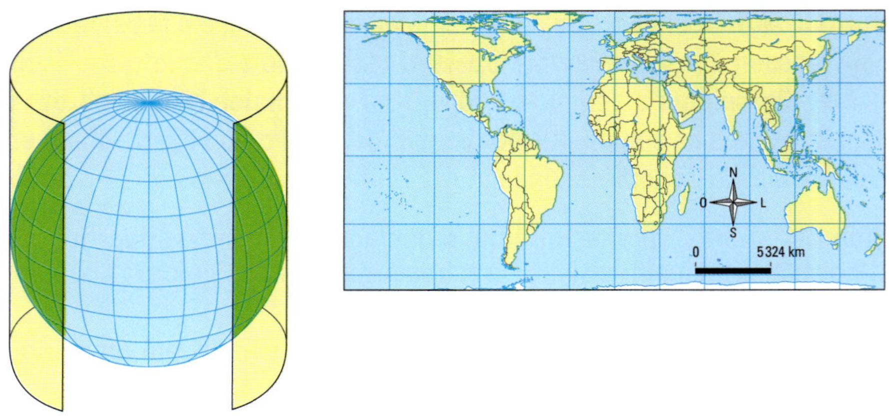

Fonte: *Atlas geográfico escolar*. Rio de Janeiro: IBGE, 2007. p. 21.

Atualmente vem sendo muito usada a projeção de Robinson, que apresenta distorções menos acentuadas nas proporções e nas formas.

Projeção de Robinson

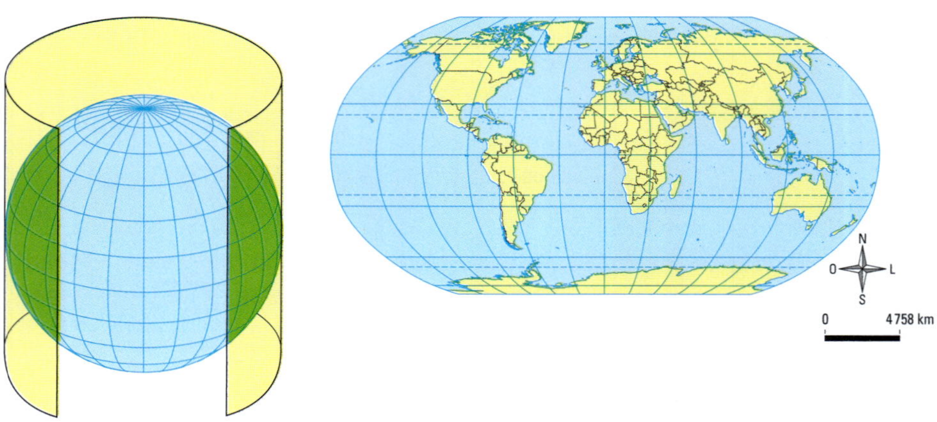

Fonte: *Atlas geográfico escolar*. Rio de Janeiro: IBGE, 2007. p. 24.

Escala cartográfica

Como o mapa é uma representação reduzida de uma superfície maior, pode haver deformações. Essa redução deve ser realizada, portanto, de modo a manter as proporções das diversas medidas. A redução proporcional é feita por meio de escalas. O uso de escalas possibilita reduzir o tamanho de uma superfície e, ao mesmo tempo, conservar as suas proporções.

Todo mapa é feito em uma determinada escala. Ela indica quantas vezes o tamanho real do lugar representado foi reduzido.

A escala deve vir indicada em todo mapa, informando a relação entre o tamanho do desenho e o tamanho real. Existem duas formas de escalas: a escala numérica e a escala gráfica.

Escala numérica.

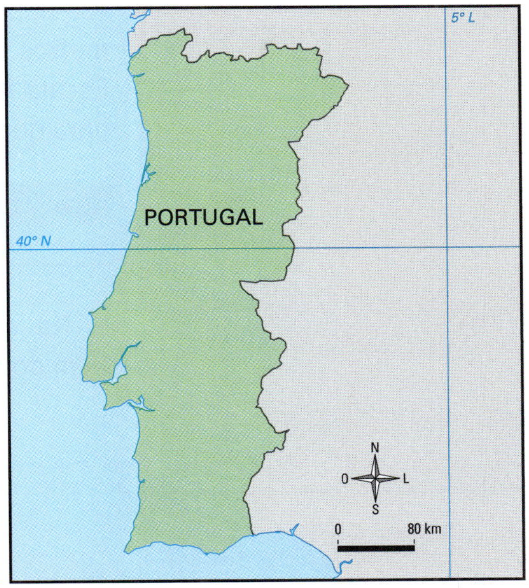

Escala gráfica.

Escala numérica

A escala numérica vem representada por uma fração.

Por exemplo: 1 : 300.000.

Ela indica a quantidade de vezes que a área representada no mapa foi reduzida; no exemplo acima, a área foi reduzida 300 mil vezes.

Toda escala numérica deve ser lida da seguinte forma:

- 1 : 300.000 (1 para 300.000 — cada 1 cm desenhado no mapa equivale a 300.000 cm no terreno).

Na escala numérica as unidades, tanto do numerador como do denominador, são indicadas em centímetros (cm).

Para fazer uma leitura da escala, entretanto, é preciso transformar os centímetros em quilômetros, de modo que se possa ter uma noção concreta de distância. Para isso, precisamos entender a Escala Métrica Decimal:

Múltiplos			**Unidade principal**	**Submúltiplos**		
Quilômetro	**Hectômetro**	**Decâmetro**	**Metro**	**Decímetro**	**Centímetro**	**Milímetro**
km	hm	dam	m	dm	cm	mm
1.000 m	100 m	10 m	1 m	0,1 m	0,01 m	0,001 m
2.000 m	200 m	20 m	2 m	0,2 m	0,02 m	0,002 m
3.000 m	300 m	30 m	3 m	0,3 m	0,03 m	0,003 m
4.000 m	400 m	40 m	4 m	0,4 m	0,04 m	0,004 m
5.000 m	500 m	50 m	5 m	0,5 m	0,05 m	0,005 m

Fonte: *Atlas geográfico escolar*. Rio de Janeiro: IBGE, 2009. p. 94 (adaptado).

A escala deste mapa da divisão política do Brasil é de 1 : 60.000.000 (1 para 60 milhões). Isso significa que cada 1 cm no mapa equivale a 60.000.000 cm na realidade.

Para calcularmos a distância entre as cidades A e B, precisamos transformar a escala de centímetros para quilômetros. Aplicando a tabela da Escala Métrica Decimal, podemos observar que, para que isso ocorra, é necessário cortar 5 casas.

km	hm	dam	m	dm	cm
600	6.000	60.000	600.000	6.000.000	60.000.000

Na escala 1 : 60.000.000, portanto, cada 1 cm do mapa equivale a 600 km na realidade.

- Com a sua régua, meça a distância entre as cidades A e B, multiplique pela escala e informe a distância real entre elas.

Escala gráfica

A escala gráfica é apresentada em uma linha reta dividida em partes iguais, como em uma régua. Por exemplo:

Fonte: *Atlas geográfico escolar*. Rio de Janeiro: IBGE, 2009. p. 94 (adaptado).

Nela, as distâncias já estão indicadas em quilômetros. No mapa ao lado, cada espaço de 1 cm corresponde a 600 km do terreno; 2 cm correspondem a 1.200 km, e assim sucessivamente.

Na escala gráfica, não há a necessidade de transformar a unidade de medida, pois ela já está em quilômetros. Assim, medimos com a régua a distância entre os pontos desejados e depois multiplicamos pela escala para obtermos a distância real aproximada.

Maior e menor escala

Observe os mapas a seguir.

Brasil - Divisão política

Fonte: *Atlas geográfico escolar*. Rio de Janeiro: IBGE, 2009. p. 94 (adaptado).

Brasil - Região Centro-Oeste

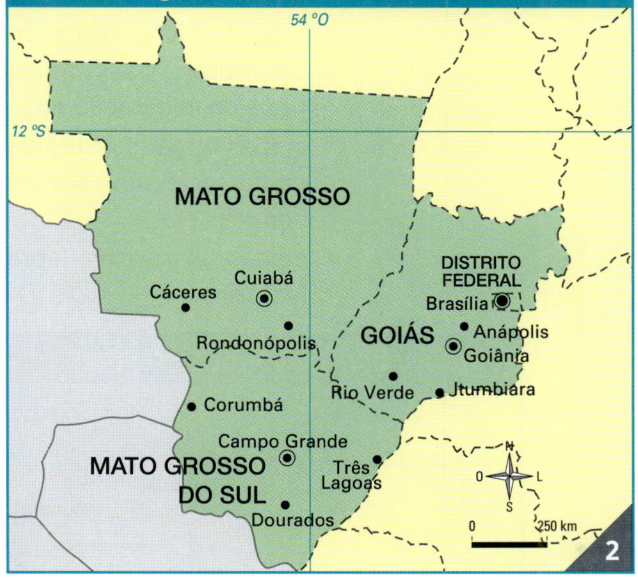

Fonte: *Atlas geográfico escolar*. Rio de Janeiro: IBGE, 2009. p. 94, 178-180 (adaptado).

- Responda.

1. Em qual dos mapas o espaço foi reduzido mais vezes?
2. Qual desses mapas representa mais elementos, ou seja, em qual deles há mais detalhes?

No mapa **1**, ao observar a escala gráfica, verificamos que 1 cm corresponde a 650 km do espaço. A escala numérica desse mapa seria 1 : 65.000.000. No mapa **2**, a escala indica que 1 cm corresponde a 250 km do espaço. A sua escala numérica seria 1 : 25.000.000.

No mapa **1**, o espaço foi reduzido 65.000.000 (65 milhões) de vezes. No mapa **2**, o espaço foi reduzido 25.000.000 (25 milhões) de vezes. Se é assim, qual mapa apresenta escala maior?

A escala **maior** é a do mapa **2**, pois o espaço representado foi reduzido menos vezes e, consequentemente, apresenta **maior** riqueza de detalhes, como as capitais e as cidades principais.

A escala **menor** é a do mapa **1**, pois o espaço representado foi reduzido mais vezes e, consequentemente, apresenta **menor** riqueza de detalhes. Se fôssemos representar todas essas cidades na região Centro-Oeste, que aparece no mapa **1**, os nomes, além de muito pequenos, ficariam sobrepostos uns aos outros.

Assim, quanto maior a escala, maior é o número de detalhes que podem ser representados, como rios, estradas, cidades etc. Os mapas que representam toda a superfície terrestre (planisfério ou mapa-múndi) têm escala pequena (1 : 150.000.000 se forem ocupar toda a página do livro). Já os que representam os municípios têm uma escala grande (1 : 100.000), e neles podem ser representados as divisões dos bairros, por exemplo.

Tipos de mapa

Os principais tipos de mapas podem ser assim classificados:

- mapas políticos: representam a divisão territorial em municípios, estados, países, continentes e suas capitais e cidades importantes.
- mapas físicos: representam um ou vários elementos naturais, como os rios (hidrografia), as formas de relevo, as diferentes altitudes, os tipos de clima, os tipos de vegetação etc.
- mapas temáticos: representam fenômenos de um tema particular, da natureza ou da sociedade, por exemplo, a distribuição das águas ou as atividades econômicas etc.
- mapas históricos: apresentam informações sobre determinado momento histórico.

Brasil - Divisão política - capitais

Fonte: *Atlas geográfico escolar*. Rio de Janeiro: IBGE, 2009. p. 90 (adaptado).

Brasil - Clima

Fonte: *Anuário estatístico do Brasil*. Rio de Janeiro: IBGE, 1999 (adaptado).

Brasil - Recursos minerais

Fonte: ÍSOLA, Leda; CALDINI, Vera. *Atlas geográfico Saraiva*. São Paulo: Saraiva, 2009. p. 12 (adaptado).

Brasil - Povos indígenas (século XVI)

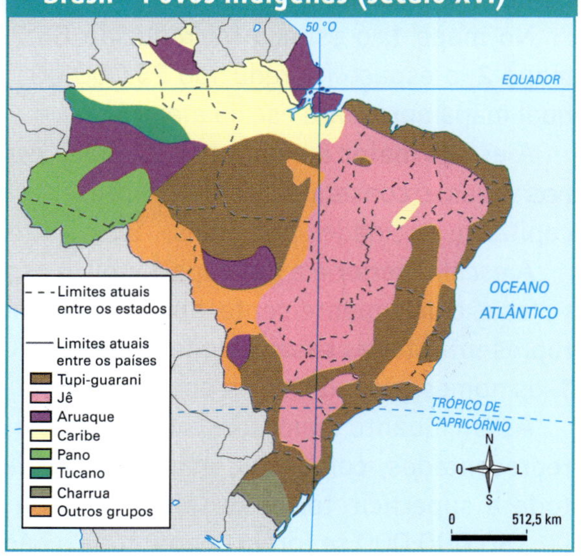

Fonte: ALBUQUERQUE, Manoel M. de; e outros. *Atlas histórico escolar*. Rio de Janeiro: MEC, 1983 (adaptado).

- Observe novamente os mapas da página anterior.

1. Classifique-os em mapa político, mapa físico, mapa temático ou mapa histórico.
2. Identifique o que cada um deles está representando.

Atlas

Atlas é um livro de mapas de vários tipos (físicos, políticos e temáticos) que também pode conter gráficos e tabelas. A maioria dos historiadores atribui a Cláudio Ptolomeu, que viveu no Egito no século II, a publicação do primeiro atlas. Mas foi Gerardus Mercator, cartógrafo do século XVI, o primeiro a usar o nome de atlas para uma coleção de mapas.

Mapa do Ártico criado em 1595 por Gerardus Mercator.

O domínio e as técnicas na elaboração dos mapas

Os mapas estão presentes na história de todos os povos, como resultado da necessidade de representar graficamente as diversas atividades praticadas e outras características do espaço geográfico.

Ao longo da história foram ocorrendo modificações na maneira como os mapas eram elaborados. Conforme os avanços tecnológicos possibilitavam um conhecimento mais detalhado do espaço e os recursos e equipamentos para a produção cartográfica se aprimoravam, os mapas passaram a apresentar riqueza de detalhes e precisão cada vez maiores.

Nas guerras os mapas sempre foram um instrumento essencial para o conhecimento do espaço geográfico do adversário, como rios, plantações, cidades, áreas industriais, portos. Eles são importantes também para mostrar as consequências das guerras: alterações nos limites entre países, áreas devastadas, deslocamento das populações etc.

A partir do século XX, com a utilização da fotografia aérea, a confecção de mapas evoluiu bastante. Esse recurso permite obter informações mais precisas dos lugares, com base em uma visão vertical, como você viu na fotografia de trecho da cidade de Vitória.

As fotografias que servem de base para a elaboração de mapas são tiradas em sequência por uma câmera especial, instalada num avião equipado com instrumentos específicos para esse tipo de atividade.

A obtenção de informações sobre o trecho do espaço geográfico a ser representado é, portanto, essencial para a confecção de mapas, de maquetes e de plantas.

O processo de levantamento de informações a distância, com o auxílio de diversas técnicas, aviões, satélites artificiais e radares, recebe o nome de sensoriamento remoto. O emprego desse recurso, porém, não elimina o trabalho de campo, ou seja, medições, constatações e análises no próprio trecho do espaço geográfico a ser mapeado.

Globo terrestre

O globo é a forma mais fiel de representar graficamente a Terra.

No globo, os continentes ou outras partes menores do planeta são representados praticamente sem deformação.

Mesmo assim, ele apresenta algumas limitações: seu transporte, o fato de não oferecer uma visão mais detalhada da superfície terrestre e o de não permitir a observação de todas as partes ao mesmo tempo.

Planta

Nos mapas, as escalas são geralmente superiores a 1 : 20.000. Eles representam áreas de municípios, estados, países, continentes ou toda a superfície terrestre. No entanto, se a área a ser representada for pequena, não será possível mostrá-la em detalhes num mapa.

As representações gráficas de pequenas áreas (trechos de um bairro e de uma cidade, ou de um imóvel) recebem o nome de **plantas**. Elas são feitas em escalas grandes (até 1 : 20.000) e, em geral, apresentam vários detalhes.

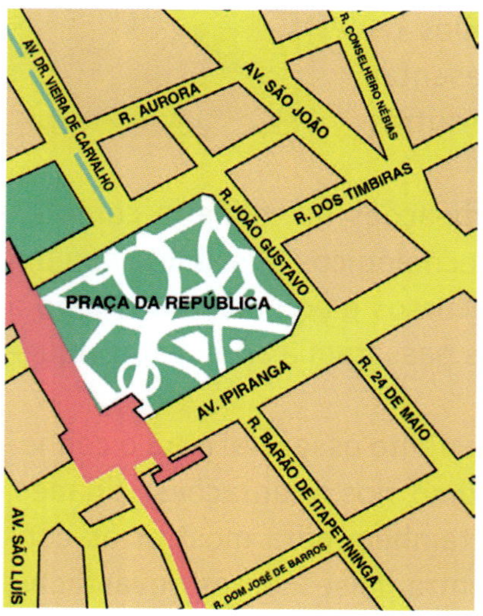

Planta de um trecho da cidade de São Paulo.

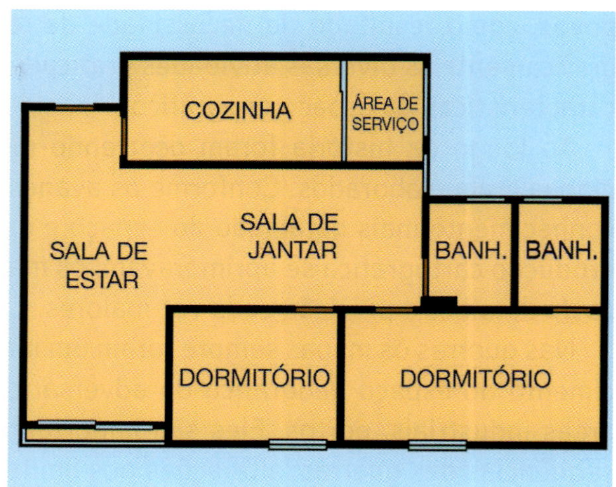

Planta de apartamento.

Maquete

A maquete é uma representação, em miniatura, de uma construção (casa, edifício, fábrica etc.) ou de um lugar (quarteirão ou bairro, por exemplo). Ela pode ser feita de diferentes tipos de materiais, como massa de modelar, isopor, papel e sucata (embalagens vazias).

Diferentemente de qualquer outra representação, a maquete proporciona uma visão tridimensional da área representada.

PARA COMPREENDER **Texto e mapa**

As visões de mundo

Como a cartografia se desenvolveu bastante no período das grandes navegações que partiam da Europa, os cartógrafos elaboravam mapas com esse continente na parte de **cima** e no **centro** do mapa para facilitar os cálculos de distância e a posição dos demais continentes em relação à Europa. Como foram feitas numerosas quantidades desses mapas, eles se popularizaram.

Com a Europa no centro do mapa, a parte da Terra que é "cortada" acaba sendo a região do oceano Pacífico.

A Terra também pode ser representada com outros continentes na parte central. Observe o mapa a seguir, em que a América e particularmente o Brasil se localizam na parte central.

Planisfério

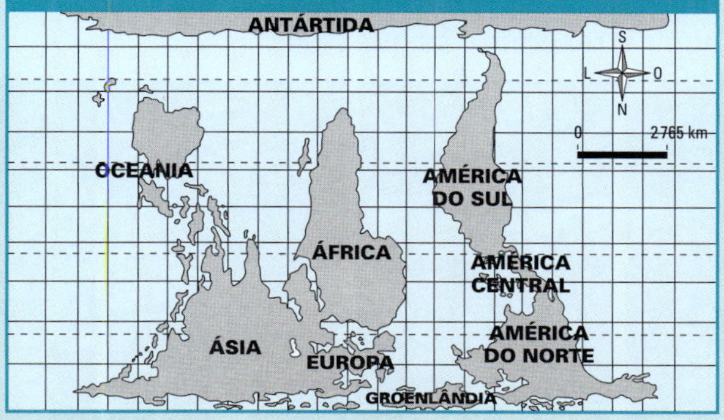

Fonte: PETERS, Arno. *Peters atlas*. Paris: Vincens-Vives, 1991. p. 111 (adaptado).

Você acha que esse mapa está errado, invertido? A resposta é não. Esse mapa está posicionado corretamente, apesar de o norte estar na parte de baixo e o sul estar na parte de cima. Na verdade, podemos posicionar o mapa de qualquer maneira, desde que mantenhamos a localização relativa dos continentes e indiquemos o sentido norte. Isso porque no Universo não existe em cima ou embaixo.

Assim, não é porque estamos mostrando o mapa de uma forma pouco comum que as posições norte, sul, leste e oeste na superfície terrestre vão se alterar. O norte continua sendo próximo da ilha da Groenlândia, e o sul continua sendo na Antártida.

Ao longo da história, os mapas estiveram orientados para o leste e/ou para o sul.

Planisfério

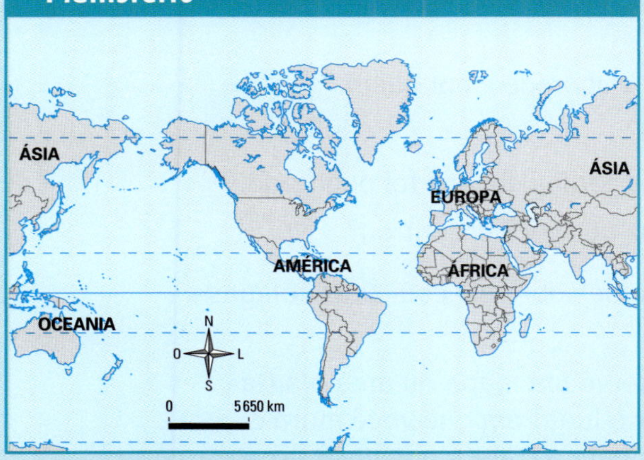

Fonte: ROBINSON, Arthur; e outros. *Elements of cartography*. Nova York: John Wiley & Sons, 1969 (adaptado).

■ Responda às questões a seguir.

1. Na representação cartográfica, o mapa pode ser posicionado de qualquer maneira? Quais cuidados devem ser tomados para evitar erros?
2. Por que os mapas com o norte posicionado para cima são os mais utilizados?
3. Para ser valorizado no planisfério, como o Brasil deveria estar posicionado? Converse com seus colegas e com seu professor para saber se sua sugestão é possível.

Atividades

RETOME SEUS CONHECIMENTOS

1. Para responder às perguntas a seguir, observe os mapas do item "Tipos de mapa" deste capítulo.
   a) Que mapa permite verificar os tipos de clima do território brasileiro?
   b) Que mapa possibilita conhecer os estados produtores de petróleo do Brasil?

2. É possível representar a superfície terrestre em um plano sem haver distorções? Justifique sua resposta.

EXERCITE SEUS CONHECIMENTOS

3. Observe as imagens a seguir e responda às questões.

Imagens de satélite de Belo Horizonte, MG (2009).

   a) Qual é o tipo de visão da paisagem?
   b) Qual é o elemento central da imagem?
   c) Como podemos caracterizar essa paisagem?
   d) Qual fotografia mostra uma visão mais detalhada da paisagem?

4. Procure mapas antigos em jornais, *sites* e revistas e selecione um que você achar mais interessante.
   a) Anote o título do mapa. Se não houver título, crie um para ele, de acordo com o que aprendeu neste capítulo.
   b) Escreva que informações ele mostra, quando foi elaborado e por quem.
   c) Você teve dificuldades para entendê-lo? Por quê?
   d) Anote também o nome do jornal ou da revista e a página em que foi publicado.
   e) Por que este é o mapa mais interessante entre os que você encontrou?

   Leve o mapa e suas anotações para a sala. Converse sobre ele com seus colegas e com seu professor.

5. Em grupos, e com a orientação do professor, observe um mapa ou uma planta de seu município ou de parte dele. Procure situar o lugar em que você mora e indique-o aos seus colegas de grupo. Mostre também o trajeto que você faz para ir de casa à escola. Compare as distâncias que cada um de seu grupo percorre e o tempo gasto no trajeto.

LIVROS

Vivendo com as estrelas

Duília de Mello.
São Paulo: Panda Books, 2009.

A autora, brasileira que trabalha na NASA — Agência Espacial Americana —, explica de forma simples o que é a Astronomia, como é o dia a dia de um astrônomo, onde ficam os principais observatórios do Brasil e do mundo e como se tornar um astrônomo amador.

Uma aventura no espaço

Iara Jardim e Marcos Calil.
São Paulo: Cortez, 2009.

O livro trata de informações astronômicas por meio de uma viagem ficcional, levando o leitor a conhecer o Universo e os planetas do Sistema Solar.

A mais bela História da Terra

André Brahic e outros.
Rio de Janeiro: Difel, 2002.

O livro relata as origens da Terra, desde a grande explosão, que dá início ao Universo, gerando estrelas, planetas, o Sistema Solar, as galáxias e os demais corpos celestes. A obra também aborda o modo como as pessoas utilizam os recursos naturais que o planeta oferece e que não são inesgotáveis.

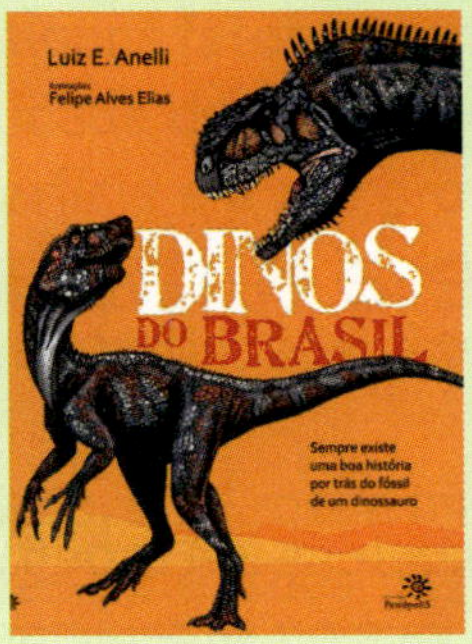

Dinos do Brasil

Luiz E. Anelli.
São Paulo: Peirópolis, 2011.

O leitor deste livro vai saber como os paleontólogos — aqueles que estudam as formas de vida existentes em períodos geológicos passados — descobriram as formas e os tamanhos dos 23 dinossauros brasileiros. Vai conhecer também as histórias que estão por trás dos seus nomes, além de descobrir que eles podiam ser muito diferentes uns dos outros.

SITES

Planeta em tempo real

<http://www.planetaemtemporeal.blogspot.com>.

Site muito rico que trata de vários aspectos do nosso planeta, começando por sua localização no Universo e onde você poderá fazer uma viagem pela Apolo 11. Nele você poderá conhecer também mais sobre terremotos, marés vermelhas, *tsunamis* e o Sol da Meia-Noite.

Mundo físico

<http://www.mundofisico.joinville.udesc.br/index.php?idSecao=101&idSubSecao=&idTexto=22>.

Nesse trecho do *site* é apresentado um resumo da história da conquista espacial.

FILME

1492: A conquista do paraíso

Direção: Ridley Scott.
EUA/França/Espanha, 1992.

Filme que narra vinte anos da vida do italiano Cristóvão Colombo, desde que se convenceu de que o mundo era redondo, passando pelo empenho para conseguir apoio financeiro da Coroa Espanhola para sua expedição, ao descobrimento de um novo continente.

A observação e a leitura da paisagem

A paisagem de um lugar tem um significado diferente para cada pessoa que nele vive ou se relaciona com ele. Observe a pintura *A Matriz com Largo do Sol*, de Oscar Araripe.

- Leia um trecho do que o pintor carioca Oscar Araripe escreveu sobre a cidade de Tiradentes, no estado de Minas Gerais, em 1965.

"Naquela época Tiradentes era igual e ao mesmo tempo muito diferente. Igual porque ali estava tudo que a faria singular, seu povo, seus novos habitantes, sua magnífica Serra e Igreja Matriz, esta caixinha de joias que é a Igreja do Rosário, onde me casei com Cidinha e meus filhos brincam, o alto do São Francisco, tão bem visto de meu estúdio, o Chafariz, os frontispícios inclinados como o Parthenon, o trenzinho de graça gentil tão infantil e todo enfim o seu conjunto harmonioso e tão belamente humano. Ali estavam as casas que haviam vencido o modernismo destruidor".

ARARIPE, Oscar. *Tiradentes revisitada*. Disponível em: <http://www.oscararaа ripe.com.br/pags/index.php/117>. Acesso em: 23 abr. 2014.

ATIVIDADES

1. Você conseguiria descrever como são as ruas e as casas dessa cidade? E como seria viver numa cidade como essa? Faça um texto descrevendo o dia a dia das pessoas que moram nesse lugar.
2. Cite três palavras do texto que expressam o carinho e a admiração que o autor tem pela cidade.
3. Como é a paisagem da cidade onde você vive? Para fazer a atividade é necessário:
   - observar a paisagem e identificar seus elementos;
   - levantar hipóteses sobre como era a paisagem anteriormente e as mudanças ocorridas;
   - entrevistar moradores antigos, que possam subsidiar a pesquisa com informações sobre as mudanças na paisagem;
   - pesquisar em museus ou em *sites* imagens da paisagem da sua cidade em diferentes épocas;

   Após coletar o material da pesquisa, com seu professor e colegas de sala, organize uma exposição com desenhos e textos que retratem a paisagem da cidade em que vocês moram.

ARARIPE, Oscar. *A Matriz com Largo do Sol*, 2006. Acrílico sobre vela náutica, 110 m X 170 m.

Formação da Terra e a litosfera

UNIDADE

III

Nas unidades anteriores você observou vários aspectos que envolvem o planeta Terra, como as paisagens que compõem a superfície terrestre e como a sociedade a altera. Vimos a Terra como elemento do Sistema Solar; aprendemos a nos localizar no planeta. Agora veremos como é possível a existência de vida nele e como acreditamos ser seu interior; quais são as alterações que ocorrem de dentro para fora e as que ocorrem na parte externa da Terra, resultando nas diferentes formas de relevo.

Quando você circula pela cidade, ou faz uma viagem, provavelmente observa terrenos planos de baixa altitude e terrenos que apresentam maiores altitudes. O **relevo** configura as diferentes formas que existem na superfície terrestre.

- Na imagem ao lado você consegue detectar a existência de diferentes formas de relevo?
- Quais alterações você acredita que ocorram de dentro para fora do planeta? E na parte externa?

Nesta unidade, você vai estudar o interior da Terra, a crosta terrestre, as rochas, o relevo e os agentes que modificam as formas de relevo existentes na superfície do planeta.

7

Interior da Terra e crosta terrestre

PARA CONTEXTUALIZAR

Observe a ilustração. Ela apresenta alguns elementos que fazem parte do planeta Terra.

ATIVIDADES

Converse com seus colegas e com seu professor.

1. Relacione alguns elementos que você consegue identificar nessa imagem.
2. Como você acha que as nuvens se formaram?
3. Ao se precipitar, o vapor de água contido nas nuvens provoca alterações no solo e nas rochas? Por quê?
4. Quais elementos da imagem você classificaria como pertencentes à:

   a) hidrosfera? b) litosfera? c) atmosfera?
5. Em sua opinião, os elementos da hidrosfera, da litosfera e da atmosfera se inter-relacionam? Há interdependência entre eles, ou seja, de alguma forma um depende do outro para existir? Dê um exemplo.

A formação do planeta Terra

Como surgiu o planeta Terra?

A teoria mais aceita pelos cientistas é a de que logo no início da formação do Sistema Solar, por volta de cinco bilhões de anos atrás, a Terra era uma grande bola incandescente, com temperaturas próximas a 1.500 graus Celsius (°C). Com o passar de vários milhões de anos, essa bola incandescente foi se resfriando aos poucos e solidificou-se na sua parte externa, formando o que chamamos de **litosfera**, cuja superfície habitamos.

Durante o processo de resfriamento da Terra, houve liberação de gases e vapores. Eles deram origem a uma camada de ar, chamada **atmosfera**, que envolve e protege a Terra.

Por volta de 4,6 bilhões de anos atrás, a temperatura da Terra começou a baixar, o que ocasionou um grande período de chuvas, por causa da condensação do vapor de água contido na atmosfera.

A chuva, que caía continuamente, foi se acumulando nas partes mais baixas da superfície, formando os oceanos. As águas marinhas e as continentais (rios, lagos e geleiras) constituem a **hidrosfera**.

Há aproximadamente 3,5 bilhões de anos, desenvolveram-se as primeiras formas de vida vegetal e animal nos oceanos. A vida na Terra deu-se graças ao conjunto de influências destas três esferas — litosfera, atmosfera e hidrosfera. Como vimos no capítulo 4, a **biosfera** é o conjunto de todas as partes da Terra em que há a possibilidade de existir vida.

Em todo o processo de formação da Terra, houve um inter-relacionamento entre as "esferas". Isso determina um equilíbrio no planeta: se ocorre alguma alteração em uma das "esferas", as outras também podem ser afetadas.

Graus Celsius
É uma unidade de temperatura proposta pelo astrônomo Andres Celsius em 1742. A temperatura de congelamento da água (quando ela passa do estado líquido para o sólido) corresponde a 0 °C; já a de ebulição (quando ela passa do estado líquido para o gasoso) corresponde a 100 °C.

Condensação
Passagem do estado de vapor para o estado líquido.

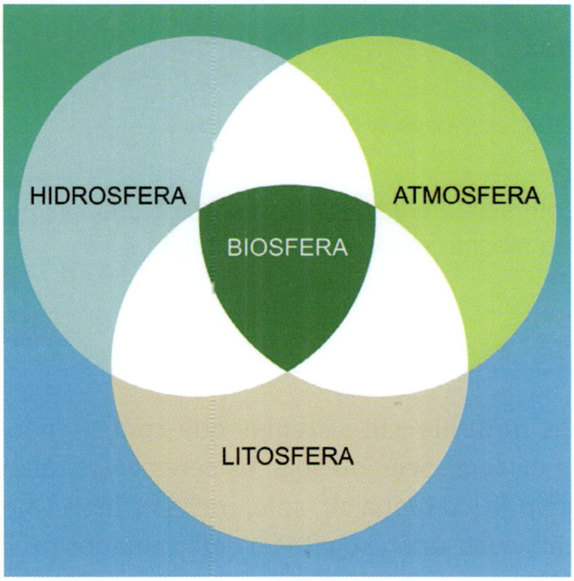

Fonte: DREW, David. *Processos interativos homem-meio ambiente*. Rio de Janeiro: Bertrand Brasil, 1989.

Ao promover transformações no espaço natural, os seres humanos podem romper esse equilíbrio. As consequências desse rompimento para a vida animal e vegetal tornam-se tanto mais graves quanto maiores e mais frequentes forem as transformações.

Revolução Industrial

Consistiu em um conjunto de mudanças tecnológicas, iniciadas na Inglaterra em meados do século XVIII, que levou à modificação no modo de fabricação dos produtos que o ser humano consumia. Com o surgimento das fábricas, as relações sociais e a paisagem foram alteradas.

A partir da Revolução Industrial os seres humanos passaram a intervir cada vez mais intensamente na natureza, devido a necessidade cada vez maior de matérias-primas para alimentar as atividades industriais.

Atualmente, a ampliação do nível de consumo de bens continua exigindo a retirada de recursos em um ritmo bastante acelerado.

É preciso estar atento às intervenções humanas na natureza, pois as relações entre os diversos elementos naturais não existem por acaso. Lembre-se do que você, seus colegas e o professor conversaram na seção **Para contextualizar** deste capítulo. Portanto, antes de realizar quaisquer intervenções, é necessário que se façam estudos muito detalhados (avaliações de impacto ambiental) para saber o grau de modificação que o meio ambiente sofrerá e quais as consequências para a litosfera, a hidrosfera e a atmosfera, e, consequentemente, para a biosfera.

Poluição das águas do rio Tietê, em Pirapora do Bom Jesus, São Paulo.

- Observe a imagem acima e discuta com seus colegas as possibilidades para amenizar ou mesmo resolver essa situação.

A vida nos ecossistemas

Os **ecossistemas naturais** são sistemas que compreendem a inter-relação dos elementos que os compõem, ou seja, os seres vivos (animais e vegetais) e os elementos do meio físico (água, ar, solo, rochas e luz e calor do Sol).

Os elementos não vivos estão sujeitos a determinados processos, como evaporação da água dos rios, lagos, mares e oceanos em razão do aquecimento provocado pelo calor do Sol; infiltração da água da chuva no solo; deslocamento de partes de rochas que são carregadas pela correnteza dos rios e outros.

Ao longo da história, o ser humano foi atuando no espaço e alterando-o de acordo com as suas necessidades. Consequentemente, na maior parte da superfície terrestre encontramos elementos construídos pela ação humana.

Plantação com irrigação em Areado, Minas Gerais.

Entretanto, é preciso considerar também a presença da natureza nesses sistemas. Numa plantação, por exemplo, uma paisagem artificial, há pessoas que trabalham utilizando equipamentos, mas também estão presentes os solos, o ar, a água da chuva ou proveniente de irrigação, a luz e o calor do Sol.

Irrigação
Técnica que utiliza sistemas com canais, encanamentos e bombas para levar água de um lugar a outro. Essa técnica precisa ser feita com bastante critério e bem acompanhada, pois pode trazer problemas para o solo e para o ambiente em geral.

A estrutura interna da Terra e a crosta terrestre

Para entender melhor a dinâmica da Terra e dos seus elementos, vamos conhecer sua estrutura interna e a crosta terrestre.

Até hoje não se sabe ao certo do que é formado o interior da Terra. Isso porque o material que sai do seu interior através dos vulcões vem de profundidades de, no máximo, 200 quilômetros, e as perfurações mais profundas já feitas atingiram apenas 13 quilômetros. Muitos são os obstáculos para as perfurações atingirem maiores profundidades, entre eles o aumento da temperatura, já que, em média, a cada 33 metros a temperatura aumenta 1 °C, podendo variar em função do tipo de rocha e da estrutura geológica. A esse aumento de temperatura dá-se o nome de **grau geotérmico**. Essa constatação leva a crer na existência de altíssimas temperaturas no interior do planeta.

As medidas atingidas até o momento são muito pequenas considerando que a distância da superfície até o centro da Terra é de aproximadamente 6.370 km. Para saber do que o interior da Terra é constituído, são utilizadas principalmente observações indiretas.

As melhores informações indiretas são as fornecidas pelo estudo da propagação das ondas sísmicas provocadas por vibrações da crosta terrestre, que têm sua origem no interior do planeta. Essas vibrações são chamadas de **abalos sísmicos**, que serão estudados no capítulo 8.

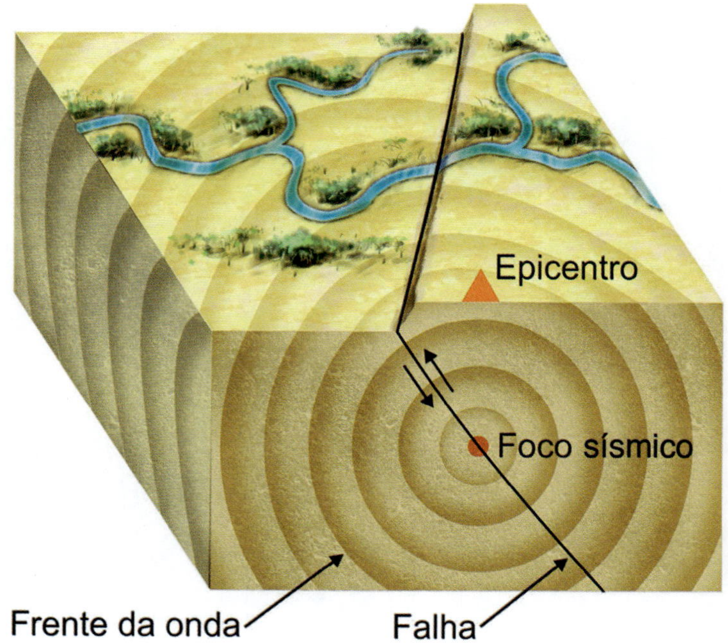

O lugar na superfície terrestre, verticalmente acima do foco sísmico, chama-se epicentro. As frentes das ondas sísmicas se movem para fora em todas as direções de sua fonte, o foco sísmico.

Fonte: WICANDER, Reed; MONROE, James S. *Fundamentos da geologia*. São Paulo: Cengage, 2009. p. 187.

Crosta terrestre, manto e núcleo

Densidade
Consistência, espessura.

Magma
Material em estado fluido ou pastoso que apresenta altíssimas temperaturas.

Considerando as diferenças de composição e densidade, supõe-se que a estrutura da Terra seja formada por três camadas.

A **crosta terrestre** é a primeira camada, a parte superficial ou externa já consolidada no planeta, sobre a qual vivemos. É constituída de uma camada relativamente fina, com espessura que varia de 5 a 70 quilômetros, aproximadamente, sendo mais espessa nos continentes (até 70 quilômetros) e mais fina no fundo dos oceanos (5 a 10 quilômetros, aproximadamente).

O **manto** é a segunda camada, ou seja, a camada intermediária composta predominantemente de magma e divide-se em duas partes: manto superior e manto inferior, que apresentam diferentes temperaturas e suas profundidades variam entre 30 km e 2.900 km.

O **núcleo** é a terceira camada, também conhecida pelo nome de nife. Nela predominam dois minerais — o níquel e o ferro. Divide-se em duas partes: núcleo externo ou líquido e núcleo interno ou sólido. Apresenta temperatura elevadas, cerca de 6.000 °C e sua profundidade varia entre 2.900 km e 6.370 km, aproximadamente.

Entre a crosta e o manto há uma espécide de "fronteira" que pode variar entre 5 km e 10 km e recebe o nome de descontinuidade de Mohorovicic, e entre o manto e o núcleo também há outra "fronteira" que recebe o nome de descontinuidade de Gutenberg.

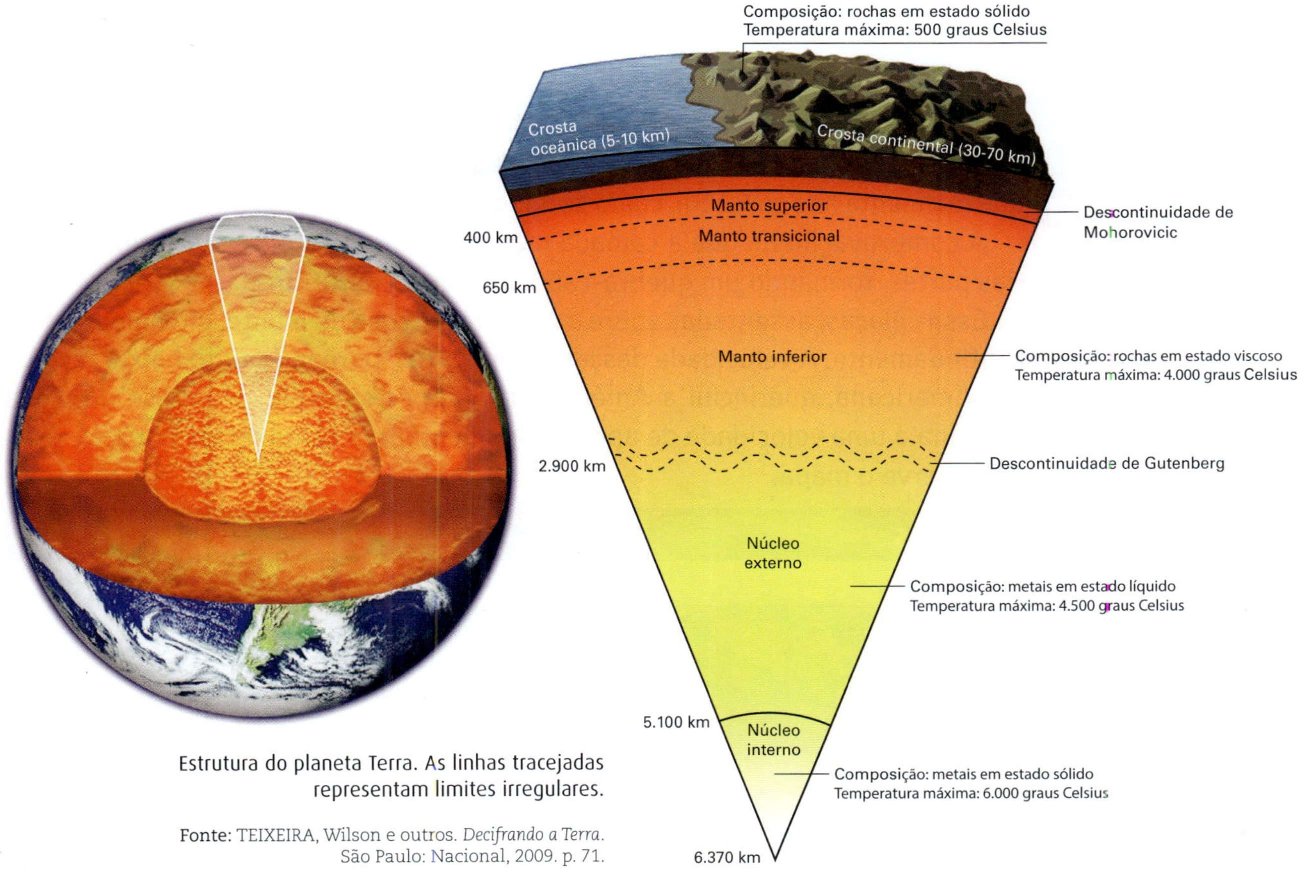

Estrutura do planeta Terra. As linhas tracejadas representam limites irregulares.

Fonte: TEIXEIRA, Wilson e outros. *Decifrando a Terra*. São Paulo: Nacional, 2009. p. 71.

A mobilidade da crosta terrestre – as placas tectônicas

Em 1912, o cientista alemão Alfred Wegener divulgou uma teoria, chamada **deriva dos continentes**, segundo a qual, há muitos milhões de anos, existia um único bloco continental, que ele denominou **Pangeia**.

Aproximadamente entre 200 e 250 milhões de anos atrás, esse "supercontinente", a Pangeia, teria se rompido, formando dois grandes blocos, o continente Laurásia (Norte) e o continente Gondwana (Sul).

Após essa primeira separação, outras subdivisões teriam ocorrido, até que os continentes tomassem a forma e a dimensão atuais.

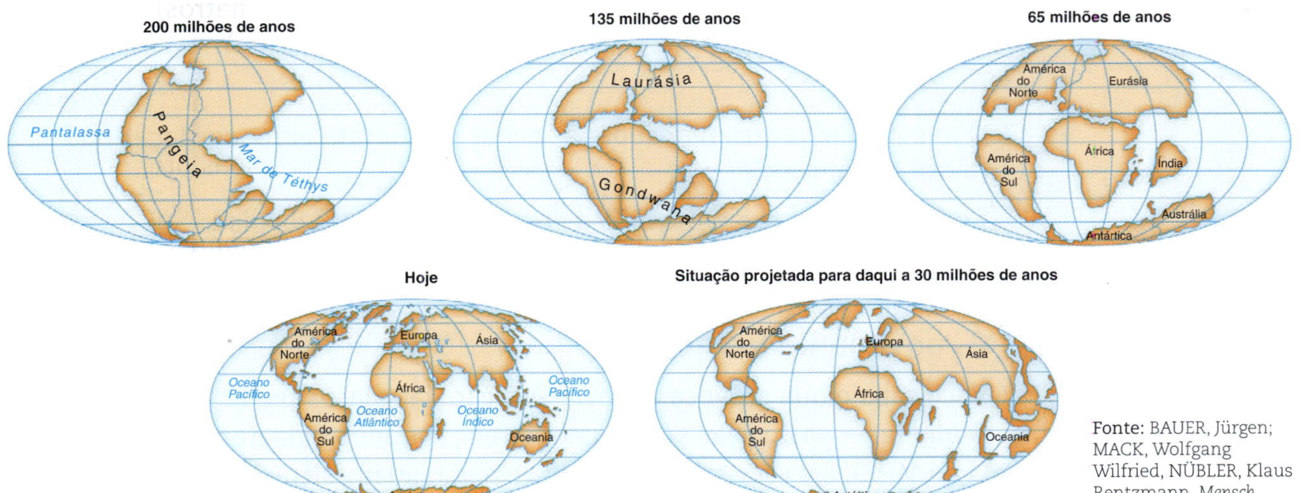

Etapas do processo de afastamento das placas tectônicas que deu origem à formação atual dos continentes, a qual, no entanto, continua sofrendo alterações.

Fonte: BAUER, Jürgen; MACK, Wolfgang Wilfried, NÜBLER, Klaus Rentzmann. *Mensch und raum*: Physische Geographie. Berlim: Cornensen, 1989. p. 20.

A teoria de Wegener

No princípio, a teoria de Wegener não foi muito aceita. Isso só veio a mudar com a descoberta de que a crosta terrestre é formada pelas placas tectônicas e que realmente não constitui, como se imaginava, uma camada inteira ou contínua.

A comprovação de que a camada mais externa da Terra se subdivide em várias partes, formando um quebra-cabeça, ocorreu em 1984.

Essas placas, assentadas sobre a camada pastosa do manto, movimentam-se continuamente. A velocidade desses movimentos, porém, é muito baixa. A placa Sul-Americana, que inclui a América do Sul, por exemplo, afasta-se da placa Africana a uma velocidade de aproximadamente três centímetros por ano.

Observe o mapa.

Principais placas tectônicas

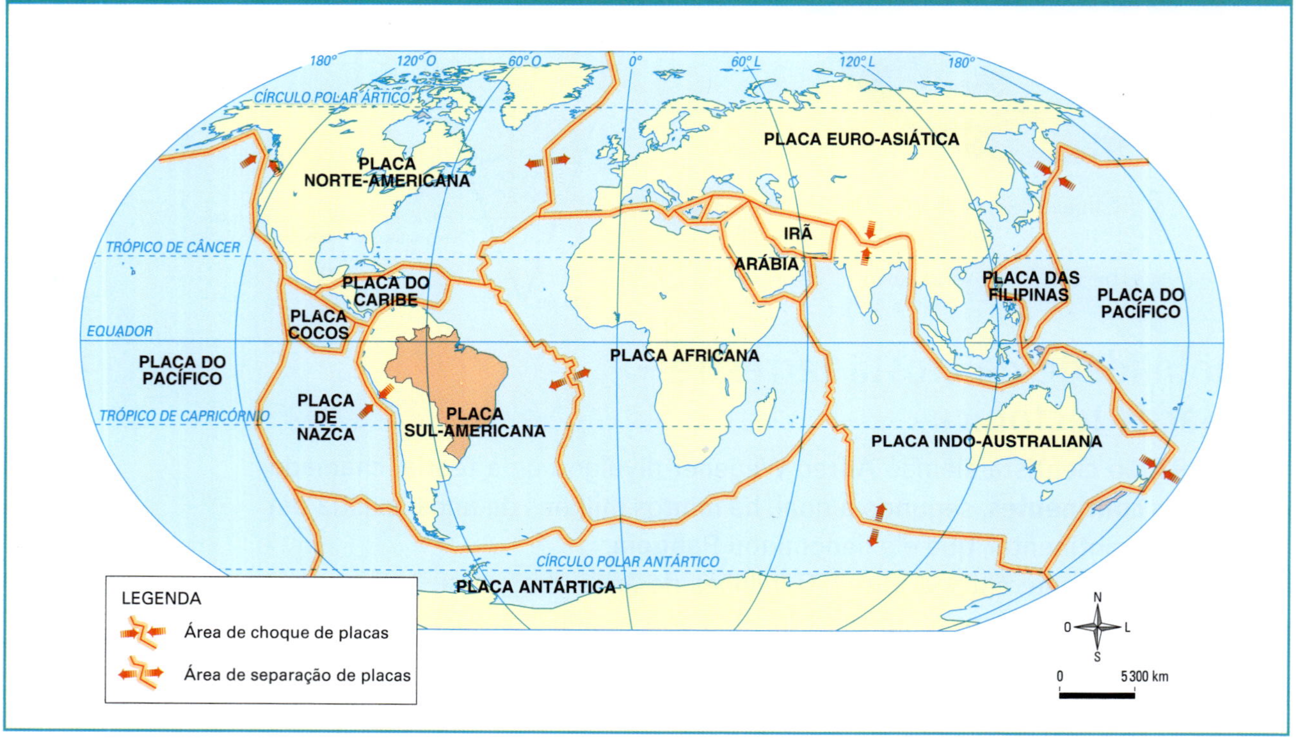

Fonte: *Concise Atlas of the world*. Nova York: Oxford University Press, 1993. p. 5 (adaptado).

- Responda.

1. O que podemos observar sobre as zonas de contato entre as placas ou falhas tectônicas?

2. Podemos notar que o Brasil fica distante das bordas da placa Sul-Americana. Qual é o resultado dessa localização?

O movimento das placas

Você sabe o que provoca a movimentação das placas tectônicas?

O que faz essas placas se movimentarem, segundo uma descoberta da década de 1960, é a ascensão do magma pelas fendas existentes nas grandes cadeias de montanhas submarinas, chamadas de dorsais oceânicas ou cordilheiras meso-oceânicas.

Formação da cordilheira meso-oceânica do Atlântico

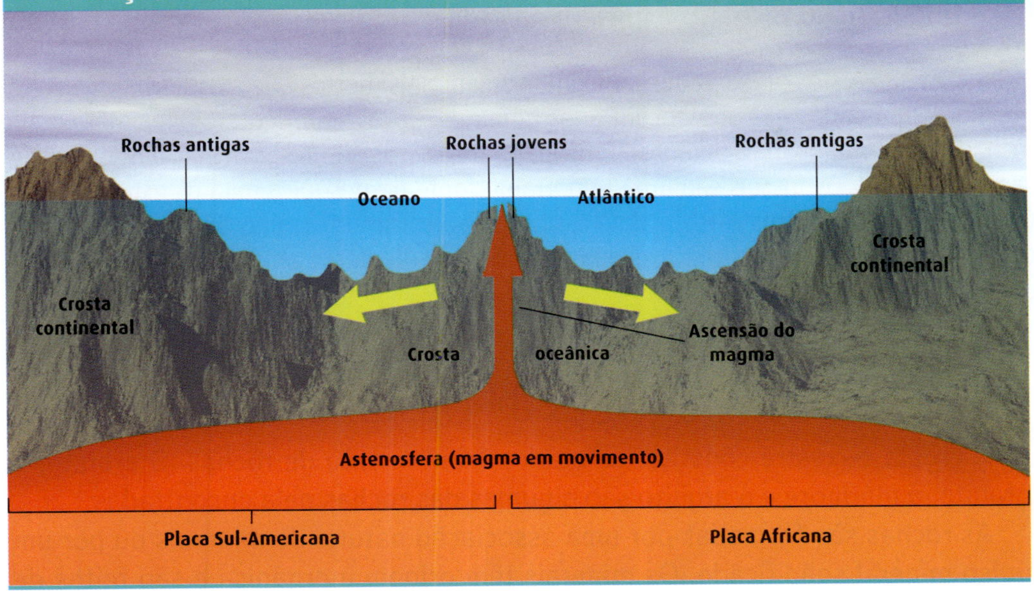

Fonte: CHRISTOFOLETTI, Antonio. *Geografia para o mundo atual*. v. I. São Paulo: Nacional, s.d. (adaptado).

Conforme se pode observar acima, a ascensão do magma provoca o alargamento dessas dorsais (setas amarelas) que empurram lateralmente as placas e, consequentemente, os continentes que delas fazem parte. Esses movimentos laterais dão origem aos deslizamentos e choques entre elas.

O choque entre duas placas causa o "enrugamento" de uma delas, enquanto a outra afunda no manto.

Esse enrugamento explica como, há milhões de anos, formaram-se as mais altas cadeias de montanhas da Terra, como o Himalaia (na Ásia), os Andes (na América do Sul) e as Rochosas (na América do Norte), e o fato de no alto delas serem encontrados fósseis marinhos e outros materiais.

As placas tectônicas movem-se sobre o manto, que constitui a segunda camada da Terra. Quando duas placas se chocam, geram uma pressão que provoca um movimento brusco, o qual causa vibrações nas áreas vizinhas do ponto de atrito. É por isso que boa parte dos terremotos ocorre nas bordas das placas tectônicas.

Corte vertical da zona de contato entre a placa de Nazca e a placa Sul-Americana

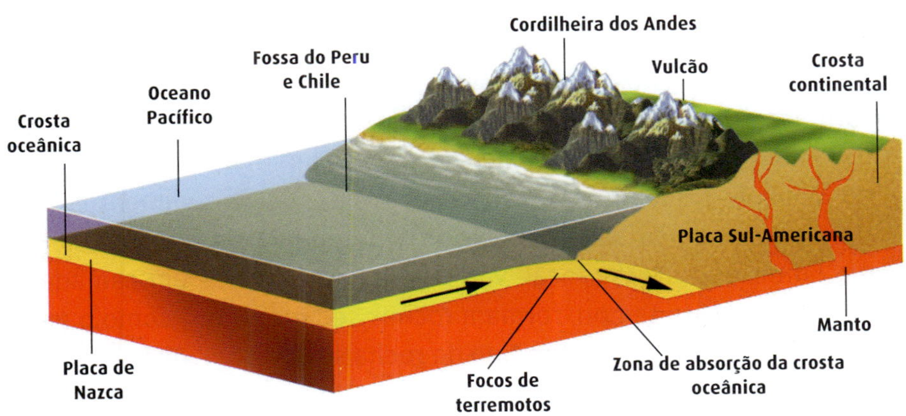

Fonte: ROSS, Jurandyr. *Geografia do Brasil*. São Paulo: Edusp/FDE, 1996. p. 32 (adaptado).

A placa de Nazca mergulha por baixo da placa Sul-Americana a uma velocidade de 10 centímetros por ano.

6 A formação da Terra e a litosfera

Para o assunto ***A formação da Terra e o movimento das placas***, acesse e explore este OED.

MAIS INFORMAÇÃO

Fóssil

Fósseis são restos preservados de plantas ou animais mortos que existiram em eras geológicas passadas que são encontrados hoje nas rochas sedimentares (ler sobre as rochas sedimentares mais adiante). Principalmente ossos, dentes, conchas e madeiras são fossilizadas. Os fósseis são uma importante fonte de pesquisa para os estudiosos. Com base nas características de um fóssil animal, como um crânio bem preservado e dentição, é possível identificar os hábitos alimentares desse animal e imaginar em que tipo de ambiente ele vivia.

As rochas – componentes da crosta terrestre

A crosta terrestre constitui-se predominantemente de rochas. O arenito, o granito, o mármore e o argilito são algumas das rochas nela encontradas.

As rochas são formadas por uma associação natural de minerais ou por um único mineral solidificado. Os minerais têm origem inorgânica e são feitos de partes bem pequenas, os elementos químicos.

O granito, por exemplo, é constituído por três minerais essenciais: quartzo, mica e feldspato.

Dos minerais que compõem as rochas, o mais abundante é o quartzo.

De acordo com a sua origem ou formação, essas rochas podem ser agrupadas em **magmáticas**, **sedimentares** e **metamórficas**.

O granito é um exemplo de rocha magmática.

Rochas magmáticas

Esse tipo de rocha é proveniente do resfriamento e da consolidação do magma, que provém do interior da Terra. O magma é o principal componente do manto.

Foi o primeiro tipo de rocha que se formou, com a consolidação da parte externa do planeta, há bilhões de anos.

Rochas sedimentares

As rochas sedimentares formam-se pela acumulação (deposição) de sedimentos, provenientes da fragmentação de outras rochas; pela ação da água, do vento e do gelo; e de restos de organismos animais e vegetais. O processo de formação das rochas sedimentares é extremamente lento.

O calcário é um exemplo de rocha sedimentar.

Uma rocha magmática exposta, por exemplo, na superfície da Terra sofre a ação do tempo e vai sendo decomposta. Os sedimentos, por sua vez, depositam-se aos poucos no fundo de lago, fundo de vale, planície ou oceano. Nesse local, vão sendo comprimidos em camadas que, depois de muito tempo, formam rochas sedimentares, como o arenito.

O calcário também é um tipo de rocha sedimentar, que se forma pela acumulação de conchas e carapaças de animais nos fundos de pântanos, lagos e oceanos. São exemplos desse tipo de rocha também o sal-gema e o carvão mineral.

Rochas metamórficas

O gnaisse é um exemplo de rocha metamórfica.

As rochas metamórficas são o resultado da transformação de rochas sedimentares ou magmáticas, submetidas a grandes pressões (peso) e elevadas temperaturas.

Embora possam manter características da rocha original, as rochas metamórficas geralmente adquirem características novas. Costumam se formar abaixo da superfície, em grande profundidade.

O granito é um exemplo de rocha magmática que, submetida a novas condições de pressão e calor, transforma-se em uma rocha metamórfica. Por ocasião de um terremoto, por exemplo, ele pode ficar encoberto por outras camadas rochosas. A pressão exercida por essas camadas e o aumento da temperatura em profundidade vai transformá-lo em outro tipo de rocha, o gnaisse.

O calcário, quando fica encoberto por outras camadas de rochas durante muito tempo, sofre modificações em sua estrutura, transformando-se numa rocha metamórfica, o mármore, usado na elaboração de esculturas, no piso de casas e escritórios, no revestimento de paredes e como tampo de pias.

As rochas metamórficas geralmente são ricas em metais. Quando possuem grãos de ouro, prata, ferro ou outros metais são chamadas minérios (de ouro, prata ou ferro), todas de valor comercial.

Jazida de mármore em Carrara, na Itália (2010).

PARA COMPREENDER Texto

Em grupos, leia o trecho da notícia a seguir.

"Uma rede de tráfico de fósseis atuante na bacia do Araripe, na divisa entre Ceará, Pernambuco e Piauí, está tirando do país vestígios do passado pré-histórico de seu território, considerado patrimônio cultural pela Constituição.

A bacia do Araripe abrange uma extensão de 9.000 km² — equivalente a seis vezes a área do município de São Paulo — e tem fama mundial pela abundância, variedade e boa conservação de seus restos fossilizados de animais e plantas.

Museus dos EUA, Reino Unido, Alemanha e Japão, além de colecionadores particulares no Brasil e no exterior, conseguem adquirir com facilidade fósseis na região, usando intermediários. Eles pagam preços baixos pelas peças aos chamados "peixeiros" (moradores que retiram o material do solo) [...]."

FERNANDES, Kamila. Traficantes saqueiam fósseis no NE. *Folha de S.Paulo*, 14 fev. 2000. p. 1.

Fósseis encontrados em Santana do Cariri, na chapada do Araripe, Ceará (2003).

Responda às questões a seguir.

1. Em que local do Brasil a rede de tráfico de fósseis estava atuando?
2. De que tipo de rocha são retirados os fósseis? Por quê?
3. Na sua opinião, o que pode ser feito para impedir esse tipo de atividade e evitar a depredação do patrimônio natural?

Solo

O **solo** é uma camada superficial da crosta terrestre. Ele origina-se da decomposição das rochas provocada pelo processo de desintegração e pela ação da água, do calor, do frio e dos seres vivos.

Formação do solo

A existência de diferentes tipos de solo se deve a alguns fatores, como o tipo de rocha que lhes dá origem (rocha matriz), a quantidade de matéria orgânica ou **húmus** (restos de animais e vegetais) na sua superfície e o seu processo de formação.

No Brasil encontramos dois tipos de solo de grande fertilidade: a terra roxa e o massapê.

A **terra roxa** é resultante da decomposição do basalto, uma rocha magmática vulcânica. Esse tipo de solo é encontrado em maiores extensões nos estados do Paraná e de São Paulo. Nele se cultiva, desde o século XIX, o café, que vem sendo gradativamente substituído pela cana-de-açúcar (no Paraná e em São Paulo), pela soja e pelo trigo (no Paraná).

O **massapê** é proveniente da decomposição de rochas como o granito e o calcário. Esse tipo de solo cobre uma extensa faixa do Nordeste brasileiro. Logo depois da chegada dos portugueses ao Brasil, o massapê passou a ser bastante utilizado para o cultivo da cana-de-açúcar.

Canavial em solo de terra roxa em Floresta, Paraná (2011).

Erosão

Ao desgaste de rochas e solos causado por agentes naturais ou pela ação dos seres humanos damos o nome de **erosão**.

Conforme a intensidade e os agentes de erosão, podemos classificá-la em:

- **erosão natural**: provocada por processos naturais, como chuvas e derretimento das neves, que alteram a superfície da Terra;
- **erosão acelerada**: decorrente do agravamento de processos naturais de erosão em razão do mau uso do solo, como o cultivo com técnicas que o empobrecem e destroem, ou a retirada da vegetação que serve de proteção natural para o solo.

Tipos de erosão

- **Erosão hídrica:** é a erosão provocada pela água.
- **Erosão eólica:** é a erosão provocada pelo vento.
- **Erosão glacial:** é a erosão causada pelo gelo.
- **Erosão biológica:** é o processo erosivo decorrente da ação dos seres vivos: vegetais, abrindo fendas com suas raízes, ou animais, abrindo buracos nos solos.
- **Erosão química:** é o processo que envolve todos os processos químicos que ocorrem nas rochas. Há intervenção de fatores como calor, frio, água, compostos biológicos e reações químicas da água nas rochas.

Os processos erosivos no Brasil

> **Hectare**
> Medida de área; 1 hectare corresponde a 10.000 m^2, equivalente a um quarteirão em forma de quadrado, com 100 metros de lado.
>
> **Assoreamento**
> Acúmulo de areia ou outros sedimentos carregados por um rio.

No Brasil, a erosão atinge vastas áreas em diversos estados, afetando não só a agricultura, mas também povoados e até cidades inteiras.

Nas cidades, isso ocorre, por exemplo, quando não são construídas galerias pluviais (para conduzir a água da chuva) e a vegetação é destruída.

Dos solos do noroeste do Paraná, por exemplo, que corresponde a 70% das terras cultiváveis do estado, a erosão transporta anualmente de quarenta a cinquenta toneladas de terra por hectare. Todo material retirado pela erosão e transportado pelas águas acaba sendo depositado no fundo dos rios, provocando o assoreamento.

Calcula-se que, por ano, o Brasil inteiro perde aproximadamente quinhentos milhões de toneladas de solo por causa da erosão.

Uma pesquisa realizada durante dez anos e divulgada em 2006 mostra que, do Amapá ao Rio Grande do Sul, a erosão está destruindo 40% do litoral brasileiro. As principais causas são o crescimento desordenado das cidades, o desenvolvimento do turismo e de outras atividades econômicas.

Para combater esse problema e outros relacionados ao uso e à ocupação do nosso litoral, o Ministério do Meio Ambiente criou, em 2001, o Projeto Orla. Ele aponta os locais da costa em que não se devem permitir construções, em virtude da probabilidade de provocarem erosão.

Erosão do solo em estágio avançado, formando voçoroca, em Cruzeiro, São Paulo (2010).

Banco de areia formado a partir de assoreamento nas margens do rio Ibiaú, no Rio Grande do Sul (2008).

Erosão em encosta no litoral de Parnamirim, Rio Grande do Norte (2009).

Atividades

RETOME SEUS CONHECIMENTOS

1. Quais são os principais tipos de solo fértil que existem no Brasil? Do que eles são compostos e onde são encontrados?
2. Por que existem diferentes tipos de solo?
3. Transcreva as frases, completando-as com o tipo de rocha adequado.
   a) As rochas ▬▬▬ formam-se pela acumulação de sedimentos.
   b) Os arenitos são tipos de rochas ▬▬▬.
   c) O granito é uma rocha magmática que pode ser transformado em rocha ▬▬▬.
   d) As ▬▬▬ foram as primeiras rochas a se formarem no planeta Terra.
   e) Calcário, argilito, sal-gema e carvão mineral são exemplos de rochas ▬▬▬.

EXERCITE SEUS CONHECIMENTOS

4. Observe o fenômeno retratado na fotografia.

Manoel Viana, Rio Grande do Sul (2008).

   a) O que está ocorrendo? Por quê?
   b) Escreva uma legenda para essa fotografia.
   c) Como evitar o processo que está evidenciado na imagem?

5. Visite uma loja que comercializa rochas ornamentais, como granito ou calcário (normalmente esse tipo de loja é chamado de marmoraria). Converse com um vendedor ou responsável pelo negócio e procure saber quais os tipos de rochas comercializadas, suas origens (de onde vêm) e de que forma são utilizadas.

Se não houver uma loja desse tipo próximo ao local onde você mora, entreviste um pedreiro em uma construção para saber quais são os tipos de rochas utilizadas, os locais onde são compradas, de que forma são transportadas etc. Anote no caderno as informações obtidas na sua visita ou entrevista. Compartilhe com os colegas o que você descobriu.

6. Muitas pessoas colecionam pedaços de rochas e minerais porque se encantam com sua beleza e suas cores ou para estudá-los. Mas as rochas e os minerais estão também presentes em nossa vida cotidiana e são utilizados na fabricação de muitos objetos. Além das pedras semipreciosas utilizadas na confecção de joias e peças ornamentais, podemos citar os seguintes exemplos:
   - a cromita é utilizada para a fabricação de aço;
   - o grafite, para lápis;
   - a gipsita, para gesso;
   - o petróleo, para plástico;
   - o caolim, para refratários de argila.

Pesquise em sua casa e descubra cinco objetos que contenham algum tipo de rocha ou mineral. Faça uma lista com o nome de cada objeto e da rocha ou do mineral utilizado em sua fabricação. Depois, leve suas anotações para a sala de aula e converse com seus colegas e com seu professor.

8 Relevo e seus agentes modificadores

PARA CONTEXTUALIZAR

Observe a fotografia a seguir.

Cultivo de arroz em terraços, na Província de Yunnam, China (2008).

ATIVIDADES

Converse com seus colegas e com seu professor.

1. Descreva a paisagem mostrada na fotografia acima.
2. Que tipo de cultivo pode ser observado na fotografia?
3. O que as pessoas fizeram nessa forma de relevo para tornar possível a prática da agricultura? Se isso não fosse feito, o que poderia acontecer como consequência da ação da água em um relevo com essas características?
4. Na sua opinião, é possível praticar agricultura nesse lugar utilizando máquinas agrícolas de grande porte? Por quê?

O relevo terrestre

A superfície terrestre, onde a vida está presente e o ser humano desenvolve as suas atividades, tem aspectos bastante diversificados. Há lugares planos e outros com grandes variações de altitude. A essas diferentes formas da superfície terrestre dá-se o nome de **relevo**.

A maior parte dos seres vivos fixa-se apenas em determinados lugares da Terra, em que a combinação de fatores como o relevo, o clima, a hidrografia e a vegetação favorece a sua existência. Os seres humanos, por sua vez, ocupam praticamente toda a superfície, independentemente da forma de relevo predominante.

A diversidade das formas de relevo é consequência do processo de formação do planeta e da ação de agentes que provocam mudanças na superfície terrestre, como atividade vulcânica, terremotos, vento, água e o próprio ser humano.

Altitude
É a distância vertical de um ponto, medida a partir do nível do mar, que é de altitude zero.

As formas de relevo

O relevo terrestre apresenta quatro formas predominantes: as cadeias de montanhas, os planaltos, as planícies e as depressões.

Cadeias de montanhas

As **cadeias de montanhas** são as partes do relevo que apresentam maiores altitudes. Constituem grandes elevações da crosta terrestre, cujo relevo é acidentado, com encostas íngremes e vales profundos. São exemplos de cadeias de montanhas a cordilheira dos Andes (América do Sul), os Alpes (Europa), as montanhas Rochosas (América do Norte) e o Himalaia (Ásia).

Cordilheira do Himalaia, com o monte Everest no centro da imagem (2010).

MAIS INFORMAÇÃO

Monte Everest

"O nome do **monte Everest** em tibetano é Chomolungma e significa 'deusa-mãe'. Trata-se do pico montanhoso mais elevado do mundo, e está situado na cordilheira do Himalaia, dentro do setor meridional da Ásia central correspondente à fronteira entre o Nepal e o Tibet. Segundo medição realizada pelo governo da Índia em 1954, o cume do Everest está localizado a 8.848 m de altitude, porém estudos mais recentes têm posto em dúvida este número, pois, entre outros motivos, sabe-se que a montanha eleva-se poucos milímetros a cada ano graças a forças geológicas. Assim sendo, em maio de 1999, um grupo de cientistas e escaladores da National Geographic Society que faziam parte da Expedição do Milênio, constataram, com a ajuda de novas tecnologias, como o Sistema de Posicionamento Global (GPS), que o cume da montanha está localizado a 8.850 m de altitude. [...]

O nome inglês da montanha é uma homenagem a sir George Everest, diretor, entre 1830 e 1843, da grande medição trigonométrica da Índia. Foi nessa época que, pela primeira vez, a posição e a altura da montanha foram registradas. [...]"

PACIEVITCH, Thais. *Monte Everest*. Disponível em: <http://www.infoescola.com/geografia/monte-everest/>. Acesso em: 23 abr. 2014.

Fonte: *Atlas geográfico escolar*. Rio de Janeiro: IBGE, 2009. p. 45 e 46.

Chapada
Elevação de topo plano, geralmente de grande extensão, que apresenta, nas bordas, declives bem acentuados, às vezes formando enormes paredões.

Planaltos

Os **planaltos** podem apresentar diferentes formas, como morros, serras ou elevações de topo plano (chapadas).

Parque Nacional da Serra da Canastra, em São Roque de Minas, Minas Gerais (2011). O rio que aparece na fotografia é o São Francisco.

Uma característica importante do planalto é o fato de ter passado por um intenso processo de erosão.

As bordas dos planaltos podem ser escarpadas (paredão abrupto) ou apresentar rampas suaves.

Depressões

As **depressões** são terras mais baixas em relação às formas de relevo que as circundam. Elas apresentam uma leve inclinação e são também caracterizadas por um processo de erosão, que é um aspecto determinante na sua formação.

Os materiais retirados das áreas de depressão são transportados pelas águas das chuvas, de córregos e de rios e levados para as planícies ou para os mares.

Quando as depressões se encontram abaixo do nível do mar, recebem o nome de depressões absolutas. O mar Morto, na Ásia, é um exemplo de depressão absoluta. Ele está 392 metros abaixo do nível do mar. Quando estão acima ou no nível do mar, são chamadas depressões relativas.

Trecho da depressão cuiabana visto a partir do Parque Nacional da Chapada dos Guimarães, no Mato Grosso (2011).

Planícies

As **planícies** são superfícies planas, basicamente formadas por rochas sedimentares, pois nessas áreas predomina o processo de deposição de materiais (sedimentos).

Em geral, essa forma de relevo é encontrada ao longo dos grandes rios e nas proximidades de lagos e mares, onde é mais intenso o trabalho de deposição do material erodido pelos agentes modificadores do relevo (água, vento).

Vista aérea da planície do Pantanal, Mato Grosso do Sul (2009).

- Converse com seus colegas e com o professor: a atividade criatória — criação de gado bovino — pode adaptar-se bem nesse tipo de relevo? Explique.

MAIS INFORMAÇÃO

O relevo submarino

Assim como a superfície dos continentes apresenta áreas mais altas ou mais baixas, também na parte da crosta terrestre coberta pelas águas marinhas vamos encontrar cadeias de montanhas, depressões (fossas) e outras formas de relevo.

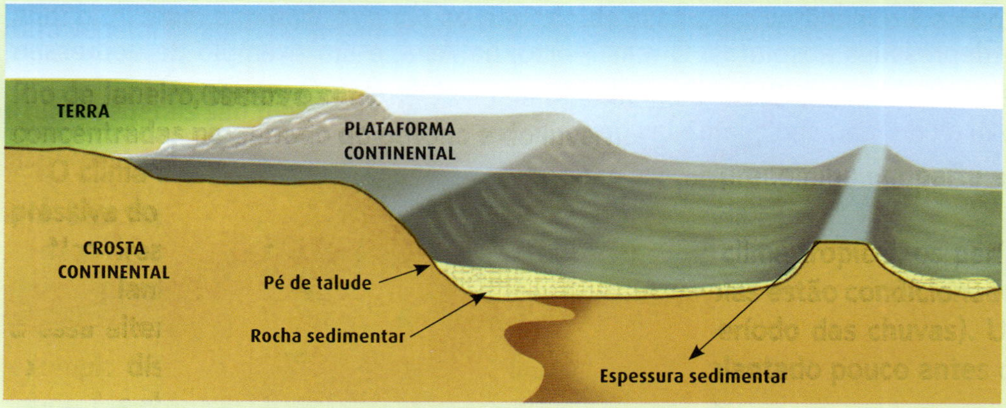

A primeira porção do relevo submarino — a **plataforma continental** — tem grande importância econômica porque proporciona boas condições ao desenvolvimento da atividade pesqueira. Além disso, em alguns países, entre eles o Brasil, a maior parte aproveitada do petróleo é retirada da plataforma continental.

A partir de 200 metros de profundidade, aproximadamente, até quase 4 mil metros, temos o **talude continental**; depois dele, vem a parte mais profunda do relevo submarino. O aspecto dessa última parte do relevo submarino é bastante irregular, graças à presença de **fossas abissais** e extensas **cadeias** ou **cordilheiras submarinas**.

A Mesoatlântica é um dos principais exemplos de cordilheira submarina. Ela se apresenta em forma de um grande S no oceano Atlântico, estendendo-se no sentido norte-sul.

As ilhas são irregularidades do relevo oceânico, que se elevam acima do nível das águas (terras emersas). Podem ser classificadas em:

- costeiras: quando se localizam próximo aos continentes. Às vezes, essas ilhas estão separadas dos continentes por canais pouco profundos. Alguns exemplos desse tipo de ilha são as Britânicas, na Europa; Sri Lanka, na Ásia; Madagáscar, na África; e as ilhas de Marajó e Florianópolis, no Brasil.
- oceânicas: quando se situam mais distante da costa litorânea. Os arquipélagos de Fernando de Noronha, do Havaí, do Taiti e de Samoa são exemplos de ilhas oceânicas. Há também ilhas em trechos de águas continentais, como a ilha do Bananal, no rio Araguaia.

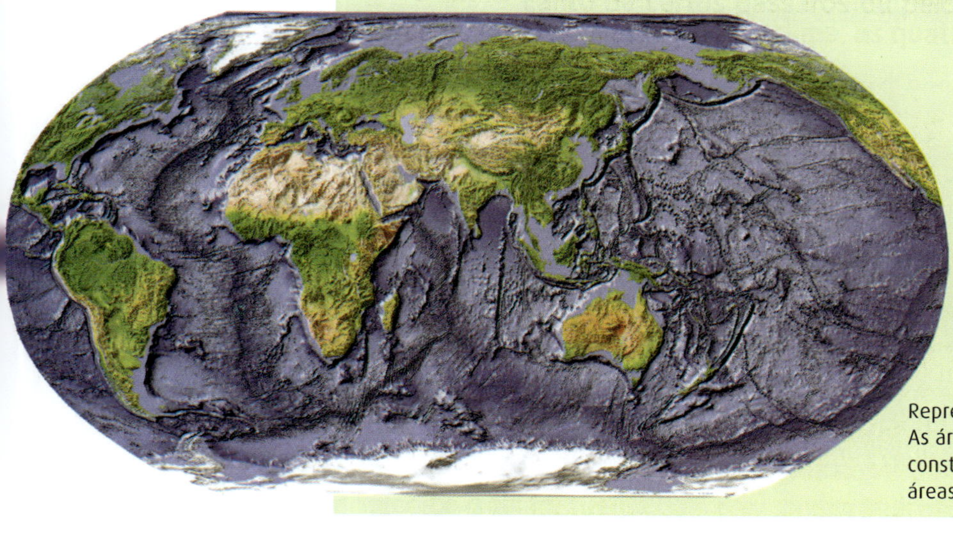

Representação do relevo submarino.
As áreas entre as porções emersas dos continentes constituem as dorsais oceânicas (cordilheiras). São áreas de contato entre placas tectônicas.

Forças ou agentes modificadores do relevo

Ao observarmos uma paisagem, temos a impressão de que o seu relevo sempre foi assim. Na verdade, a superfície terrestre sofreu grandes alterações ao longo do tempo. Essas alterações são consequências da ação de forças ou agentes internos e externos.

Os agentes internos

Os **agentes internos** têm origem no interior da Terra. O vulcanismo, o tectonismo e os abalos sísmicos são exemplos de agentes internos.

O **vulcanismo** é a atividade pela qual lavas, cinzas, gases e outros materiais vindos do manto atingem a superfície através de fendas ou aberturas da crosta terrestre.

- Quais os riscos de viver próximo a vulcões? Será que existem somente desvantagens?

O vulcão Puyehue, no Chile, após 50 anos sem atividade intensa, em junho de 2011 entrou em erupção. Sua fumaça espalhou-se por seis países da América do Sul e suas cinzas por 100 km. Fotografia de 2011.

A acumulação e a consolidação da lava expelida pelos vulcões podem dar origem a montanhas e ilhas.

O vulcanismo pode provocar grandes desastres, principalmente quando acontece em lugares bastante povoados. Em 1883, o vulcão Kracatoa, situado na ilha de Java, na Indonésia (sudeste asiático), entrou em erupção e produziu uma explosão ouvida a milhares de quilômetros de distância. Essa explosão provocou forte agitação nas águas marítimas, formando ondas que causaram a morte de 36 mil pessoas nas ilhas próximas.

Em 1985, o vulcão Nevado del Ruiz, situado na Colômbia, entrou em erupção e causou a morte de aproximadamente 23 mil pessoas em consequência de uma avalanche provocada pelo derretimento da neve do vulcão após a erupção. Outro vulcão da Colômbia, o Nevado del Huila, um dos mais altos do país, voltou a entrar em atividade no início de 2007, mantendo a população em estado de alerta.

Apesar de sua força destruidora, os vulcões também sempre foram admirados pelos seres humanos por sua beleza. Além disso, o vulcanismo proporciona solos férteis e energia geotérmica (proveniente do interior da Terra).

Círculo de Fogo do Pacífico

Fonte: TEIXEIRA, Wilson e outros. *Decifrando a Terra*. São Paulo: Editora Companhia Nacional, 2009. p.104.

A maioria dos vulcões se localiza no encontro das placas tectônicas, com exceção dos havaianos. No oceano Pacífico, existe um alinhamento de vulcões chamado de Círculo de Fogo.

Há vulcões mais ativos que outros. Alguns estão em estado de permanente erupção, como o Stromboli, perto da Sicília, na Itália, e o Izalco, em El Salvador. O Stromboli era utilizado pelos gregos da Antiguidade como farol para a navegação.

No Brasil, atualmente, não há nenhum vulcão ativo. Segundo os cientistas, suas atividades se encerraram porque as rochas que formam o substrato da crosta, da superfície terrestre, esfriaram e a erosão causada pelas chuvas, pelos ventos e pelo gelo desgastou as montanhas. Os extintos vulcões brasileiros são identificados pelo estudo de rochas e de fósseis que ficaram preservados.

Tectonismo é o fenômeno provocado pelas pressões que as camadas interiores do globo exercem lentamente, ao longo de milhares de anos, na crosta terrestre. Ao atingir camadas rochosas mais maleáveis, essas pressões levaram à formação dos dobramentos. No caso de estruturas rochosas mais duras, deram origem às fraturas ou falhas.

Dobramentos

Fonte: SUERTEGARAY, Dirce Maria A. (Org.). *Terra – feições ilustradas*. Porto Alegre: UFRGS, 2003. p. 59.

Falha

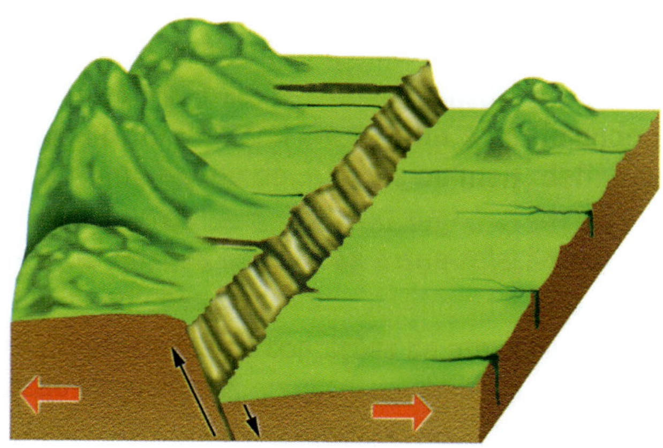

Fonte: SUERTEGARAY, Dirce Maria A. (Org.). *Terra – feições ilustradas*. Porto Alegre: UFRGS, 2003. p. 60.

Rochas mostrando dobramentos em Montana, Estados Unidos (2010).

Os **abalos sísmicos**, conforme você estudou no capítulo 7, são vibrações de camadas da crosta terrestre que têm origem no interior da Terra. Sua ocorrência é repentina e de curta duração. Quando se manifestam na superfície dos continentes, são chamados de terremotos. Se ocorrem no fundo dos oceanos, recebem o nome de maremotos.

Em dezembro de 2004, ocorreu no oceano Índico, a noroeste da ilha de Sumatra (Indonésia), um forte maremoto que provocou a formação de grandes ondas, chamadas *tsunami*, que atingiram 13 países da Ásia e da África, matando cerca de 280 mil pessoas. Essa foi uma das maiores catástrofes de origem geológica já registradas.

Em março de 2011, um *tsunami* atingiu a costa nordeste do Japão, após um terremoto de magnitude de 8,9 na escala Richter. O tremor foi o sétimo pior da história, segundo o Serviço Geológico dos EUA (USGS), e também o pior já registrado na história do Japão, causando milhares de mortes, destruindo cidades e afetando o complexo da usina nuclear de Fukushima.

Tsunami

Onda gigante gerada por distúrbios sísmicos que possui um enorme poder destrutivo quando chega à região costeira. A palavra vem do japonês *tsu* (porto, ancoradouro) e *nami* (onda, mar).

Escala Richter

Escala que mede a força e a intensidade de destruição de um terremoto; vai de 0 a 9 pontos.

Estragos provocados pelo *tsunami* ocorrido em Fukushima, Japão (2011).

A intensidade dos abalos é variável. Para medi-la são empregados aparelhos chamados **sismógrafos**.

Conforme você estudou no capítulo 7, as ondas sísmicas partem em todas as direções de um ponto chamado foco. O ponto situado na superfície exatamente acima do foco é chamado de **epicentro**.

A avaliação da extensão e da gravidade de um terremoto depende não somente da sua magnitude, mas também da densidade populacional da área afetada, do tipo e da qualidade das construções, do período do dia em que ele ocorre e da maneira como a sociedade está preparada para esse tipo de situação.

Em 1964, por exemplo, um terremoto de magnitude 8,5 na escala Richter atingiu o Alasca, nos Estados Unidos. Como nas cidades atingidas não havia edifícios altos e a densidade populacional na região era extremamente baixa, o número de mortos não passou de 100.

Em 1988, um terremoto de magnitude 6,9 na escala Richter ocorreu na Armênia. Destruiu inteiramente a cidade de Spitak e danificou seriamente a cidade de Gumayri, provocando a morte de 25 mil pessoas. Um ano depois, outro terremoto de magnitude 6,9 causou a morte de 62 pessoas em São Francisco, no estado da Califórnia, Estados Unidos. Embora tivessem a mesma magnitude, o número de estragos e mortes que os dois terremotos provocaram foi bem diferente.

A densidade populacional de São Francisco é superior à do lugar em que ocorreu o terremoto na Armênia. Entretanto, o tipo e a qualidade das construções, apropriados para suportar tremores, bem como o preparo da sociedade para essa situação foram fatores que contribuíram para que um número extremamente reduzido de pessoas fosse vitimado, em comparação ao número de vítimas na Armênia.

O Japão, apesar de ter sofrido com o *tsunami* de 2011, é um país cada vez mais bem preparado para enfrentar sismos. Isso decorre do nível de desenvolvimento do país, de suas condições econômicas, que possibilitam investimentos em pesquisas no setor de construção civil, no treinamento da população, nos equipamentos para previsão de tremores, na formação de cientistas e outras ações. A Califórnia, nos Estados Unidos, também desenvolveu condições tecnológicas para enfrentar terremotos.

Porto Príncipe, capital do Haiti, país mais pobre da América, após terremoto ocorrido em 12 de janeiro de 2010. Dois anos depois da tragédia que matou mais de 200 mil pessoas, o Palácio Presidencial e incontáveis residências ainda estavam em ruínas.

- Responda.

1. Vulcanismo, tectonismo e abalos sísmicos são agentes internos que modificam o relevo. Cite as consequências e alguns dos casos recentes divulgados na mídia.
2. O número de mortes e a quantidade de estragos causados por um terremoto podem estar relacionados ao nível de desenvolvimento do país em que ele ocorreu? Explique.

MAIS INFORMAÇÃO

Terremotos no Brasil

Embora modesta, a atividade sísmica no Brasil não é desprezível. Cerca de noventa abalos são registrados todos os anos em nosso território e já ocorreram vários tremores com magnitude acima de 5,0 na escala Richter, causando danos materiais e transtornos à população. O mais intenso já registrado — 6,6 pontos — aconteceu no município de Porto dos Gaúchos (MT), em 31 de janeiro de 1955. Nessa mesma região, foram sentidos abalos de 5,2 pontos em 1998 e de 5,5 pontos em 2005. Também em 2005, um tremor de 4,4 pontos atingiu o município de São Gabriel da Cachoeira, no norte do Amazonas.

O Nordeste é uma das regiões que mais preocupam os cientistas. Um evento que se tornou um marco na história da sismologia brasileira foi a série de abalos — chamada de enxame sísmico, por suas atividades persistentes — que atingiu o município de João Câmara, no Rio Grande do Norte. O abalo mais intenso chegou a 5,1 pontos, derrubando 4 mil imóveis em 1986, e foi sentido até em Natal, capital do estado, a quase cem quilômetros de distância. Alguns anos antes, em 1980, já havia ocorrido um terremoto na região de Pacajus, no Ceará, de magnitude 5,2 na escala Richter. Em 2103, tremores de terra abalaram cidades do Rio Grande do Norte, principalmente no município de Pedra Preta, a 120 km de Natal.

A atividade sísmica no Brasil é bem menor que em outros locais porque o país está sobre uma grande e única placa tectônica, apenas com pequenas rachaduras.

No entanto, além das causas naturais, os tremores podem ser induzidos pela ação humana, como a construção de reservatórios de água. Em alguns estados brasileiros também são sentidos reflexos de terremotos com epicentro em outros países da América Latina.

Epicentros de sismos ocorridos no Brasil de 1767 a 2006 com magnitude maior que 3

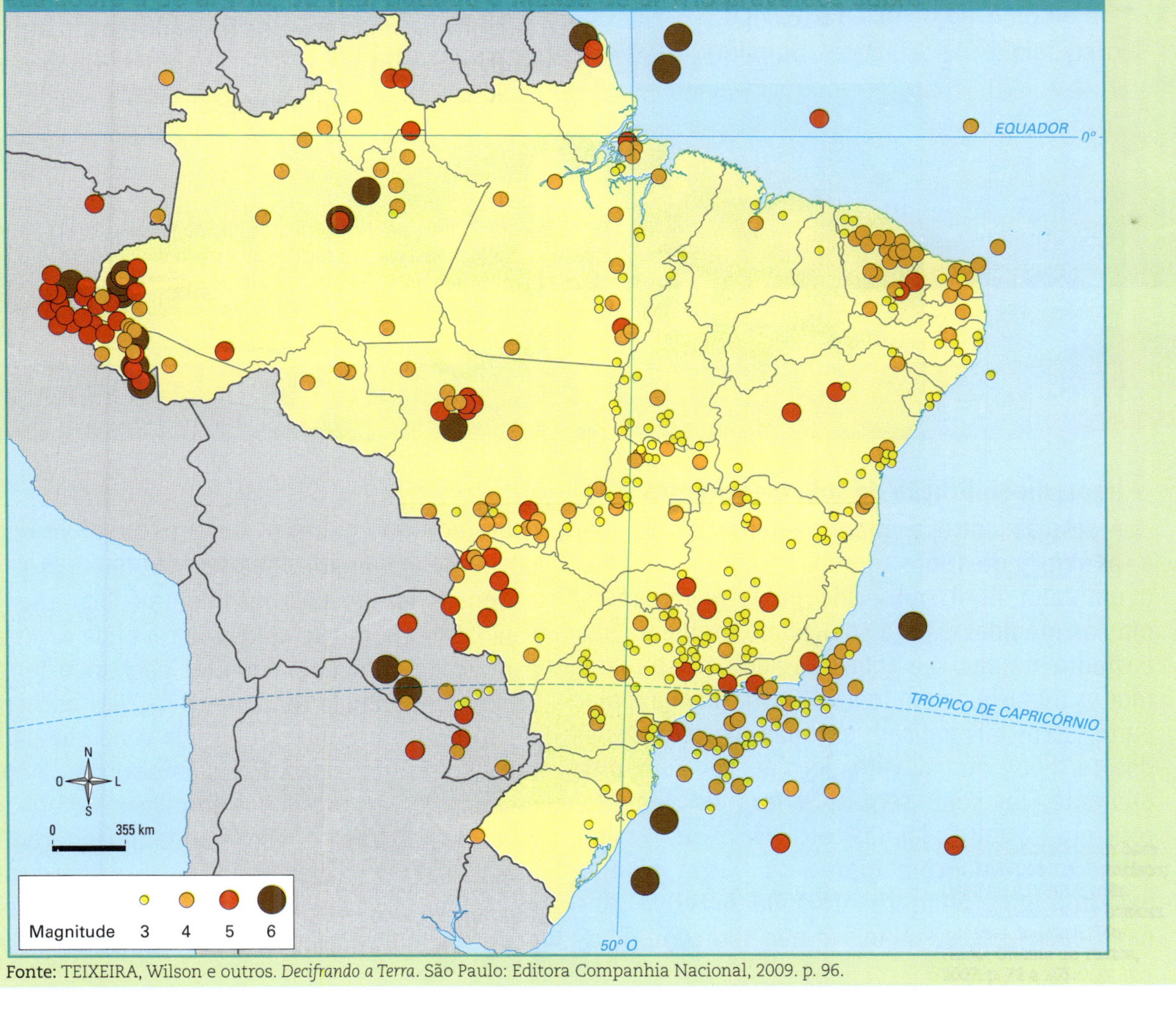

Fonte: TEIXEIRA, Wilson e outros. *Decifrando a Terra*. São Paulo: Editora Companhia Nacional, 2009. p. 96.

Os agentes externos

Os **agentes externos** mais importantes são a **água**, o **vento** e as transformações provocadas pelos **seres humanos**.

A ação da água e do vento é realizada em três etapas: desgaste (erosão), transporte e deposição.

A ação da água

As águas das chuvas

As águas das chuvas (pluviais) que caem sobre a superfície terrestre evaporam-se, infiltram-se no solo (terrenos permeáveis) ou simplesmente escoam.

Se a área for relativamente plana, parte da água da chuva cai e escoa sobre o terreno suavemente. Em regiões mais acidentadas, podem-se formar enxurradas.

Nesses casos, especialmente se não houver cobertura vegetal, que tem a função de amenizar a força do impacto da água da chuva servindo como "capa protetora", a água corre com velocidade e força suficientes para, em seu caminho, carregar pedaços de rochas e outros minerais, causando grandes estragos, entre eles o deslizamento de terra sobre áreas habitadas.

Nas grandes cidades brasileiras, esses danos são frequentes, sobretudo onde a vegetação das encostas de morros é derrubada para dar lugar a habitações. Como você conversou na seção **Para contextualizar** deste capítulo, nos terrenos de encostas, a água atua de modo mais intenso, pois sua velocidade é maior, caso não haja cobertura vegetal.

Deslizamento de terra em Nova Friburgo, Rio de Janeiro (2011). As fortes chuvas que atingiram a região serrana do estado do Rio de Janeiro no início de 2011 provocaram deslizamentos, com mais de 900 mortes.

PARA COMPREENDER Texto

Impermeabilização do solo e enchentes

A relação entre a impermeabilização do solo e as enchentes nos grandes centros urbanos é um fator bem conhecido pelos governantes, mas as medidas para a solução do problema são bastante tímidas. Leis sobre o assunto existem em muitos municípios em todo o Brasil. Em sua maior parte, essas leis indicam parcelas (porcentagens) dos terrenos que devem permanecer com piso drenante, ou seja, sem cobertura de cimento, concreto, asfalto, lajotas etc. Deve-se, assim, cobrir o terreno com grama ou outras plantas para permitir a infiltração da água da chuva. Mas nas cidades essas leis quase não são cumpridas, sobretudo nas grandes, onde os problemas com enchentes também costumam ser maiores.

Com uma alta taxa de impermeabilização, São Paulo é um bom exemplo de local onde o cimento e o asfalto vêm (literalmente) ganhando terreno. Assim, a metrópole continua vítima das enchentes, muito embora tenham retificado e aprofundado a calha do rio Tietê, feito dúzias de piscinões, limpado dezenas de vezes centenas de milhares de bueiros. Parte do problema é resultado da urbanização que invadiu várzeas, enxugou mangues, cimentou quintais, multiplicou o lixo que acaba nos córregos. Outra parte pode ser resultado das mudanças climáticas.

Em todo o país, o avanço da urbanização nas proximidades de rios agrava a situação com as inundações causadas pelo transbordamento das águas. Nessas áreas, chamadas de planícies de inundação, os desmatamentos aumentam o escoamento superficial e aceleram o processo de perda de solo, resultando no assoreamento dos rios.

No Rio de Janeiro e em outras cidades, onde muitos morros foram desmatados, ocorrem perigosos desabamentos de terra durante as chuvas fortes.

Em todas as áreas urbanas brasileiras, esses problemas costumam afetar com maior frequência as populações mais pobres. Sem opções, por conta da baixa renda e da falta de políticas de habitação adequadas, essas pessoas acabam vivendo em condições precárias — construções irregulares e sem saneamento básico, como água encanada, esgoto e coleta de lixo — nas planícies de inundação ou nas encostas dos desabamentos.

Área sujeita a inundação

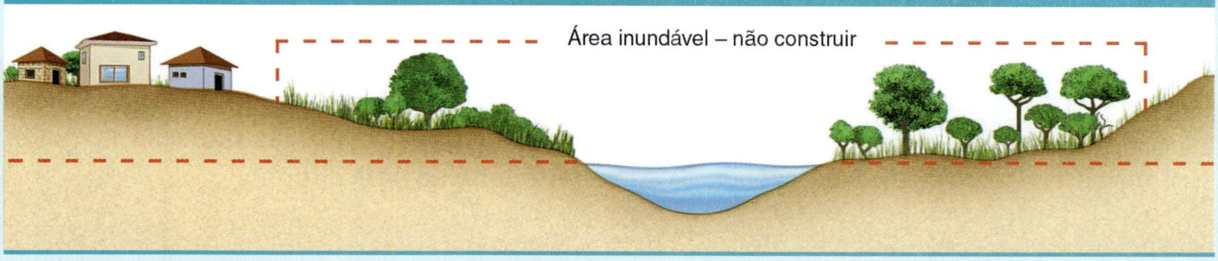

Exemplos de ocupação em encostas

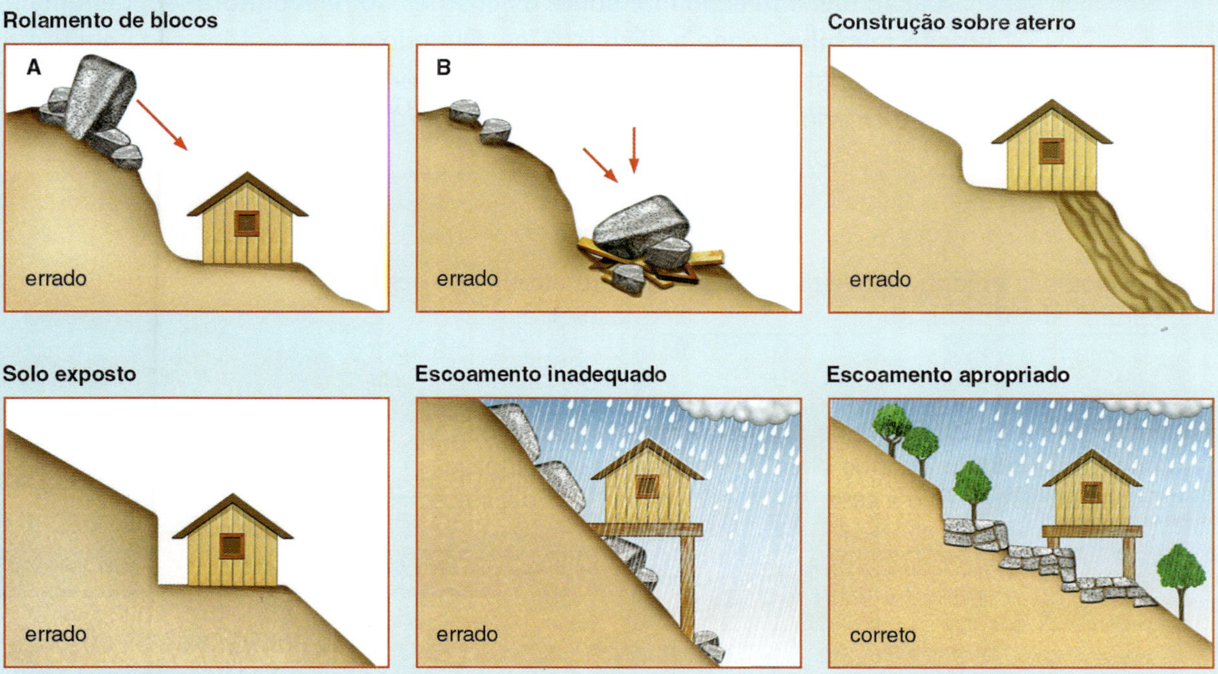

Fonte para as ilustrações: KOBIYAMA, Masato; e outros. *Prevenção de desastres naturais*: conceitos básicos. Curitiba: Organic Trading, 2006. p. 50 e 55.

■ Com base no texto e nas imagens, responda.

1. Quais as principais causas das enchentes?
2. Qual a importância de preservar as áreas verdes para que elas evitem as enchentes?
3. No município em que você mora, há locais em que ocorrem enchentes? Quais as causas? O que tem sido feito para solucionar esse problema?

Rio Piracicaba, em Piracicaba, São Paulo (2009).

Os rios

O trabalho de desgaste das águas dos rios sobre a superfície recebe o nome de **erosão fluvial**.

Por meio da erosão, o espaço do leito do rio é ampliado e formam-se suas vertentes (encostas ou margens), que delimitam o trecho por onde ele corre, ao qual se dá o nome de vale.

A rapidez com que um rio amplia seu leito depende do volume de água que ele apresenta, da forma do relevo e da natureza das rochas por onde ele corre.

Ao passar por terrenos pouco inclinados, quando a força das águas diminui, o material desagregado pelas águas dos rios (aluvião) acumula-se ao longo das margens (curso médio e inferior), principalmente no período das cheias, podendo dar origem às planícies.

As planícies que resultam da acumulação de detritos transportados pelas águas dos rios recebem o nome de planícies aluviais. Elas são ricas em material orgânico, favorecendo o desenvolvimento da agricultura.

As águas do mar

O choque constante das águas marinhas com o continente contribui para modificar o relevo litorâneo.

A ação das águas do mar sobre os costões do relevo litorâneo, denominada **erosão marinha**, tende a desgastá-los. Quando esses costões são constituídos de rochas cristalinas (magmáticas ou metamórficas), formam-se as falésias. Se forem formados por rochas sedimentares, surgem as barreiras.

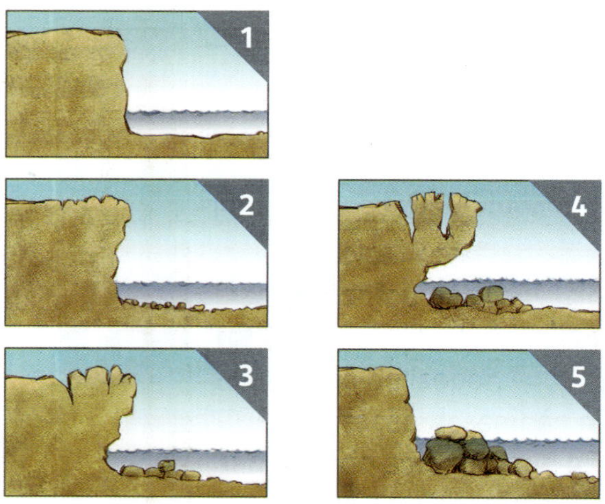

Falésia na praia do Morro Branco, em Beberibe, Ceará (2008).

Nas costas altas e baixas, as águas do mar realizam também um trabalho de acumulação: as ondas que batem continuamente nas áreas baixas depositam nesses lugares areia e outros materiais, como restos de animais marinhos, resultando também na formação das praias.

As geleiras

Os movimentos ou as alternâncias do gelo e o derretimento das geleiras também contribuem para o desgaste do relevo. Ao se deslocarem agindo sobre a crosta terrestre as geleiras causam um tipo de erosão denominada **erosão glaciária**.

A ação dos ventos

Os ventos produzem modificações no relevo por meio da **erosão eólica**. O vento, ao lançar pequenas partículas de rochas contra outras rochas, pode provocar um lento desgaste por meio do atrito.

O material desagregado pela ação do vento pode também ser transportado e depositado em outros locais, dando origem às **dunas**, montes de areia que se formam tanto no litoral como no continente, em áreas desérticas e semidesérticas.

Forma de relevo resultante da ação do vento e da água, em Ponta Grossa, Paraná (2008).

Dunas litorâneas são as que se formam nos litorais baixos, onde, além da abundância de areia, sopram ventos regulares. Elas podem se formar naturalmente ou quando o movimento dos ventos, que transportam os materiais suspensos no ar, é impedido por rochas ou vegetais.

Em função da intensidade do vento, os materiais das dunas podem ser deslocados formando novas dunas, que avançam até sobre as áreas habitadas ou cultivadas, chegando a cobrir totalmente casas e plantações.

A ação dos seres humanos

Vimos, no início do capítulo, que os seres humanos também são agentes modificadores do relevo. Eles interferem na dinâmica da natureza, construindo estradas, túneis, viadutos, pavimentando ruas e avenidas e também extraindo riquezas naturais. As formas de relevo são modificadas, então, num processo mais acelerado.

Pôlderes na Holanda (2011).

Os holandeses, por exemplo, aumentaram a área de seu país conquistando grandes porções do mar por meio de aterros. Os terrenos que resultaram da ampliação do território holandês são chamados pôlderes. Neles, os habitantes plantam cereais, legumes e flores. Para proteger esses terrenos e, de modo mais geral, a área do país da invasão do mar, foram construídos extensos diques marítimos.

Aterro do Flamengo, no Rio de Janeiro, Rio de Janeiro (2009).

O aterro do Flamengo, na cidade do Rio de Janeiro, é outro exemplo da ação do homem sobre o relevo. Por meio do aterro de uma parte do mar, aumentou-se a área disponível para construções.

Na cidade de Tóquio, capital do Japão, em razão do grande número de habitantes, que já não cabem em seu território, resolveu-se aterrar um terço da baía.

Antes de realizar modificações no relevo, é necessário um estudo, do qual participem órgãos do governo, universidades, organizações não governamentais, entre outros, para avaliar as consequências ambientais e sociais das modificações.

Dique marítimo
Obstáculo construído para tentar conter as águas do mar. Pode ser de terra, rochas ou concreto.

Atividades

RETOME SEUS CONHECIMENTOS

1. O que é relevo?
2. Elabore legendas com as formas de relevo representadas na ilustração.

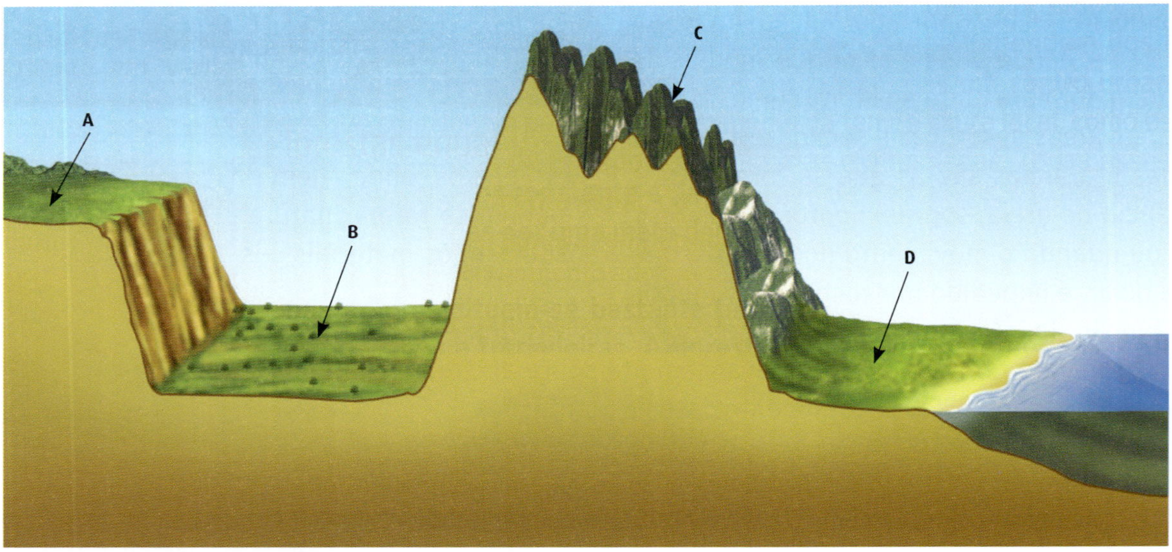

Ilustração elaborada para fins didáticos.

3. Quais são os agentes externos modificadores do relevo?

EXERCITE SEUS CONHECIMENTOS

4. Observe a imagem e responda.

Cartão-postal retratando o rio Tietê no início do século XX.

Vista aérea de trecho do rio Tietê no início do século XXI.

Quais as principais mudanças ocorridas no rio Tietê, em São Paulo, SP?

LIVRO

Três dias descobrindo a Terra e o amor

Cláudio Scliar.
São Paulo: Formato, 2004.

Nas aulas de Geografia, Luís, personagem deste livro, acompanha o desenvolvimento das ideias a respeito da Terra, estuda as características desse planeta e adquire noções sobre geologia e os recursos minerais do Brasil.

FILMES

Viagem ao centro da Terra: o filme

Direção: Eric Brevig.
EUA, 2008.

Trevor Anderson é um cientista cujas teorias não são bem recebidas pela comunidade científica. Decidido a descobrir o que aconteceu com seu irmão desaparecido, ele parte para a Islândia com seu sobrinho e uma guia. Durante a expedição de busca pelo irmão, eles acabam presos em uma caverna e, na tentativa de deixar o local, alcançam o centro da Terra. Lá eles se defrontam com um mundo exótico e desconhecido.

Terra: um planeta fascinante

Discovery Channel, 2006.

O vídeo trata da história geológica da Terra. Nele pode ser observada a rocha mais antiga já descoberta e também como a África e a América se separaram milhões de anos atrás. Além disso, podem ser vistos os efeitos de terremotos e de um vulcão em erupção.

Terremotos e colisões cósmicas: o Homem e a Ciência contra o inevitável

Discovery Channel, 2006.

Neste vídeo as pessoas fazem uma viagem a uma das mais ameaçadas cidades do mundo: Tóquio – uma metrópole construída junto a uma das mais perigosas zonas de risco de terremotos. Pode-se observar também como é o trabalho dos cientistas e engenheiros que tentam prever os abalos e os projetos de construções inteligentes para minimizar as consequências dos abalos para a população.

Tudo sobre vulcões

Discovery Channel, 2002.

O vídeo mostra como a Terra pode estar à beira de uma série de erupções vulcânicas devastadoras. Mostra também as consequências sociais e econômicas dessas erupções, alterando a vida das pessoas que moram em áreas de risco. Podem ser vistos também pesquisadores entrando no coração de alguns dos mais espetaculares vulcões em busca de soluções para tentar prevenir catástrofes.

SITE

Serviço Geológico do Brasil

<http://www.cprm.gov.br>.

O *site* do Serviço Geológico do Brasil (CPRM) traz muitas informações sobre os mais diversos aspectos da geologia geral e da geologia do Brasil.

PROJETO ESPECIAL

O relevo do meu estado

Observe com atenção as fotografias e o mapa.

Chapada Diamantina, em Lençóis (2009).

Vale do rio São Francisco, em Sobradinho (2008).

Ilha de Tinharé, município de Cairu (2009).

Arquipélago de Abrolhos (2008).

Bahia – Altitudes (hipsometria)

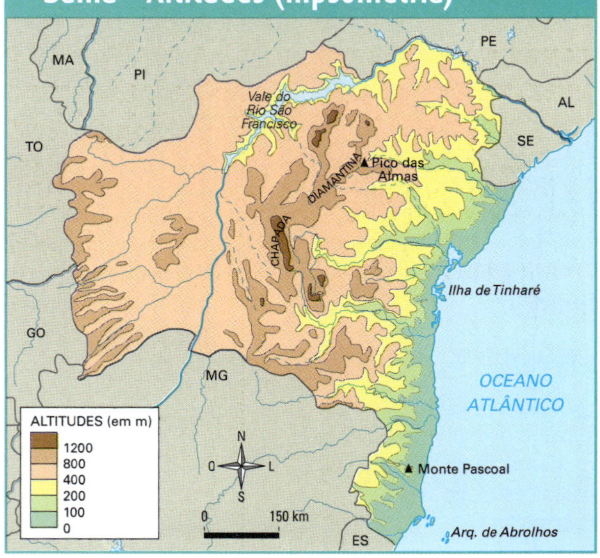

Fonte: ÍSOLA, Leda; CALDINI, Vera. *Atlas geográfico Saraiva*. São Paulo: Saraiva, 2005. p. 37 (adaptado).

ATIVIDADES

1. As paisagens retratadas nas fotografias da página anterior são de qual estado brasileiro?

2. Observe o mapa de altitudes (hipsometria) do estado da Bahia e responda: as menores altitudes estão no litoral ou no interior do continente?

3. Observe a fotografia da Chapada Diamantina e procure sua localização no mapa hipsométrico da Bahia. Após análise, podemos afirmar que a altitude da Chapada Diamantina varia em quantos metros?

Pico das Almas (2010).

4. Observe as fotografias desta página e o mapa hipsométrico da Bahia e responda às questões a seguir. Você pode fazer uma pesquisa em livros, revistas ou na internet.
   a) Qual é a altitude do pico das Almas? Ele faz parte de qual chapada?
   b) Qual é a altitude do monte Pascoal? Cite a importância histórica desse monte.
   c) Qual é a média de altitude em torno do pico das Almas e do monte Pascal?

Monte Pascoal (2009).

5. Em grupos, procurem em um atlas um mapa hipsométrico do Brasil, ou seja, que mostra variações de altitude (os mapas físicos contêm essa informação).

   Lembrem-se de que em um atlas há muitos tipos de mapas e informações. Por isso, para localizar com mais facilidade o mapa hipsométrico, procurem no sumário o número da página em que ele está.

   Anotem em uma folha à parte:
   a) o ponto que apresenta a maior altitude.
   b) a área que apresenta as menores altitudes.
   c) os nomes dos picos e das serras.
   d) outras formas de relevo que podem ser encontradas.

6. Agora, no mapa hipsométrico do Brasil, localizem o estado em que vocês moram. Pesquisem em livros, revistas e na internet imagens que retratem as principais formas de relevo que existem nele. Organizem um painel com essas imagens. Não se esqueçam de acrescentar legendas explicativas com informações sobre os locais pesquisados.

Atmosfera, clima e vegetação

Piranhas, Alagoas (2008).

Cambará do Sul, Rio Grande do Sul (2011).

UNIDADE IV

B

Barcelos, Amazonas (2011).

Nas unidades anteriores, você conheceu e analisou algumas características, processos e fenômenos naturais do planeta Terra e suas alterações pela ação dos seres humanos no decorrer do tempo.

Nesta unidade, você irá conhecer outras importantes características do nosso planeta: a atmosfera que nos envolve, os tipos de clima e as coberturas vegetais que existem nele.

O clima é um dos fatores importantes para a prática de diversas atividades econômicas, como a agricultura. A cobertura vegetal original de uma região, por sua vez, é influenciada pelas condições climáticas e adapta-se a elas.

- Que tipos de clima e de vegetação podem ser percebidos nas imagens A, B e C?

Agora vamos estudar as condições atmosféricas, o tempo e o clima e os principais tipos de vegetação que existem na superfície terrestre e como esses fatores influenciam nossas vidas.

9 Atmosfera, tempo e clima

PARA CONTEXTUALIZAR

Observe as imagens e leia o texto.

"Tudo indica que teremos chuva, meu calo está doendo."

Disponível em: <www.cartuns.com.br/page10.html>. Acesso em: 17 out. 2011.

Imagem do satélite *GOES-12* de meteorologia, do dia 12 de janeiro de 2012.

A previsão do tempo hoje é feita pela meteorologia, ciência que estuda a atmosfera terrestre e de outros planetas. Por meio da análise de imagens feitas por satélites, os meteorologistas preveem o tempo com vários dias de antecedência.

Mas nem sempre foi assim. Antigamente, acreditava-se que o tempo era controlado por deuses, sendo imprevisível e relacionado a bons ou maus comportamentos humanos.

Ainda hoje, alguns moradores de áreas rurais ou comunidades indígenas dizem saber se fará tempo bom ou não, de acordo com o canto de certos pássaros ou pelo aspecto do céu no final da tarde ou logo pela manhã.

ATIVIDADES

Converse com seus colegas e com seu professor.

1. As imagens de um mesmo ponto, feitas por satélite, como a que você vê acima, serão sempre iguais ou variam de tempos em tempos? Justifique sua resposta.
2. O que a imagem está demonstrando?
3. Em sua opinião, qual a importância da previsão do tempo?
4. Você já ouviu algum relato de pessoas que acreditam em superstições para as alterações do tempo, como mostra o cartum?

A atmosfera

A **atmosfera** corresponde a uma camada gasosa (sem cheiro, sem cor e sem gosto) que envolve e acompanha a Terra em seus movimentos no espaço sideral. Ela pode ser comparada a uma capa que protege nosso planeta do choque com corpos celestes, filtra os raios solares e retém parte do calor absorvido pelo planeta, fazendo com que as temperaturas na superfície terrestre sejam favoráveis ao desenvolvimento das diversas formas de vida.

O processo de formação da atmosfera está relacionado ao da formação do planeta. Portanto, assim como a Terra, a atmosfera apresentou variações no decorrer do tempo. Antes do aparecimento da espécie humana, essas variações eram causadas por **fatores naturais**, como o vulcanismo, e mais recentemente passaram a ser influenciadas pelas **ações dos seres humanos** (ação antrópica).

As camadas da atmosfera

Para melhor estudar a atmosfera, os cientistas costumam dividi-la em cinco camadas. Observe a figura.

- A **troposfera** vai da superfície da crosta e dos oceanos até aproximadamente 12 quilômetros de altitude. É nessa camada, com a qual o ser humano mantém contato direto, que ocorre a maior parte dos fenômenos atmosféricos, como o calor, os ventos e as chuvas.
- A **estratosfera** fica acima da troposfera e vai até aproximadamente 50 quilômetros de altitude. A camada de ozônio encontra-se entre 20 e 40 quilômetros.
- A **mesosfera** se estende de 50 a 80 quilômetros acima da superfície. A maioria dos meteoros se vaporiza nessa região. Sua fronteira com a termosfera é a parte mais fria da atmosfera.
- A **termosfera**, a camada mais extensa da atmosfera, vai de 80 quilômetros até aproximadamente 700 quilômetros da superfície. É nessa faixa ou camada que se encontram as nuvens noctilucentes, nuvens que brilham ao refletirem a luz do Sol, que as alcança nessa altitude.
- A **exosfera** é a última camada, na fronteira com o espaço sideral. Ela vai de 700 quilômetros de altitude até aproximadamente 1.000 quilômetros dependendo da atividade solar.

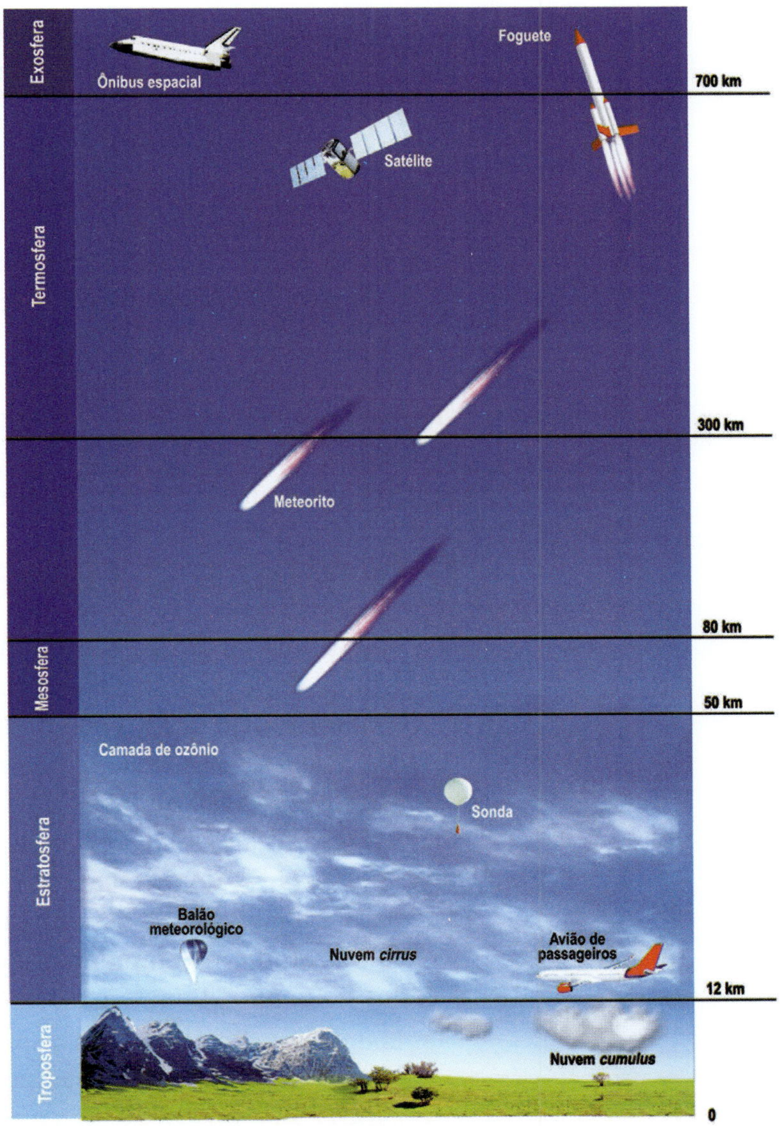

Fonte: ÍSOLA, Leda; CALDINI, Vera. *Atlas geográfico Saraiva*. São Paulo: Saraiva, 2009. p. 21. (adaptado).

O ar atmosférico

A atmosfera é constituída pelo ar atmosférico. O ar é composto de uma mistura de gases na qual predominam, ao nível do mar, o nitrogênio (78%) e o oxigênio (21%). Além desses dois gases, existem outros que entram na composição do ar atmosférico em menores quantidades conforme você pode observar no gráfico a seguir.

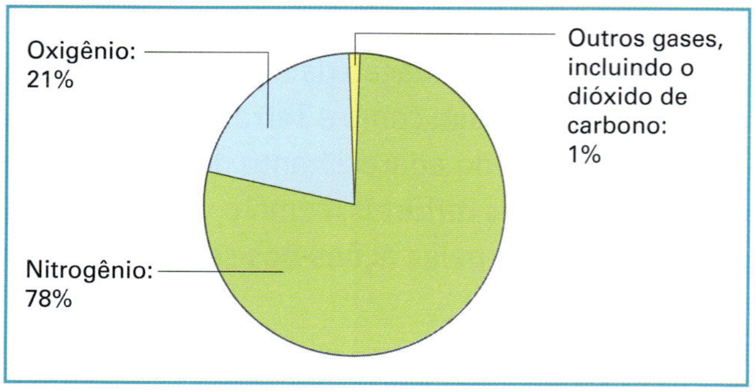

O gráfico mostra a quantidade relativa de diferentes gases no ar seco. Há também vapor de água na atmosfera, que forma de 1% a 4% do ar na superfície e cerca de 0,4% em todo o envoltório gasoso terrestre.

Fonte: TEIXEIRA, Wilson e outros. *Decifrando a Terra*. São Paulo: Nacional, 2009. p. 110.

O ar atmosférico também apresenta, em quantidades variáveis, vapor de água, cinzas, poeira e outros resíduos que são denominados aerossóis.

O vapor de água, o metano e o dióxido de carbono atuam como uma espécie de manta que retém o calor na atmosfera, o que se conhece como **efeito estufa natural**.

A maior parte dos raios solares que chegam à Terra consegue atingir a atmosfera e a superfície terrestre e é absorvida por elas. Aquecida, a superfície terrestre passa a irradiar energia na forma de calor. Parte dessa energia se perde; o restante é absorvido por certos gases da atmosfera (gases estufa, principalmente vapor de água, dióxido de carbono e metano). A energia absorvida é, então, irradiada de volta à superfície terrestre. A esse fenômeno chamamos efeito estufa natural. Se essa manta de gases não existisse, a Terra teria temperatura média de –18 °C. Graças a ela, a temperatura média do planeta é de aproximadamente 15 °C, o que permite a existência de vida na Terra.

O tempo e o clima

É muito comum as pessoas confundirem **tempo** e **clima**, mas é preciso compreender a diferença entre esses dois conceitos.

O **tempo** é o estado momentâneo da atmosfera em determinado lugar. Para caracterizar esse estado, consideram-se a temperatura, a ocorrência de chuvas, a umidade, a pressão atmosférica e o vento.

Observando as variações do tempo no decorrer de um dia e verificando a sucessão desses tipos de tempo por um período de 30 anos ou mais, define-se o **clima** predominante de determinado lugar.

Vamos estudar os **elementos** e os **fatores climáticos** e sua relação com os estados do tempo atmosférico e as condições do clima.

- **Elementos climáticos:** são as propriedades ou condições da atmosfera, como temperatura, umidade e pressão atmosférica.
- **Fatores climáticos:** são condições físicas ou geográficas, como latitude, altitude, maritimidade, continentalidade, vegetação e topografia, que influenciam nas características dos tipos de clima.

Elementos climáticos

A temperatura do ar atmosférico

Como você estudou, a superfície terrestre não recebe toda a energia enviada pelo Sol. Apenas parte dela, aproximadamente 43%, chega até a superfície, que a retém por certo tempo sob a forma de calor, liberando-a depois para a atmosfera.

A atmosfera é aquecida, portanto, em parte, pela radiação proveniente do Sol e pela radiação devolvida pela superfície.

Todos os dias são feitas diversas observações (registros) da temperatura. Somando essas observações e dividindo o total obtido pelo número delas, tem-se a **temperatura média diária**. Somando as temperaturas médias diárias e dividindo o total obtido pelo número de dias do mês, tem-se a temperatura média mensal. Somando as 12 temperaturas médias dos meses e dividindo o resultado por 12, tem-se a temperatura média anual.

Observe o esquema da absorção/reflexão dos raios solares que atingem a Terra.

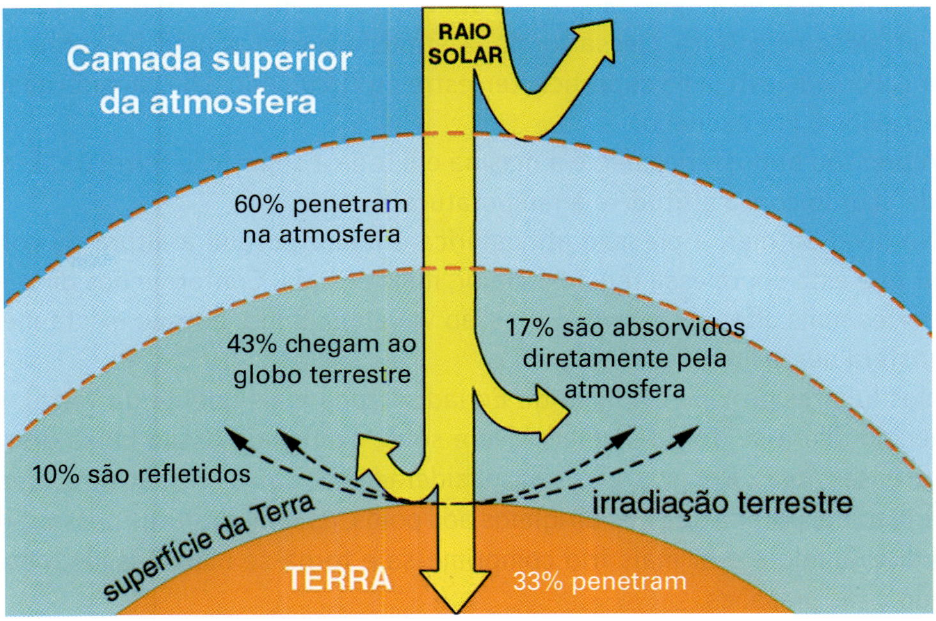

Os dados da ilustração apresentam porcentagens aproximadas do real.

Fonte: BUENO, José. *Clima e meio ambiente*. São Paulo: Atual, 1998. p. 13 (adaptado).

As temperaturas são registradas pelos termômetros ou termógrafos, e seus valores, expressos em graus. No Brasil, esses valores são mais comumente designados em graus **Celsius**, cujo símbolo é **°C**. Essa escala de temperatura foi criada pelo astrônomo sueco Andres Celsius e tem dois pontos importantes: o ponto de congelação (congelamento) da água, que corresponde ao valor zero, e o ponto de ebulição da água, que corresponde ao valor 100.

Existe também o **grau Fahrenheit** (**°F**), muito usado pelos países colonizados pelos britânicos. Essa outra escala foi criada por Daniel Gabriel Fahrenheit em 1724. Nela, o ponto de fusão da água é de 32 °F, e o ponto de ebulição, 212 °F.

As temperaturas sofrem variações de um lugar para outro principalmente por causa das diferenças da latitude (distância ou proximidade do Equador), da altitude e do aquecimento desigual das terras e das águas.

Pluviômetro.

A umidade do ar e as chuvas

Ao atingir as águas marinhas, os lagos, os rios e as florestas, os raios solares aceleram o fenômeno da evaporação.

Ao encontrar menores temperaturas, a água em suspensão na atmosfera, sob a forma de vapor, pode se condensar, isto é, passar do estado de vapor para o estado líquido, e formar as nuvens.

As nuvens são constituídas por milhões de gotículas de água em suspensão. Quando essas gotas se juntam, formam gotas maiores, que ficam mais pesadas e se precipitam sob a forma de chuva.

Quando a temperatura das nuvens está abaixo de –20 °C, há uma transformação do vapor de água em cristais de gelo muito pequenos, que se juntam e caem sob a forma de neve. Para medir a quantidade de chuva que cai em determinada área, usa-se um aparelho chamado **pluviômetro**.

A pressão atmosférica

Além da temperatura, outro importante fenômeno meteorológico é a **pressão atmosférica**.

As partículas de ar que compõem a atmosfera, assim como os demais corpos, são atraídas pela Terra. Dessa forma, a atmosfera exerce pressão sobre qualquer corpo que esteja na superfície terrestre ou circulando pela camada gasosa, como aviões, por exemplo.

A pressão atmosférica não é a mesma em toda a superfície terrestre. Ela varia de acordo com a altitude e a temperatura.

No nível do mar, a pressão atmosférica é maior porque a altura da coluna de ar que está sobre essa região é maior, mais pesada. Conforme nos dirigimos às partes mais altas do relevo, a pressão vai diminuindo, porque existe menos atmosfera nessas regiões.

Nos lugares próximos à linha do Equador (zona mais quente da Terra), o ar aquecido dilata-se, torna-se mais leve e sobe, exercendo assim baixa pressão sobre essas áreas. Por isso, elas são consideradas de baixa pressão atmosférica.

À medida, porém, que nos dirigimos aos polos, as temperaturas nessas áreas vão diminuindo e o ar mais frio comprime-se e torna-se mais pesado, ocasionando altas pressões.

Esquema de funcionamento da circulação atmosférica – vento

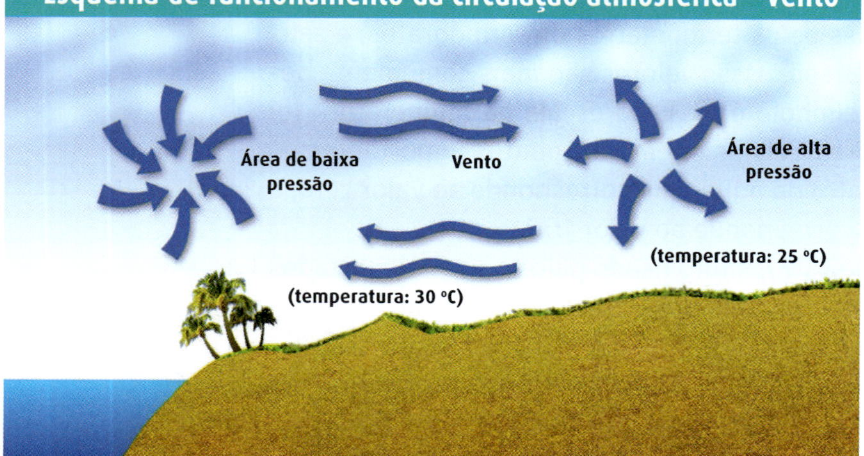

Das áreas de alta pressão, o ar mais pesado e frio vai para as de baixa pressão (quentes), deslocando-se próximo à superfície. Ao chegar às áreas de baixa pressão, ele se aquece, sobe e retorna para as áreas mais frias (agora circulando em altitudes elevadas).

Esse mecanismo determina o movimento do ar atmosférico, ao qual damos o nome de **vento**.

As massas de ar e as mudanças no estado do tempo

As **massas de ar** correspondem a grandes porções da atmosfera, em que as propriedades do ar, como a temperatura, a umidade e a pressão, são semelhantes.

Essas massas adquirem características próprias ao permanecerem durante determinado período sobre superfícies com condições de temperatura e umidade constantes, como um oceano tropical ou as regiões polares, que são consideradas as regiões onde se formam as massas de ar.

Existem dois tipos principais de massas de ar: as continentais e as oceânicas. Essas últimas são úmidas e as primeiras, secas, exceto as que se formam sobre grandes florestas equatoriais (do Congo, na África, e Amazônica, na América do Sul). Elas podem ser frias, quando se formam em porções de continentes ou oceanos que apresentam baixas temperaturas (frias); ou quentes, quando se formam em porções de continentes ou oceanos que apresentam altas temperaturas (quentes).

As massas de ar estão sempre se deslocando. Quando uma delas abandona a região onde se formou (nascente), leva consigo suas características climáticas (temperatura, pressão, umidade) aos lugares para onde se desloca.

Se a massa que está se movimentando encontra uma massa estacionada, ocorre um choque entre as duas. As zonas de encontro entre duas massas de ar chamam-se **frentes**. Uma frente pode ser quente, quando a massa de ar quente prevalece sobre a de ar frio, ou fria, quando a massa de ar frio prevalece sobre a de ar quente.

Frente fria

Frente quente

Fonte: elaborado com base em: MENDONÇA, Francisco; DANNI-OLIVEIRA, Inês. *Climatologia*: noções básicas e climas do Brasil. São Paulo: Oficina de Textos, 2007. p. 72 e 105.

Fatores climáticos

Variações das temperaturas conforme a latitude

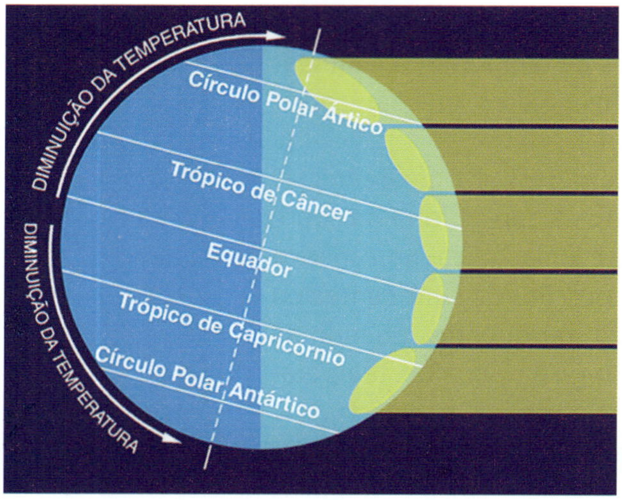

Esquema de distribuição dos raios solares na superfície terrestre, durante o período do verão, no hemisfério Norte.

Fonte: elaborado com base em: ABRIL COLEÇÕES. *Ciência e Natureza*. Tempo e Clima. Rio de Janeiro: Abril, 1996. p. 128.

Tendo por base a linha do Equador, conforme nos distanciamos dessa linha, a latitude vai aumentando e as temperaturas vão diminuindo.

Isso acontece porque, em razão da forma geoide da Terra, conforme você estudou no capítulo 4, os raios solares atingem a superfície terrestre de forma diferenciada. Observe a ilustração. A área da linha do Equador, atingida mais diretamente, recebe maior quantidade de calor.

À medida que se caminha em direção aos círculos polares, o aquecimento vai se tornando menor. Por causa da curvatura da Terra, essas regiões recebem os raios solares de maneira inclinada.

A influência da altitude sobre as temperaturas

A altitude também é um fator que provoca alteração nas temperaturas.

A temperatura diminui com o aumento da altitude. É por isso que lugares situados na zona intertropical da Terra, mas com altitudes superiores a 5 mil metros, por exemplo, permanecem cobertos de neve. Em média, a cada 200 metros de altitude a temperatura diminui 1 °C.

Maritimidade e continentalidade

Outro fator que condiciona a alteração das temperaturas na superfície terrestre é a desigualdade no aquecimento das terras e das águas.

Os continentes se aquecem e se resfriam mais rapidamente que os oceanos. Quando os continentes já estão liberando o calor recebido, os oceanos ainda estão se aquecendo, para depois liberar, por meio da irradiação, o calor recebido. Por causa dessa diferença de aquecimento entre as terras e as águas, ocorrem constantes trocas de ar quente e ar frio entre os continentes e os oceanos. Em razão desse fenômeno de troca de calor entre terras e águas, as regiões litorâneas apresentam menores variações de temperatura do que as regiões do interior dos continentes. A esse fator dá-se o nome de **maritimidade** e **continentalidade**.

Exemplo de variação de temperatura em diferentes altitudes.

Fonte: elaborado pelos autores.

PARA COMPREENDER **Gráfico**

Climogramas

Os **climogramas** são representações gráficas que mostram as características principais do clima de um local: as temperaturas médias e as quantidades de chuva (precipitação) — ou índices pluviométricos — mensais.

Observe o climograma.

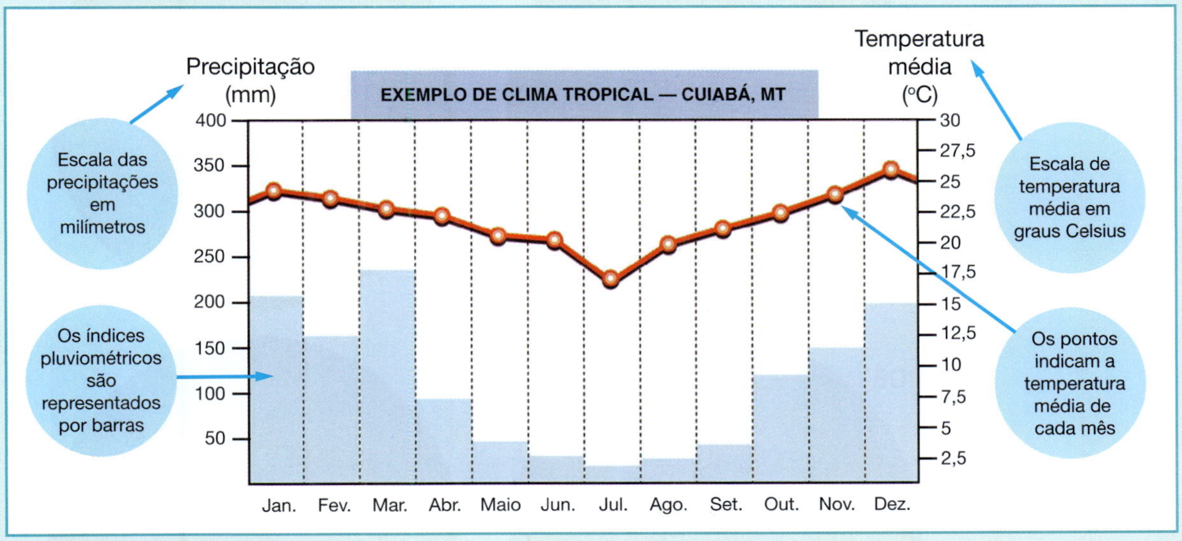

■ Responda às questões a seguir.

1. Em qual mês ocorre a maior temperatura? E a menor?
2. Indique os meses com a maior e com a menor precipitação.
3. O que acontece com as temperaturas e com as precipitações nos meses de verão? E do inverno?

Atmosfera e problemas ambientais

A ação dos seres humanos é uma das causas das variações na composição da atmosfera. Qualquer alteração em uma das camadas que constituem a atmosfera pode trazer consequências negativas para a vida na Terra, provocadas atualmente pelo inchaço cada vez maior das cidades, a emissão de gases e a extração intensa de recurso da natureza para alimentar um consumo desenfreado.

Vale ressaltar que as alterações na atmosfera afetam direta e indiretamente as áreas próximas ou mais afastadas de determinada área. Por exemplo, nos grandes centros urbanos os índices de poluição alteram as médias térmicas locais e, ao nos afastarmos da área urbana, esse efeito vai se dispersando.

Um exemplo do que vem acontecendo na estratosfera, e que preocupa toda a humanidade, é a redução da camada de ozônio. Na estratosfera, há uma camada formada pelo gás ozônio, que filtra os raios ultravioleta emitidos pelo Sol, nocivos aos seres vivos. Nos primeiros anos da década de 1980, foi descoberta sobre a Antártida, no polo Sul, uma redução na espessura dessa camada.

Além dessa área, existem outras em que a quantidade de ozônio também está diminuindo, como no Ártico. Ao atingir diretamente a superfície, os raios ultravioleta provocam vários tipos de doenças nos seres humanos, entre elas o câncer de pele, e afetam a vida das algas e de outras espécies que vivem nos oceanos.

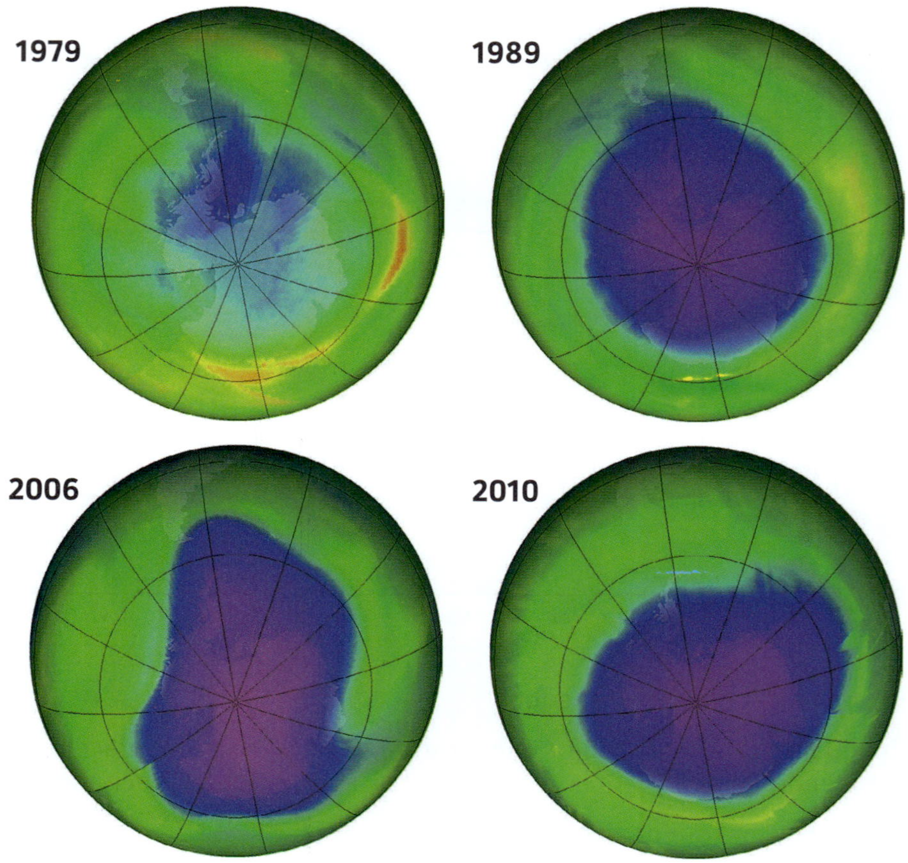

Essas imagens mostram o buraco na camada de ozônio sobre a Antártida nos dias em que ela se apresentou mais fina, em quatro anos diferentes. As áreas em roxo e azul-escuro representam espessura abaixo do normal.

O principal agente de destruição da camada de ozônio é um tipo de gás chamado fréon ou gás CFC (clorofluocarboneto), usado nas latas de aerossol (desodorantes e inseticidas), em aparelhos de ar-condicionado, em geladeiras e na fabricação de isopor.

A utilização desse gás não causa problemas em baixas altitudes nas proximidades do solo, porque não é tóxico. Porém, ao se deslocar para as camadas superiores da atmosfera, ele se decompõe e se mistura com outros gases, formando uma substância que aos poucos vai destruindo a camada de ozônio. Para tentar solucionar esse problema, governos de mais de sessenta países (entre eles o Brasil) assinaram, em 1987, um acordo, ratificado (confirmado) em 1990, com o objetivo de eliminar gradativamente a produção e a utilização de gás fréon nos aerossóis e em outros produtos de grande consumo.

Entretanto, mesmo que haja a interrupção da produção desse gás, cientistas acreditam que seja necessário quase um século para que a camada de ozônio se recupere totalmente, porque a quantidade de CFC concentrada na estratosfera decompõe-se muito lentamente.

O efeito estufa e o aumento da temperatura média na Terra

Você já estudou que a atmosfera é a camada gasosa que envolve e protege o nosso planeta. Aprendeu também que é o efeito estufa natural que possibilita a existência de vida na Terra.

Você já viu que o ar atmosférico é formado por nitrogênio, oxigênio e outros gases, entre eles o dióxido de carbono e o metano, gases do efeito estufa. Se a quantidade desses gases aumentar muito, as temperaturas sobem, causando um **aquecimento global**.

Desde o século XVIII, porém, quando se iniciou na Inglaterra a Revolução Industrial, a quantidade desses dois gases lançada na atmosfera vem aumentando a cada ano.

O aumento do lançamento de dióxido de carbono e de gás metano deve-se à queima de combustíveis fósseis, como o petróleo, o carvão mineral e o gás natural, e às queimadas praticadas nas florestas. O óxido nitroso é outro gás com alto potencial de aquecimento. Sua concentração na atmosfera aumentou 19% desde o início da era industrial.

O acúmulo cada vez maior desses gases na atmosfera intensifica o efeito estufa. Segundo cientistas, esse é um dos fatores que podem estar provocando alterações na temperatura média do planeta.

É importante ressaltar que o dióxido de carbono e outros gases já existem naturalmente na atmosfera. Eles são necessários para manter um nível de aquecimento na superfície terrestre que permita o desenvolvimento da vida e a manutenção do equilíbrio nos ecossistemas. Porém, o aumento da concentração desses gases na atmosfera, causado pelas atividades humanas, pode elevar o nível de aquecimento.

Fonte: elaborado com base no texto *O efeito estufa e a vida na Terra*. Disponível em: <http://www.ibge.gov.br/ibgeteen/mudancas/index.htm >. Acesso em: 14 dez. 2013.

O efeito desses gases em grande quantidade na atmosfera pode ser comparado ao aquecimento que ocorre no interior de um carro quando é deixado fechado sob o Sol. Assim como os vidros do carro deixam os raios solares entrarem, mas impedem a saída do calor, a alta concentração de dióxido de carbono e de gás metano na atmosfera permite que os raios do Sol cheguem à superfície da Terra, mas retém parte considerável do calor, que deveria ser devolvida ao espaço. Isso provoca aquecimento próximo à superfície do planeta.

Um aumento significativo da temperatura média global traria consequências negativas para o equilíbrio natural do planeta e, portanto, para a vida animal e vegetal. Haveria, por exemplo, o derretimento de parte do gelo dos polos, causando aumento no nível das águas oceânicas e inundações em áreas litorâneas. A produção agrícola também seria afetada com a alteração de temperatura.

O efeito estufa tem causado preocupação em boa parte da comunidade científica internacional. Também os representantes dos governos da maioria dos países têm se reunido para discutir o problema, cuja solução exige a diminuição do lançamento de gases na atmosfera.

Na ilustração da página anterior estão representados um centro urbano e os fatores que contribuem para o aumento médio da temperatura local, como os gases emitidos pelos meios de transportes, indústrias e queimadas. Todas essas ações contribuem para o aumento médio da temperatura local (escala local) ser maior, porém em uma escala regional a temperatura, ao longo dos tempos, também é afetada.

MAIS INFORMAÇÃO

Nível de gases do efeito estufa é recorde em 2010, diz ONU

"A quantidade de gases do efeito estufa alcançou um novo recorde em 2010 e aumentou mais rapidamente no ano passado [2010] do que na média das últimas décadas.

Os dados constam no boletim anual sobre gases do efeito estufa da Organização Meteorológica Mundial, agência da ONU, publicado nesta segunda-feira [21 de novembro de 2011].

A concentração dos gases do efeito estufa que permanecem por mais tempo na atmosfera — o dióxido de carbono, o metano e o óxido nitroso — se expandiu 39 vezes desde a época pré-industrial.

Houve uma alta de 39% de dióxido de carbono, 158% de metano e 20% de óxido nitroso, segundo o relatório da organização, divulgado em Genebra."

Disponível em: <http://www1.folha.uol.com.br/ambiente/1009625-nivel-de-gases-do-efeito-estufa-e-recorde-em-2010-diz-onu.shtml>. Acesso em: 23 abr. 2014.

Efeito estufa

7 Para o assunto ***Efeito estufa e aquecimento global***, acesse e explore este OED.

Protocolo de Kyoto

Para definir a diminuição de lançamento de gases do efeito estufa, algumas conferências passaram a ser realizadas entre o final do século XX e o início do XXI. Nesses encontros, foi discutida a elaboração de um texto definitivo para o **Protocolo de Kyoto**, assinado por 178 países em 1997. Esse protocolo é um tratado com metas para a redução da poluição. Um de seus capítulos previa que os países industrializados, entre 2008 e 2012, deveriam reduzir em 5,2% as emissões de gases do efeito estufa, em relação ao que lançavam na atmosfera em 1990. As metas do Protocolo de Kyoto foram criadas para expirar em 2012, ano em que decidiu-se prorrogá-lo até 2020, no entanto, sem a assinatura de Japão, Rússia, Canadá e Nova Zelândia.

Para que esse protocolo entrasse em vigor, ou seja, para que pudesse virar lei nos países, era necessário que ele fosse confirmado por determinado número de países industrializados, responsáveis por 55% das emissões de gases do efeito estufa. Entretanto, os Estados Unidos, responsáveis pela emissão de aproximadamente 30% do dióxido de carbono lançado na atmosfera, se recusaram, em março de 2001, a confirmar sua participação e não ratificaram o protocolo. Com isso, para que fosse atingida a meta de redução de 5,2%, era preciso que a Rússia o confirmasse, juntando-se a países europeus e ao Japão, entre outros, que já o haviam feito. Essa confirmação por parte da Rússia ocorreu somente em 2004, possibilitando que o protocolo entrasse em vigor em fevereiro de 2005 e se transformasse em acordo.

O aquecimento da Terra deve ser sentido de forma mais significativa e intensa pelo menos nos próximos 100 anos, com consequências sobre as diversas regiões do planeta e todos os seres vivos. Entre elas, inundações — especialmente em regiões costeiras —, secas mais prolongadas em alguns lugares, alterações nas características de coberturas vegetais, aumento de incêndios florestais, ampliação de doenças e aumento de tempestades, ciclones e furacões.

A chuva ácida

A chuva contém naturalmente certo grau de acidez. Entretanto, o lançamento de poluentes na atmosfera e sua interação com a luz solar e o vapor de água levam à formação dos ácidos sulfúrico e nítrico. Isso aumenta a acidez da chuva, pois esses ácidos são absorvidos pelas gotas de chuva e precipitam-se sobre o solo. Esse fenômeno é chamado de **chuva ácida**.

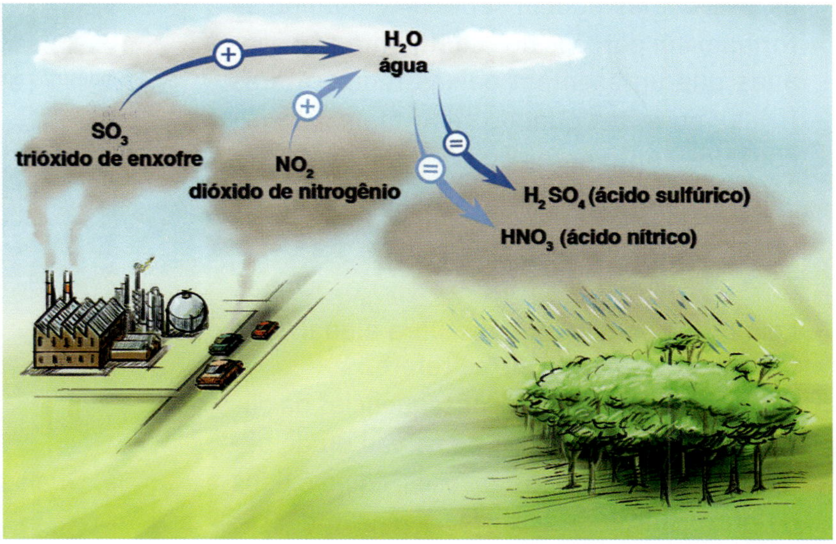

Fonte: elaborado pelos autores.

A poluição de fábricas e veículos reage com o vapor de água das nuvens para formar os ácidos.

Por causa do vento, a precipitação pode ocorrer a centenas de quilômetros do local em que os poluentes foram liberados. A maior parte desses gases poluentes é emitida nos centros urbanos, mas o vento transporta as nuvens de poluição para longe e ao entrar em contato com a chuva, afetam áreas de vegetação nativa e áreas agricultáveis.

A China, no seu processo de desenvolvimento econômico acelerado, por obter quase 60% de sua energia por meio da queima de carvão, é o país que apresenta a chuva ácida de forma mais intensa. Outros países atingidos por esse fenômeno são a Noruega e a Suécia, na Europa, e os Estados Unidos e o Canadá, na América do Norte.

As consequências da chuva ácida são poluição de lagos e rios, destruição de florestas, corrosão de construções e de veículos e diminuição da produção agrícola. Ela contribui também para o aparecimento de doenças respiratórias, como bronquite e asma.

Atividades

RETOME SEUS CONHECIMENTOS

1. Faça um esquema das camadas da atmosfera e dê as principais características de cada uma delas.
2. Qual a diferença entre tempo atmosférico e clima?
3. Reescreva e complete o texto abaixo com as seguintes palavras.

> quentes – oceânicas – massas de ar – continentais – frias

As ____ correspondem a grandes porções da atmosfera, em que as propriedades do ar, como a temperatura, a pressão e a umidade, são semelhantes.

Existem dois tipos principais: as ____ e as ____. Elas podem ser ____, quando se formam em porções dos continentes ou oceanos que apresentam baixas temperaturas (frias); ou ____ quando se formam em porções dos continentes ou oceanos que apresentam altas temperaturas (quentes).

EXERCITE SEUS CONHECIMENTOS

4. Leia o texto a seguir e descubra a qual problema ambiental ele se refere.

É uma das principais consequências da poluição do ar. As queimas de carvão ou de petróleo liberam resíduos gasosos, como óxidos de nitrogênio e de enxofre. A reação dessas substâncias com a água forma ácido nítrico e ácido sulfúrico, presentes nas precipitações, contaminando os solos e os leitos dos rios.

5. O quadro abaixo indica a latitude e a temperatura de algumas cidades brasileiras. Observe-o e explique a relação entre latitude e temperatura.

Cidade	Latitude	Temperatura média anual
Macapá	0°	26,9 °C
Vitória	20° S	25,4 °C
Florianópolis	27° S	20,8 °C
Porto Alegre	30° S	20,0 °C

6. Observe as fotografias e responda às questões a seguir.

Cidade de São Paulo, São Paulo (2010).

Indústrias em Rio Grande, Rio Grande do Sul (2011).

Avenida 23 de Maio, em São Paulo, São Paulo (2011).

a) Quais problemas elas retratam?

b) Quais medidas poderiam ser tomadas para solucionar ou amenizar esses problemas? Converse com seus colegas e com seu professor.

c) Que tipo de problema ambiental global é causado, entre outros fatores, pelo que você vê nas imagens?

7. De acordo com o que você aprendeu neste capítulo, identifique as consequências da intensificação do efeito estufa no lugar em que você vive. Depois, converse com seus colegas e com seu professor sobre quais soluções poderiam ser adotadas por vocês e pela população local para enfrentar esses problemas.

10 Tipos de clima

PARA CONTEXTUALIZAR

Em julho de 2010, os termômetros chegaram aos 40 °C em cinco cidades italianas.

Observe a fotografia e leia sua legenda.

Hemisfério Norte enfrenta onda de calor

"Crianças tentam amenizar o calor em uma fonte na Piazza del Popolo, praça no centro de Roma, capital da Itália; hemisfério Norte tem as temperaturas mais altas dos últimos anos. Fotografia de julho de 2010."

Disponível em: <http://noticias.r7.com/internacional/fotos/hemisferio-norte-enfrenta-onda-de-calor-20100707-3.html#fotos>. Acesso em: 23 abr. 2014.

ATIVIDADES

Converse com seus colegas e com seu professor.

1. Que tipo de informação a legenda da fotografia traz em relação às temperaturas em Roma?
2. Além das crianças, na sua opinião, quem mais sofre com as fortes ondas de calor que vêm ocorrendo no hemisfério Norte?
3. Onde você vive chega a fazer calor intenso como o que você constatou pelas informações desta página?

Mudanças climáticas

Os climas, assim como outros aspectos naturais, se alteraram ao longo da história do nosso planeta. Essas transformações são resultado da dinâmica da natureza terrestre e, de modo geral, ocorrem ao longo de milhares ou milhões de anos.

Na primeira década do século XXI, tornou-se frequente a divulgação de relatórios científicos sobre mudanças climáticas na Terra. É possível que as características dos tipos climáticos venham a ser alteradas em função das atividades humanas?

Se as afirmações dos cientistas forem precisas e se as mudanças nos padrões de temperatura e de chuvas se processarem em toda a Terra, ocorrerão mudanças nas características dos climas em cada região do globo.

No entanto, como visto anteriormente, vale ressaltar que a definição dos padrões climáticos de uma região se faz com base em observações ao longo de 20 a 35 anos. Segundo a Organização Mundial Meteorológica (OMM), deve-se considerar a sucessão habitual dos tipos de tempo durante, pelo menos, trinta anos para se estabelecerem as características do clima de uma região. Não se deve esquecer, entretanto, dos diversos fatores que fazem existir microclimas, ou seja, aumento das temperaturas médias nos centros urbanos devido à presença de veículos, indústrias etc., afetando diretamente o local e, com o passar do tempo, ultrapassando os limites regionais e influenciando áreas de longo alcance.

Preocupados com as alterações climáticas, governos, cientistas e especialmente climatologistas vêm se reunindo para melhor compreender as mudanças que vêm ocorrendo no clima. Com esse objetivo, a ONU criou, em 1988, o IPCC (Intergovernmental Panel on Climate Change ou Painel Intergovernamental sobre Mudanças Climáticas), que já produziu vários relatórios sobre o aquecimento global e as mudanças climáticas desde 1990.

Na reunião do IPCC, em dezembro de 2010, foi criado um Fundo Verde para permitir que os países em desenvolvimento recebam recursos das nações desenvolvidas e com eles desenvolvam tecnologias que possibilitem reduzir a emissão de gases-estufa. Na reunião, também ficou estabelecido um mecanismo denominado Redução de Emissões por Desmatamento e Degradação Florestal (REDD, do inglês Reducing Emissions from Deforestation and Forest Degradation), bastante relevante para países com extensas florestas, como o Brasil. Por meio dele pode haver compensação financeira para quem mantiver suas matas.

Tipos de clima

Você estudou no capítulo anterior que as temperaturas variam principalmente em função da latitude, da altitude e do desigual aquecimento das terras e das águas. Conheceu também o mecanismo das chuvas, além dos comportamentos das massas de ar. Como a combinação dos elementos temperatura, chuva, massas de ar com os fatores latitude, altitude varia de lugar para lugar, vamos encontrar diferentes tipos de clima na superfície da Terra.

Os tipos climáticos que existem nas diversas regiões da Terra são determinados pela diferença de quantidade de calor recebida do Sol e pelos fatores climáticos, vistos no capítulo anterior, como a altitude, latitude, maritimidade e continentalidade, alterações provocadas pelos seres humanos etc.

Vamos conhecer as características atuais dos principais tipos climáticos do mundo. Para isso, vamos observar o mapa-múndi de climas.

Planisfério – Climas

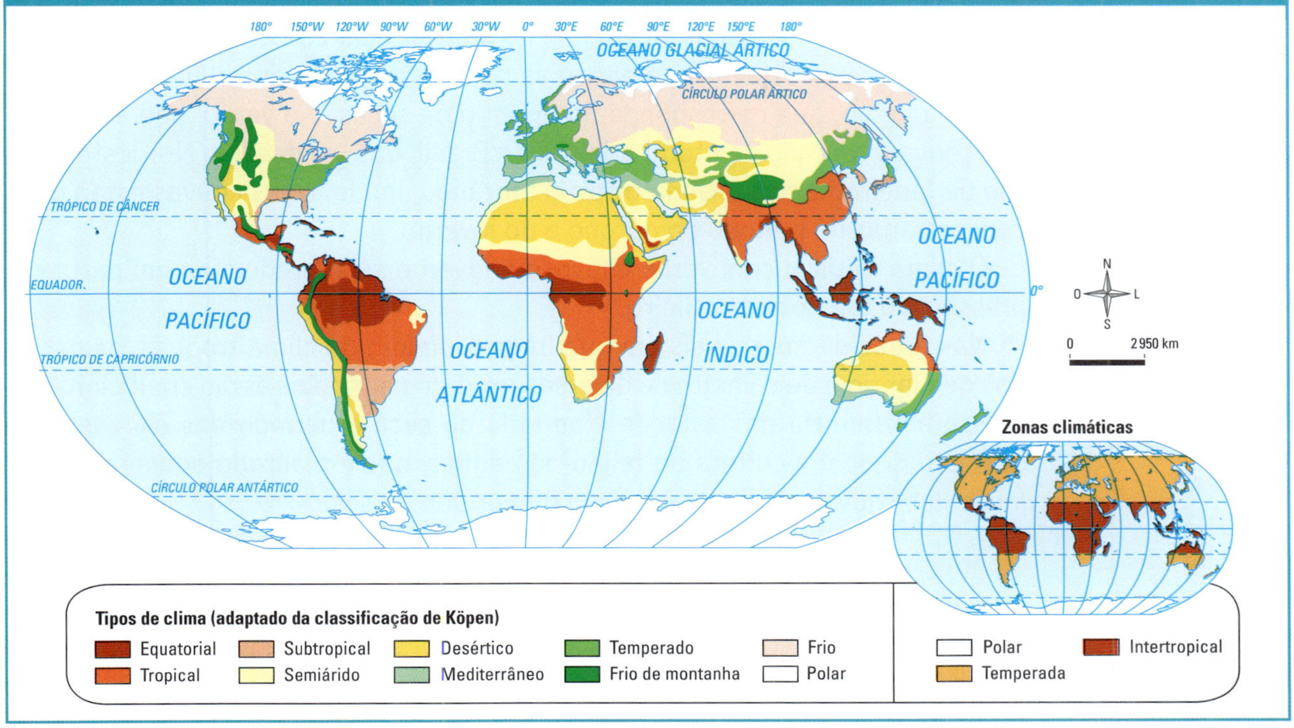

Fonte: *Atlas geográfico escolar*. Rio de Janeiro: IBGE, 2009. p. 58 (adaptado).

- Responda.

1. Qual a principal informação apresentada no mapa?
2. Quais tipos de clima ocorrem no Brasil? Qual o clima que predomina no Brasil?
3. Quais tipos de clima abrangem maiores extensões da superfície terrestre?

O clima equatorial

O **clima equatorial** é encontrado em áreas situadas nas proximidades da linha do Equador, onde os raios solares atingem o planeta com maior intensidade, provocando mais evaporação e, consequentemente, aumentando a quantidade de chuvas. Nas áreas ou nas regiões dominadas por esse tipo de clima, as temperaturas mantêm-se elevadas (25 °C em média) durante todo o ano e as chuvas são abundantes (em média, mais de 2.000 mm).

Na maior parte do Brasil, convivemos com climas quentes. No norte do país, próximo à linha do Equador, há uma extensa área dominada pelo clima equatorial, quente e úmido o ano todo.

Floresta Equatorial do Congo (2008).

O clima tropical

As vastas áreas do globo situadas próximo dos trópicos são marcadas pelo **clima tropical**. Esse tipo de clima apresenta temperaturas médias elevadas (média anual acima de 20 °C) e precipitação pluviométrica menor que a do clima equatorial (média anual de 1.000 mm no interior e de 2.000 mm no litoral).

Nele, há duas estações demarcadas pela distribuição das chuvas durante o ano: o inverno, que corresponde ao período de secas, e o verão, que é a época das chuvas. No caso do litoral oriental do Brasil, que vai desde o Nordeste até o Rio de Janeiro, temos o clima tropical litorâneo úmido, cujas chuvas estão mais concentradas no período do outono e do inverno.

O clima tropical com verão chuvoso e inverno seco predomina em parte expressiva do território brasileiro.

Nas áreas de nosso país em que há predomínio de clima tropical, os períodos de plantio e de colheita de diversos produtos agrícolas estão condicionados a essa alternância das estações (período da seca e período das chuvas). Um exemplo disso é a cultura do feijão-das-águas, que é plantado pouco antes do início das chuvas e colhido no início do período da seca.

Serra do Mar, no estado de São Paulo, onde predomina o clima tropical de altitude (2008).

Em terrenos que apresentam maiores altitudes, as temperaturas diminuem (a cada 200 metros, aproximadamente, a temperatura diminui por volta de 1 °C) e as chuvas são mais bem distribuídas durante o ano. Esse fenômeno dá origem a um subtipo climático chamado tropical de altitude, que abrange parte do território brasileiro, marcado pela presença de serras e planaltos.

O clima temperado

O **clima temperado** ocorre em áreas situadas entre os dois trópicos e os dois círculos polares. Nesse tipo de clima, as quatro estações do ano apresentam-se bem demarcadas.

Suas temperaturas médias anuais variam entre 8 °C e 13 °C, e as chuvas são mais regulares, variando entre 2.000 mm (no litoral) e 600 mm (no interior dos continentes).

O clima temperado, aliado a certos tipos de solo, é bastante favorável ao cultivo de cereais, como o trigo, o centeio e a cevada.

Esse tipo de clima subdivide-se em **oceânico** e **continental**.

- O clima temperado oceânico (influenciado pelas massas de ar oceânicas) ocorre nas áreas próximas aos mares e oceanos e apresenta verões e invernos brandos.
- O clima temperado continental, que ocorre no interior dos continentes, caracteriza-se por altas temperaturas no verão e invernos rigorosos, com a presença mais frequente de neve, comparando-se com o oceânico.

Nestas fotografias podemos observar o Central Park, em Nova York, Estados Unidos, no inverno e no verão.

Em Nova York ocorre o clima temperado. Fotografias de 2009.

O clima subtropical

O **clima subtropical**, intermediário entre o tropical e o temperado, apresenta temperaturas anuais médias entre 15 °C e 20 °C. Ele se caracteriza por verões quentes. Em alguns meses do ano, no inverno, as temperaturas mínimas são inferiores a 10 °C.

As chuvas ocorrem tanto no inverno como no verão. A pluviosidade varia entre 1.000 mm e 1.500 mm por ano.

Mata de Araucária em São Joaquim, Santa Catarina, onde ocorre o clima subtropical (2009).

O clima frio

Nas regiões próximas dos círculos polares ou em altitudes elevadas, predomina o **clima frio**, em que as temperaturas são baixas.

Nas áreas marcadas pelo clima frio, as temperaturas médias no decorrer dos meses estão sempre abaixo dos 10 °C, sendo que no inverno são sempre inferiores a 0 °C. A precipitação atmosférica ocorre principalmente sob a forma de neve, que é constante durante todo o inverno.

As atividades desenvolvidas pelas pessoas que habitam essas áreas ficam extremamente limitadas nos períodos do outono e do inverno, em função da intensa queda de neve.

Bedfords Park, em Romford, Reino Unido (2009).

Nunavut, Canadá (2008).

O clima polar

Um tipo de clima muito rigoroso, que abrange as regiões da Terra bem próximas dos polos, é o **clima polar**.

Dentre as regiões onde predomina esse clima, o norte da América do Norte, da Europa e da Ásia apresentam, no mês mais quente, temperaturas médias mensais um pouco superiores a 0 °C. Na Groenlândia e na Antártida, praticamente durante todo o ano, as temperaturas são inferiores a 0 °C.

Nas regiões polares, no verão, o Sol nunca se põe e, no inverno, temos a longa noite polar, em que o Sol nunca aparece.

O clima desértico

O **clima desértico** abrange grandes extensões da superfície terrestre, principalmente na África e na Ásia. É caracterizado por precipitações inferiores a 200 mm por ano e mal distribuídas.

Alguns dos desertos mais conhecidos, como o Saara e o Kalahari, na África, o do Colorado e o do México, na América do Norte, o da Arábia, na Ásia, e o da Austrália são quentes, com temperaturas máximas de 50 °C durante o dia.

Nos desertos quentes, as atividades econômicas são praticadas em áreas mais restritas, que apresentam maior umidade — os oásis —, ou em trechos cuja paisagem foi alterada pela ação humana, por meio da construção de sistemas de irrigação, formando áreas de agricultura irrigada. Um exemplo disso são as áreas agrícolas do deserto de Negev, em Israel. No vale do Nilo, rio que atravessa um trecho do deserto do Saara, também são desenvolvidas atividades econômicas, principalmente a agricultura.

Agricultura no deserto de Negev, em Israel (2011).

Deserto da Patagônia, na Argentina (2010).

Existem, no entanto, áreas desérticas que apresentam temperaturas baixas nos meses de inverno, podendo atingir 0 °C em média. São os desertos frios, como o de Gobi, localizado entre o sul da Mongólia e no norte da China, no centro da Ásia, e o da Patagônia, no sul da América do Sul. A baixa temperatura é decorrência da latitude (acima dos 45°) e da altitude em que se encontram.

O clima semiárido

O **clima semiárido** apresenta índice um pouco mais elevado de precipitação (entre 250 e 700 mm por ano) do que o clima desértico. Suas temperaturas médias são superiores a 28 °C, como o interior do Nordeste brasileiro, onde as chuvas são irregulares.

Plantações irrigadas às margens do rio São Francisco entre Juazeiro e Sobradinho, Bahia (2010).

Clima local

Os seres humanos vêm provocando alterações na composição da atmosfera, que, por sua vez, vêm afetando, entre outros aspectos, os padrões de temperatura em todo o globo. Há também alterações nas condições do clima em trechos restritos da superfície terrestre, como, nas grandes cidades, onde existem muito asfalto, concreto e poucas áreas verdes; em locais que tiveram suas florestas derrubadas; onde há intensa poluição atmosférica; ou onde se formaram grandes represas (lagos artificiais).

Em virtude das modificações na paisagem natural, nessas áreas ocorreram alterações na quantidade de chuvas e no comportamento da temperatura. Isso fez surgir o que os estudiosos denominam **clima local**.

São Paulo é um exemplo de cidade onde as transformações na paisagem natural foram tão acentuadas que se pode falar na existência de um clima diferente do tipo climático predominante na região.

Nas grandes cidades, a concentração de concreto e asfalto faz com que ocorra maior absorção de calor, provocando elevação das temperaturas. Em consequência, ocorre maior evaporação, que resulta na elevação dos índices pluviométricos.

PARA COMPREENDER Texto e mapas

Leia o texto e observe os mapas.

Os fenômenos climáticos El Niño e La Niña

El Niño

Como vimos anteriormente, há um inter-relacionamento entre as "esferas" da Terra (litosfera, hidrosfera e atmosfera). O fenômeno El Niño ("O Menino", em espanhol) e suas consequências são um exemplo do inter-relacionamento entre hidrosfera e atmosfera. O nome El Niño refere-se ao Menino Jesus, pois pescadores sul-americanos percebiam que esse aquecimento ocorria perto do Natal.

O El Niño é caracterizado pelo aquecimento das águas do oceano Pacífico na região do Equador, nas proximidades da costa oeste da América do Sul. Isso altera o comportamento dos ventos em grandes extensões da atmosfera. As principais consequências do El Niño são:

- secas no Nordeste brasileiro, no centro da África, na Indonésia e no norte da Austrália;
- aumento das chuvas no sudeste da América do Sul, na Califórnia e no sudeste dos Estados Unidos;
- uma série de tempestades tropicais no oceano Pacífico;
- alteração da vida marinha em praticamente toda a costa oeste do continente americano.

Acreditava-se que o fenômeno ocorresse em intervalos de sete anos, entretanto, dados mais recentes mostram que ele não possui uma periodicidade regular: entre 1990 e 1994, ocorreu todos os anos. Em 1997 e 1998, voltou a se manifestar de forma bastante intensa, como já havia ocorrido em 1982 e 1983.

Efeitos do El Niño no mundo

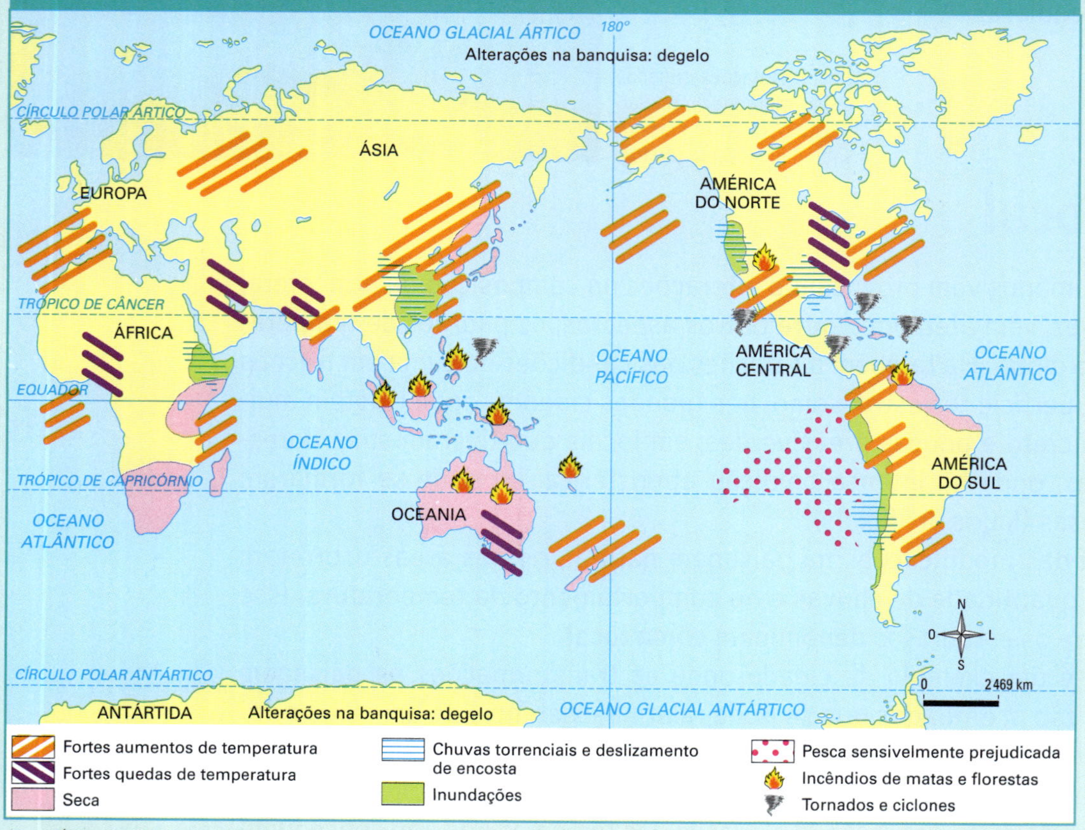

Fonte: ÍSOLA, Leda; CALDINI, Vera. *Atlas geográfico Saraiva*. São Paulo: Saraiva, 2009. p. 175.

No entanto, se a sociedade for informada com antecedência sobre a ocorrência do fenômeno — o que é possível com o uso de modernos equipamentos de meteorologia —, poderá tomar certas precauções para amenizar seus efeitos. No campo, por exemplo, os agricultores podem antecipar ou adiar períodos de plantio e de colheita ou mesmo substituir os tipos de vegetais que costumam cultivar.

O El Niño de 1997-1998 provocou um deslocamento de quase 10 milhões de pessoas pelos seus efeitos desastrosos e causou uma epidemia de malária em várias partes do mundo.

La Niña

O fenômeno La Niña ("A Menina", em espanhol) é caracterizado por um esfriamento das águas do Pacífico, na mesma região em que o El Niño se manifesta.

Os impactos do La Niña ainda não foram determinados com exatidão, mas sabe se que esse fenômeno também altera o comportamento dos ventos e as condições climáticas em algumas regiões da Terra. Contudo, segundo o Centro de Previsão de Tempo e Estudos Climáticos do Inpe, o La Niña não causa grandes perturbações como o El Niño.

No caso do Brasil, a atuação do La Niña acarreta chuvas mais intensas na região Norte e em parte do Nordeste, temperaturas mais baixas no Sudeste e chuvas menos intensas na região Sul no período do inverno.

Efeitos do La Niña no mundo

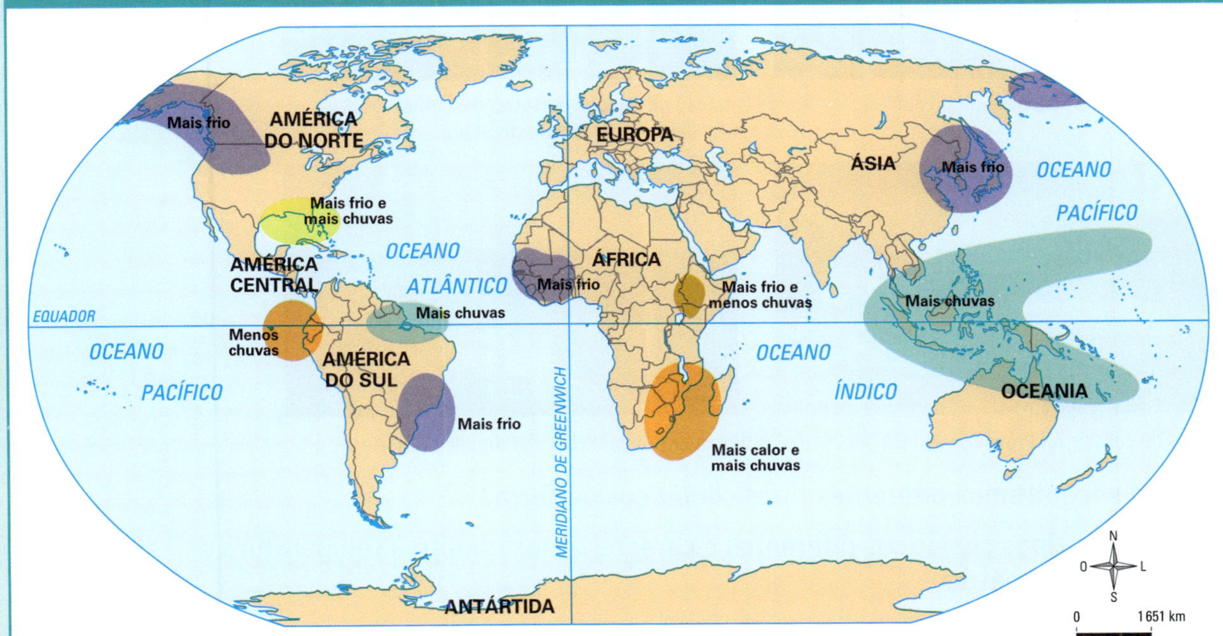

Fonte: Administração Oceanográfica e Atmosférica dos Estados Unidos, 2000.

Responda às questões a seguir.

1. Por que se afirma que o fenômeno El Niño é um exemplo de inter-relacionamento entre a hidrosfera e a atmosfera?
2. Se não é possível evitar o fenômeno El Niño, como seus efeitos podem ser amenizados? Dê um exemplo.
3. As consequências do El Niño são só negativas? Justifique a sua resposta.
4. Quais as características do fenômeno La Niña?

Atividades

RETOME SEUS CONHECIMENTOS

1. Observe as fotografias e responda: Qual é o clima predominante em cada local retratado?

Paisagem em Utah, nos Estados Unidos.

Floresta Amazônica, em Manaus, Amazonas.

Gold Harbour, na ilha Geórgia do Sul, Antártida.

Baixão do Canoas da Serra Vermelha, em São Raimundo Nonato, Piauí.

Cultivo de cereais na Provença, França.

Praia em Tibau do Sul, Rio Grande do Norte.

2. Por que encontramos diferentes tipos climáticos na Terra?

3. Escolha três tipos climáticos diferentes e caracterize-os quanto à temperatura e ao índice pluviométrico.

4. Qual o tipo de clima da região em que você mora? Descreva no caderno quais são as suas características.

EXERCITE SEUS CONHECIMENTOS

5. Com base no que você aprendeu neste capítulo, faça uma relação das principais consequências dos fenômenos El Niño e La Niña. Depois, pergunte a algum adulto se o local em que você mora foi afetado, nos últimos anos, por essas consequências. Peça-lhe que conte como isso aconteceu. Anote a resposta.

6. Um dos graves problemas ambientais que estão acontecendo no mundo é o processo de desertificação, relacionado a desmatamentos, queimadas e práticas agrícolas inadequadas. Pesquise em jornais, revistas e internet quais regiões brasileiras estão sendo mais afetadas pelo problema e por quê.

11 Coberturas vegetais

Biodiversidade
Variedade de plantas, animais e microrganismos que existem no planeta.

Espécie
Tipo ou variedade de ser vivo. Dois ou mais organismos são considerados da mesma espécie quando podem se reproduzir, originando descendentes férteis.

Populações tradicionais
Para os ambientalistas, são grupos de pequenos produtores rurais e outras comunidades — indígenas ou não — que têm seu modo de vida, em grande parte, associado ao uso e ao manejo dos recursos naturais.

Culturas tradicionais
Modos de vida dependentes da natureza, dos ciclos e dos recursos naturais.

PARA CONTEXTUALIZAR

Leia o texto.

Conservação da biodiversidade e qualidade de vida

"A partir da Constituição de 1988, todo cidadão brasileiro passa a ter direito a um meio ambiente conservado e protegido, para ser usufruído por todas as gerações presentes e futuras.

Para isso, além de outras ações, ficou estabelecido que é obrigação do governo definir, em todos os estados brasileiros, espaços de seus territórios para a conservação do meio ambiente. Assim, áreas protegidas são espaços especialmente protegidos por lei, que guardam grande parte da biodiversidade do país. No Brasil essas áreas foram chamadas de Unidades de Conservação, as UCs.

As UCs contribuem para a proteção de espécies animais e vegetais que somente existem em um local específico e dependem das condições de solo e clima próprias daquele local, e daquelas espécies que estão ameaçadas de extinção. Ajudam também a regular o clima e a abastecer os mananciais, que são fontes naturais de águas doces, provenientes de águas subterrâneas, rios e córregos. Tudo isso contribui para a melhoria da qualidade de vida das pessoas, além de garantir o sustento das populações tradicionais, que dependem dos recursos naturais das áreas protegidas.

As Terras Indígenas (TIs) brasileiras também são consideradas áreas protegidas, pois guardam grande diversidade ambiental e cultural (culturas tradicionais).

Tanto as UCs como as TIs podem contribuir para a recuperação de ecossistemas degradados, proporcionar meios e incentivos para a pesquisa científica, promover a educação ambiental, facilitar a recreação em contato com a natureza e o turismo ecológico."

Adaptado de *Almanaque Brasil Socioambiental*. São Paulo: Instituto Socioambiental (ISA), 2004. p. 214.

ATIVIDADES

Converse com seus colegas e com seu professor.

1. De acordo com o texto, o que é um meio ambiente conservado e protegido?
2. Por que as Terras Indígenas são consideradas áreas protegidas?
3. Qual a importância de existir um meio ambiente conservado e protegido por Unidades de Conservação e Terras Indígenas?

Vegetação original

A vegetação original de um lugar equivale ao conjunto de plantas que nascem e crescem naturalmente, isto é, sem a intervenção humana.

Ela é considerada o elemento mais "frágil" da paisagem, pois é a primeira a sofrer modificações quando há ocupação do espaço pelo ser humano, inclusive com exploração de recursos da natureza.

As plantas que compõem a vegetação original não vivem isoladamente, mas em comunidades denominadas **cobertura vegetal**. A essas coberturas vegetais integram-se diversas espécies de animais, e muitas delas se alimentam diretamente das plantas. Observe o mapa.

Planisfério – Vegetação original

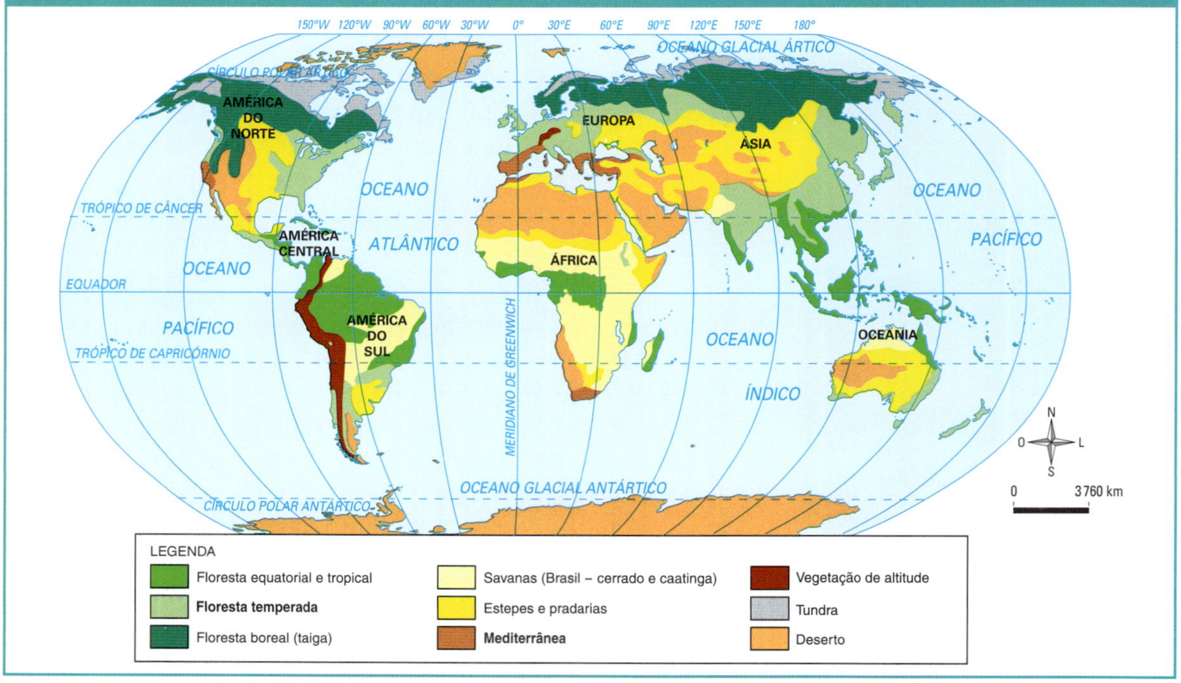

Fonte: *Atlas geográfico escolar*. Rio de Janeiro: IBGE, 2009. p. 61 (adaptado).

Converse com seus colegas e com seu professor.

1. Compare este mapa ao de climas (p. 133). Há coincidências quanto à localização de climas e as coberturas vegetais? Quais?
2. Que tipo de cobertura vegetal aparece em áreas de clima equatorial? Há relação entre as características desse tipo climático e a paisagem vegetal? Em caso afirmativo, qual seria essa relação?

O fato de haver diferentes tipos de clima, de relevo e de solo acaba determinando uma variedade de coberturas vegetais. Sem dúvida, a influência do clima é a que mais se destaca, havendo, de certo modo, uma associação entre a cobertura vegetal e o tipo climático.

As diversas coberturas vegetais da Terra, as espécies de animais e os microrganismos que nelas existem, assim como a inter-relação desses seres com os elementos e fatores do clima, com os rios e lagos, com o solo e o relevo formam grandes conjuntos de ecossistemas.

Por causa da intensa ação dos seres humanos em amplos espaços da superfície terrestre, a maior parte das coberturas vegetais originais sofreu acentuada redução de suas áreas.

São poucos, portanto, os grandes conjuntos de ecossistemas em que ainda há predominância de elementos naturais e biodiversidade. É o caso de parte da floresta equatorial Amazônica, na América do Sul.

Fotografia aérea de área desmatada na margem do rio Madeira, em Manicoré, Amazonas (2009).

As coberturas vegetais podem ser agrupadas em **arbóreas**, **arbustivas** e **herbáceas**, **desérticas** e **alagadiços**.

Vegetações arbóreas

As **vegetações arbóreas** são as florestas constituídas por árvores, em geral, de grande porte, além de outros tipos de plantas. Na superfície terrestre existem vários tipos de floresta, que ocupam grandes extensões. Dentre elas, destacam-se a floresta equatorial e a floresta tropical, também conhecidas pelo nome de florestas pluviais, por se localizarem em áreas onde ocorre muita chuva.

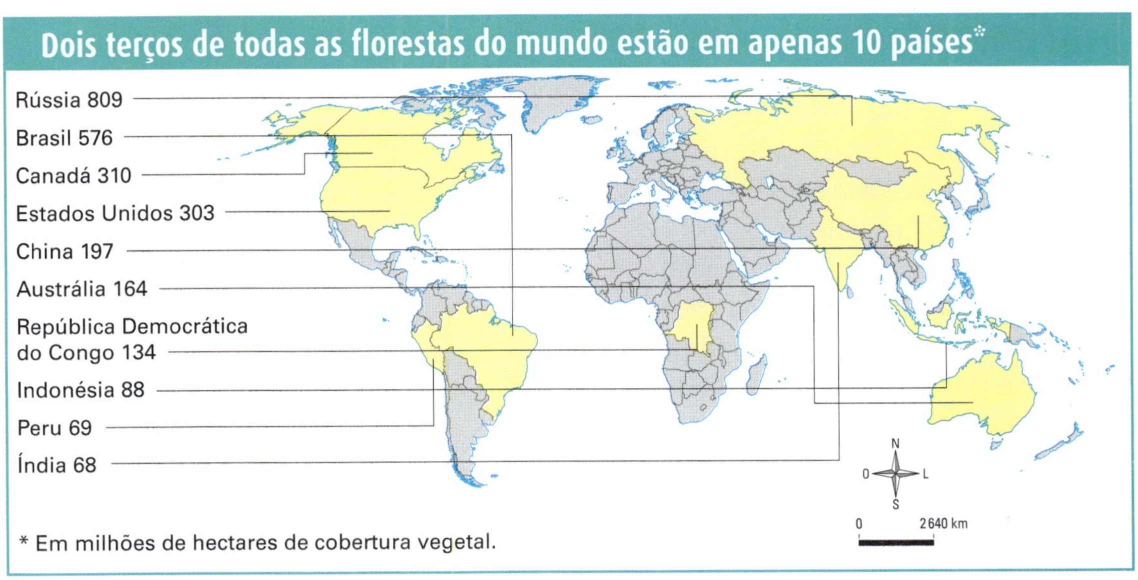

Fonte: Global Forest Watch e World Resources Institute 2011.

De um total de aproximadamente 65 milhões de quilômetros quadrados de florestas originais no mundo, restaram apenas de 15 a 16 milhões de quilômetros quadrados. A maior parte das florestas dos países mais industrializados não existe mais. Já em países em desenvolvimento, como o Brasil, passam por um perigoso ciclo de desmatamento. Com cerca de 5,5 milhões de quilômetros quadrados de florestas, nosso país possui a maior cobertura florestal remanescente do mundo. Entretanto, 30% de suas matas originais já foram devastadas.

Ao redor do mundo, 410 milhões de pessoas dependem diretamente das florestas para sua sobrevivência. E 1,6 bilhão de pessoas dependem dos bens e serviços indiretamente oferecidos por elas.

Florestas equatoriais e tropicais

Em razão do calor constante e da abundância de chuvas, as **florestas equatoriais** são formadas por uma mata densa e sempre verde, com grande variedade de espécies vegetais.

Mata Atlântica em São Paulo, SP (2010).

Suas árvores situam-se bastante próximas umas das outras e é grande o número de cipós e trepadeiras. A floresta Amazônica, na América do Sul, a do Congo, na África, e a da Indonésia, na Ásia, são os exemplos mais significativos desse tipo de floresta.

Nas florestas equatoriais, além das frequentes derrubadas de árvores para o aproveitamento da madeira, são comuns as queimadas praticadas para limpar o terreno após a derrubada da mata. Esse procedimento favorece a rápida erosão do solo e contribui para o aumento da concentração de dióxido de carbono na atmosfera, o que agrava o efeito estufa.

A floresta de mata Atlântica é um exemplo de **floresta tropical**, que cobria grande parte do Brasil, numa extensa faixa que ia desde o estado do Rio Grande do Norte até o sul do país. Hoje, encontra-se reduzida a poucos trechos do território brasileiro, por ter sido devastada, inicialmente para o cultivo de produtos como a cana-de-açúcar e o café e, mais recentemente, a partir dos anos 1930 e 1940, por causa do crescimento das cidades, da expansão da rede de transportes e da incorporação de mais áreas para a prática de atividades agropecuárias.

Quando a floresta tropical se estende pelas margens dos rios, onde a umidade favorece ainda mais o seu desenvolvimento, ela passa a ser conhecida como mata ciliar.

Observe a vegetação original da Mata Atlântica e como ela se encontra nos dias atuais.

Fonte: SOS Mata Atlântica, 2013.

Florestas temperadas e boreais

Outros tipos de floresta que ocupam grandes extensões da superfície terrestre são as florestas temperadas e as boreais, que se localizam nas áreas de clima temperado e frio. Assim como acontece hoje com as florestas tropicais e equatoriais, as florestas temperadas e boreais já foram muito destruídas, principalmente no continente europeu, nos séculos passados e no século atual.

Com relação às características, se compararmos essas florestas às equatoriais e tropicais, podemos observar que suas árvores estão bem mais espaçadas, ou seja, mais distantes umas das outras, e são mais homogêneas, isto é, constituídas por um número menor de espécies, o que facilita sua exploração econômica.

As **florestas temperadas** abrangem extensos trechos da América do Norte, da Europa, da Ásia e da Oceania. Algumas de suas espécies vegetais, de grande valor para as madeireiras, são o carvalho, o abeto, a nogueira, a faia e o pinheiro. No outono, suas árvores costumam ficar com as folhas amarelas e vermelhas, que acabam caindo. São as chamadas árvores caducifólias.

As **florestas boreais**, também chamadas de coníferas, cobrem extensas áreas setentrionais da América do Norte (Estados Unidos e principalmente o Canadá), da Europa e da Ásia. Essas florestas ocorrem em regiões de clima frio. São formadas basicamente por pinheiros.

Os países que apresentam grandes extensões de sua superfície cobertas pela floresta temperada e boreal são os maiores produtores mundiais de madeira e celulose. Nesses países, pratica-se intensamente o reflorestamento.

No norte da Rússia, na região da Sibéria, encontra-se a **taiga siberiana**, que é a maior área florestal do mundo, com cerca de 9 milhões de quilômetros quadrados, o que corresponde aproximadamente à superfície do Brasil.

Taiga siberiana, na Cordilheira de Altai, Rússia (2009).

MAIS INFORMAÇÃO

Florestas

"O desmatamento continua em ritmo alarmante. Durante a 9ª Conferência das Partes da CDB (COP-9) em Bonn (Alemanha), em 2008, 67 ministros se comprometeram a atingir a meta de desmatamento líquido zero até 2020. Agora precisamos de um esforço mundial que envolva meios tradicionais (unidades de conservação), novas iniciativas (REDD+) e mecanismos de mercado (boas práticas nas cadeias de suprimento de commodities) para que isso aconteça."

WWF. Planeta Vivo: relatório 2010. p. 93.

CDB

Convenção sobre Diversidade Biológica.

REDD+

Trata-se do REDD, visto no capítulo anterior, incluindo o papel da conservação, do manejo sustentável das florestas e do aumento dos estoques de carbono das florestas em países em desenvolvimento.

Vegetações arbustivas

As vegetações arbustivas apresentam, em geral, árvores de pequeno porte e arbustos — plantas que têm o caule ramificado desde a base —, além de vegetação rasteira.

Na paisagem vegetal que cobre a superfície terrestre, destaca-se um tipo de cobertura arbustiva: a **savana**.

A savana é encontrada nas regiões de clima tropical com menos umidade, cujo período de chuvas só ocorre no verão.

Ela é formada por plantas rasteiras, intercaladas por vegetação arbustiva de pequeno porte. De acordo com a estação (seca ou chuvosa), a savana muda de aspecto, desenvolvendo mais folhagens na estação das chuvas.

A savana, cobertura vegetal típica da África, ocorre também na Venezuela (vale do rio Orinoco), onde é chamada de **lhanos**, e no Brasil, onde recebe o nome de **cerrado**.

Grandes porções do cerrado vêm se transformando em uma grande produtora agrícola de soja, arroz e trigo. Isso se deve à aplicação de corretivos e técnicas agrícolas para a melhoria do solo. No entanto, a expansão da agricultura tem sido bastante acelerada, ocasionando desmatamento com perda da riqueza vegetal e animal, além da degradação de solos e rios.

O cerrado apresenta um ecossistema rico em biodiversidade. Chapada dos Guimarães, Mato Grosso (2010).

Vegetações herbáceas ou campestres

A vegetação herbácea ou campestre constitui uma cobertura vegetal baixa, formada de ervas e capim. Ela recebe denominações locais, como as **estepes** da Ucrânia, com seus solos negros, os **pampas** (ou campanha, no sul da América do Sul), as **pradarias** do centro-oeste do Canadá e nos Estados Unidos.

Os campos são uma pastagem natural muito utilizada para a criação de gado. Nas áreas de vegetação estépica dos pampas, no sul da América do Sul, sobressai a atividade criatória. Muitos trechos desse tipo de vegetação também foram transformados em áreas agrícolas. O mesmo ocorreu nas estepes da Ucrânia, onde há uma das mais importantes áreas produtoras de trigo do mundo.

Pampas em São Gabriel, Rio Grande do Sul (2010).

MAIS INFORMAÇÃO

Reflorestamento: solução ou problema?

"O desmatamento redunda quase sempre no empobrecimento do solo e na desertificação. Quando atinge as margens de rios, produz o assoreamento do leito e enchentes. Pode ainda provocar desbarrancamentos de encostas e alterações climáticas.

Em vista das consequências negativas dessa manipulação ambiental, a primeira medida corretiva que se propõe é o reflorestamento. Entretanto, ele nem sempre se revela como a única e melhor solução. Principalmente quando é orientado por critérios econômicos e comerciais, exclusivamente. Nesse caso, costumam-se cobrir grandes áreas com apenas duas espécies, que não são nativas do Brasil, mas importadas: o pínus e o eucalipto. Essas árvores são de rápido crescimento, resistentes, pouco exigentes quanto ao tipo de solo e fornecem madeira adequada à indústria de móveis e celulose. Mas as áreas reflorestadas com elas são, na verdade, imensos e silenciosos "paliteiros", porque poucas espécies conseguem sobreviver junto do pínus ou do eucalipto. Nem mesmo o solo é conservado convenientemente, já que essas duas árvores o desgastam rapidamente, por sugar muita água dele, a ponto de impedir o desenvolvimento de outros vegetais. Dessa forma, não se recupera o ecossistema, pois perde-se a multiplicidade de nichos e a riqueza de espécies da vegetação original.

Uma melhor solução seria o plantio de árvores nativas leguminosas (jacarandá, pau-brasil, pau-ferro, angico, mulungo e bracatinga), que enriquecem o solo com nitrogênio. Elas têm madeira com elevado valor comercial (jacarandá), rápido crescimento (bracatinga) e permitem o desenvolvimento de um rico estrato arbustivo, indispensável para a sobrevivência da fauna local".

SARIEGO, José Carlos. *Educação ambiental*. São Paulo: Scipione, 1994. p. 126-128.

Redundar
Nesta acepção, ter como resultado, reverter-se em.

Nicho
Porção restrita de um hábitat, local em que vive um organismo animal ou vegetal, em que há condições necessárias para a existência dele.

Vegetações desérticas

Em função da pouca umidade das áreas de clima desértico, a vegetação predominante é formada por cactos ou por tufos de capim.

Em alguns desertos, sobretudo na África e na Ásia, surgem oásis, em razão da ocorrência de poços ou nascentes formados por lençóis freáticos (águas subterrâneas). Neles, uma das frutas mais comuns é a tâmara.

Vegetação desértica no Arizona, EUA (2010).

Vegetações dos alagadiços

Esse tipo de cobertura vegetal aparece tanto em áreas de clima frio ou temperado como nas áreas inundadas dos litorais de clima quente.

Em lugares onde predomina o clima frio, ou nas altas montanhas, a vegetação só se desenvolve durante os meses em que o gelo não recobre o solo. Esse tipo de vegetação rasteira, de crescimento lento, é denominado **tundra**.

Nos litorais, onde predominam os climas quentes, encontramos a vegetação dos **mangues**. Essa vegetação é constituída por arbustos cujas raízes estão acima do nível das águas (raízes aéreas). O lugar onde ela se desenvolve é constituído por um rico material em decomposição, como algas, folhas e restos de animais.

8 **Vegetação**
Para o assunto ***Tipos de cobertura vegetal***, acesse e explore este OED.

Os mangues são viveiros naturais de reprodução de peixes, mas estão ameaçados pela poluição dos litorais e dos oceanos. Fotografia de manguezal na foz do rio Ipojuca, em Ipojuca, Pernambuco (2011).

MAIS INFORMAÇÃO *Hotspots*

"*Hotspot* é [...] toda área prioritária para conservação, isto é, de alta biodiversidade e ameaçada no mais alto grau. É considerada *hotspot* uma área com pelo menos 1.500 espécies endêmicas de plantas e que tenha perdido mais de 3/4 de sua vegetação original."

Conservation International do Brasil. Disponível em: <http://www.conservation.org.br/como/index.php?id=8>. Acesso em: 23 abr. 2014.

Endêmica
Que ocorre apenas em um local.

PARA COMPREENDER Texto e mapa

Quem é quem na biodiversidade mundial

O Brasil é o campeão mundial de biodiversidade. De cada cinco espécies de animais e vegetais conhecidas na Terra, uma é encontrada aqui. O Brasil apresenta ainda, a maior diversidade de primatas, anfíbios e insetos.

Além do Brasil, Indonésia, Colômbia, México, Austrália, Madagáscar, China, Filipinas, Índia, Peru, Papua Nova Guiné, Equador, Estados Unidos, Venezuela, Malásia, África do Sul e República Democrática do Congo são países com enorme biodiversidade. O Brasil tem 55 mil espécies de plantas — o que corresponde a 22% das plantas do mundo —, 524 espécies de mamíferos, mais de 3 mil tipos de peixes de água doce e 1.622 de pássaros. Essa variedade de espécies deve-se à Amazônia brasileira, que representa 30% das florestas tropicais do mundo. A Colômbia ficou em segundo lugar.

Países mais ricos em biodiversidade

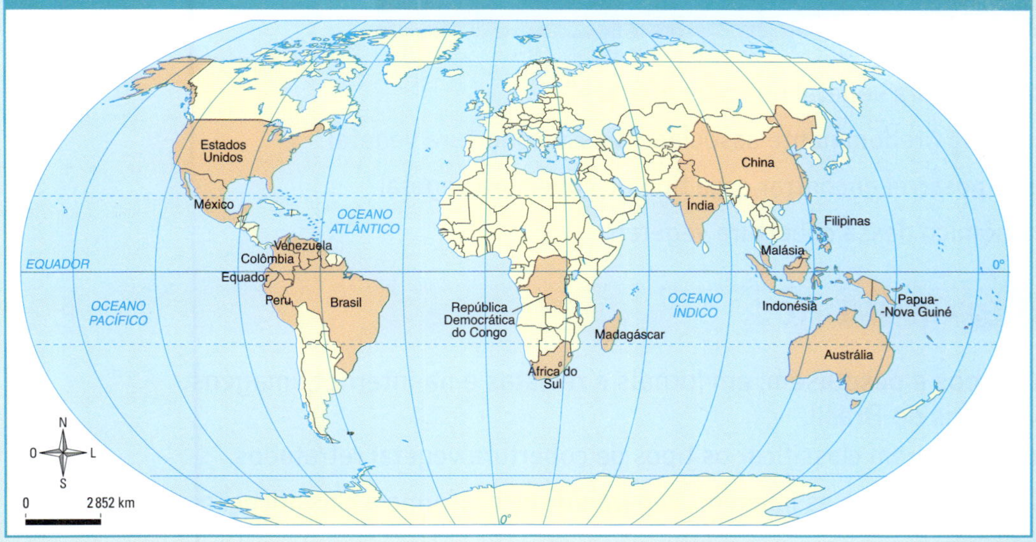

Fonte: *Atlas geográfico escolar*. Rio de Janeiro: IBGE, 2009. p. 62 (adaptado).

■ De acordo com o texto e o mapa, responda às questões.

1. O que você entende por biodiversidade?
2. Qual a importância do Brasil em termos de biodiversidade?
3. Além do Brasil, que outros países apresentam enorme biodiversidade?
4. Pesquise em livros, revistas ou internet imagens que retratem a biodiversidade que existe no Brasil e em outros países. Monte um álbum com essas imagens. Não se esqueça de produzir legendas explicativas sobre as espécies animais e vegetais que você selecionou.

Atividades

RETOME SEUS CONHECIMENTOS

1. Responda.
   a) Por que encontramos diferentes coberturas vegetais na superfície terrestre?
   b) Por que a cobertura vegetal original de um lugar pode ser considerada o elemento mais "frágil" de uma paisagem?
   c) Por que as coberturas vegetais são fundamentais para os ecossistemas?
   d) Qual é a principal floresta tropical do Brasil e quais as causas de sua devastação?

2. Observe a fotografia. Descreva a paisagem apresentada e depois responda às questões.

   a) Qual o tipo de cobertura vegetal que nela aparece?
   b) Qual o tipo de clima predominante associado a essa cobertura vegetal?
   c) Em que países é possível encontrar esse tipo de cobertura vegetal?
   d) Qual o uso econômico dessa cobertura vegetal?

EXERCITE SEUS CONHECIMENTOS

3. Reúnam-se em grupos e pesquisem, em jornais e revistas e na internet, imagens de coberturas vegetais do Brasil.
   - Em sala de aula, procurem classificar os tipos de cobertura vegetal retratados.
   - Depois, em cartolinas, colem as imagens, separando-as conforme a classificação.
   - Ao lado das imagens, escrevam um texto explicando as características de cada uma das coberturas, os tipos de clima onde ocorrem e os problemas ambientais relacionados a elas.

4. Converse com seus colegas e seu professor sobre as áreas verdes que há em seu município.
   a) Existem muitas áreas verdes no seu município? Se não há, o que precisaria ser feito para ampliá-las?
   b) Essas áreas podem ser aproveitadas para momentos de lazer pelos moradores?
   c) Em que sentido elas favorecem a qualidade de vida das pessoas?

DIVERSIFICANDO

LIVROS

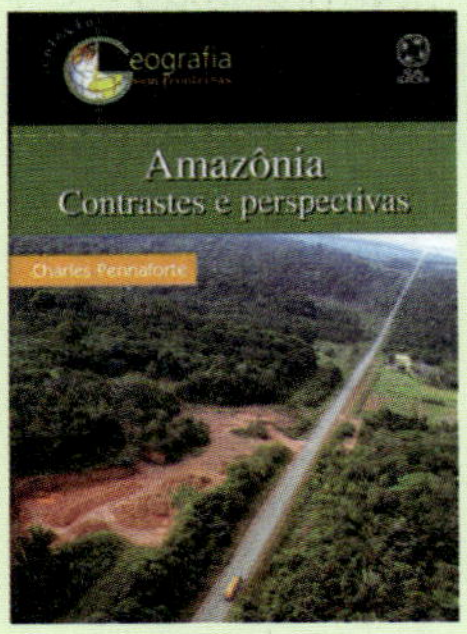

Amazônia: contrastes e perspectivas

Charles Pennaforte.
São Paulo: Atual, 2011 (Col. Geografia Sem Fronteiras).

O livro trata da importância da Amazônia dentro da temática ambiental, que alcançou projeção internacional no fim do século XX. Hoje, um dos grandes desafios do nosso país é explorar economicamente essa vasta região sem destruí-la.

Clima e meio ambiente

José Bueno Conti.
São Paulo: Atual, 2011.

As mudanças do clima têm um impacto direto em nossas vidas bem como nos ciclos de colheita e na quantidade de chuva. No livro, o autor procura mostrar que o clima é mais do que isso. É importante entender os complexos mecanismos que regulam o clima em escala global e em períodos de tempo mais longos. A polêmica do aquecimento e resfriamento em nível global está presente, além de explicações sobre o efeito estufa.

Era verde?: ecossistemas brasileiros ameaçados

Zysman Neiman.
São Paulo: Atual, 2002.

Apresenta os principais ecossistemas brasileiros e os impactos ambientais mais importantes a que estão submetidos.

Almanaque Brasil Socioambiental

Ricardo Beto e Maura Campanili (Org.).
São Paulo: Instituto Socioambiental, 2008.

O almanaque apresenta um panorama dos ambientes brasileiros e outras questões ambientais relevantes.

SITES

SOS Mata Atlântica

<http://www.sosmatatlantica.org.br>.

Site destinado a conscientização da importância da Mata Atlântica e da necessidade de a sociedade civil também participar das lutas pela preservação do pouco que restou dessa mata.

Conservação Internacional

<http://www.conservation.org.br>.

A missão da Conservação Internacional (CI) é promover o bem-estar humano, fortalecendo a sociedade no cuidado responsável e sustentável para com a natureza — nossa biodiversidade global —, amparada em uma base sólida de ciência, parcerias e experiências de campo.

WWF-Brasil

<http://www.wwf.org.br>.

O WWF-Brasil é uma ONG brasileira, participante de uma rede internacional e comprometida com a conservação da natureza dentro do contexto social e econômico brasileiro; identifica problemas de conservação, concebendo e implementando, geralmente com parceiros, projetos de caráter demonstrativo que apontam soluções para esses problemas.

Ibama

<http://ibama.gov.br>.

Site do Instituto Brasileiro do Meio Ambiente e dos Recursos Naturais Renováveis, que traz informações relacionadas a questões ambientais.

Centro de Previsão do Tempo e Estudos Climáticos

<http://www.cptec.inpe.br/>.

O *site* apresenta informações sobre meteorologia, clima, estado do tempo, queimadas e outros aspectos relacionados a dinâmica climática.

Artesanato no Jalapão

A riqueza cultural brasileira pode ser observada em diversas manifestações culturais, como na música, na literatura, nas artes cênicas e na produção artesanal.

O artesanato pode revelar as tradições, a história e até os problemas encontrados na região ou no local em que ele é produzido.

Grande parte dos objetos artesanais utiliza elementos da natureza como matéria-prima. Folhas e fibras de plantas se transformam em cestas e bolsas, das rochas são produzidas esculturas, o barro vira cerâmica. O capim-dourado, por exemplo, é considerado o ouro do Jalapão. Vamos conhecer melhor a importância dessa matéria-prima para a população da região.

Localizado no estado do Tocantins, o Parque Estadual do Jalapão é um importante destino do turismo de aventura no país.

Parque Estadual do Jalapão

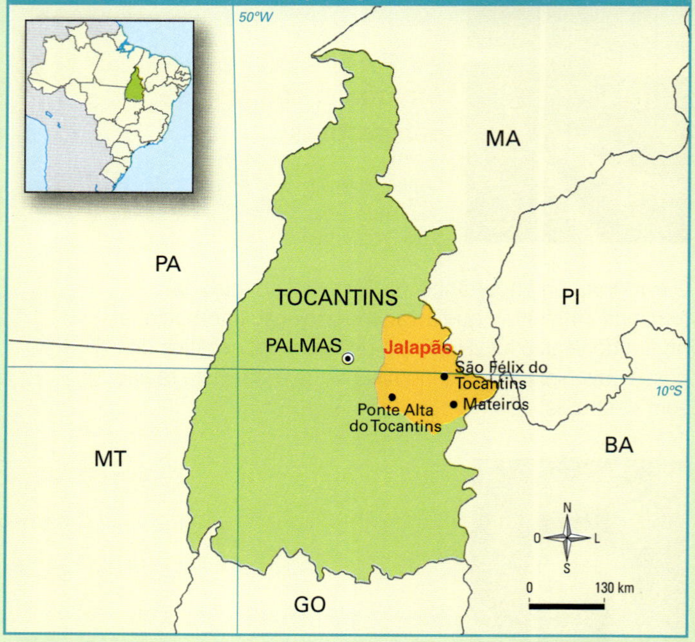

Fonte: elaborado com base em: *Atlas geográfico escolar*. Rio de Janeiro: IBGE, 2009. p. 94 (adaptado).

Apesar de estar a apenas 205 quilômetros de Palmas, e de receber milhares de visitantes, o Jalapão continua sendo um local isolado. A região continua tendo uma das menores densidades populacionais do Brasil: 0,8 habitante por quilômetro quadrado (dados do governo do estado do Tocantins).

Capim-dourado: brilho do ouro

Cestas, bolsas, cintos e outros objetos são feitos com a palha do capim-dourado, planta que nasce no sudeste do Tocantins, próximo à cidade de Rio da Conceição, e no estado de Goiás, no município de São Domingos, sempre em áreas alagadiças. Valorizadas pelo impressionante brilho que apresentam, bastante semelhante ao do ouro, algumas peças chegam a custar US$ 500 no exterior.

A arte originou-se no vilarejo Mumbuca (município de Mateiros), composto de remanescentes de escravos que viviam em quilombos, mas já é produzida em várias outras vilas da região. Os moradores de Mumbuca enfrentam sérios problemas sociais, como desnutrição, falta de saneamento básico e doenças. No entanto, o artesanato está começando a melhorar a qualidade de vida no local. Órgãos governamentais, como o Serviço Brasileiro de Apoio às Micro e Pequenas Empresas (Sebrae), atuam na região para auxiliar a população na produção e organização de cooperativas para produzir e vender as peças.

Todo o capim utilizado no artesanato é extraído das reservas que existem na região. As tentativas de cultivar a planta não alcançaram êxito. A colheita é feita somente uma vez por ano e as sementes não são aproveitadas, pois a planta é coletada inteira, para depois serem extraídos os fios.

O aumento da produção acarreta problemas ambientais e econômicos, como a própria extinção das reservas do capim-dourado e do artesanato. Alguns moradores da região afirmam que já não estão mais encontrando a planta nas áreas próximas. Por essa razão, a produção precisa ser estudada e planejada.

O Brasil é um dos maiores produtores de artesanato do mundo. Milhares de pessoas vivem da renda gerada por essa atividade econômica. Em todo o país é possível encontrar uma produção artesanal diversificada, produzida com matérias-primas regionais e com técnicas específicas que variam de acordo com a cultura e com o modo de vida do povo de cada localidade.

Produção de artesanato na Comunidade de Mumbuca, em Mateiros, Tocantins (2010).

Artesanato produzido com capim-dourado, no Jalapão, Tocantins (2008).

ATIVIDADES

1. Você acha que a atividade artesanal é importante? Explique a sua resposta.

2. Na sua opinião, qual é a importância do artesanato produzido no Jalapão para os moradores e para os turistas que visitam a região?

3. Escreva um parágrafo explicando a importância da preservação do capim dourado para a população do Jalapão.

4. E na sua cidade? Como é o artesanato? Você já viu em alguma loja, mercado ou feira de artesanato objetos produzidos na sua cidade? Caso você não tenha observado, pesquise em livros, revistas ou internet se existe alguma produção artesanal na sua cidade (se não existir, você poderá pesquisar o artesanato do seu estado).

Escolha um objeto artesanal que tenha algum significado para você ou para a sua cidade e faça um quadro como o do modelo abaixo.

Produto artesanal	Cesta
Local em que foi produzido	Vilarejo de Mumbuca (Mateiros), no estado do Tocantins
Principal matéria-prima utilizada	Capim-dourado
Informações importantes sobre a produção artesanal	Valorizadas pelo impressionante brilho, algumas peças chegam a custar US$ 500 no exterior. Originou-se no vilarejo Mumbuca, mas já é produzida em várias outras vilas da região. Todo o capim utilizado no artesanato é extraído das reservas que existem na região. O aumento da produção acarreta problemas ambientais e econômicos, como a extinção das reservas do capim-dourado e do artesanato. Alguns moradores da região afirmam que já não estão mais encontrando a planta nas áreas próximas. Por essa razão, a produção precisa ser estudada e planejada.

Hidrosfera

Itapuã (Salvador, Brasil), 1946-1947.
Fotografia de Pierre Verger.

Córrego recebe esgoto sem tratamento no centro turístico de Campos do Jordão, São Paulo (2010).

UNIDADE V

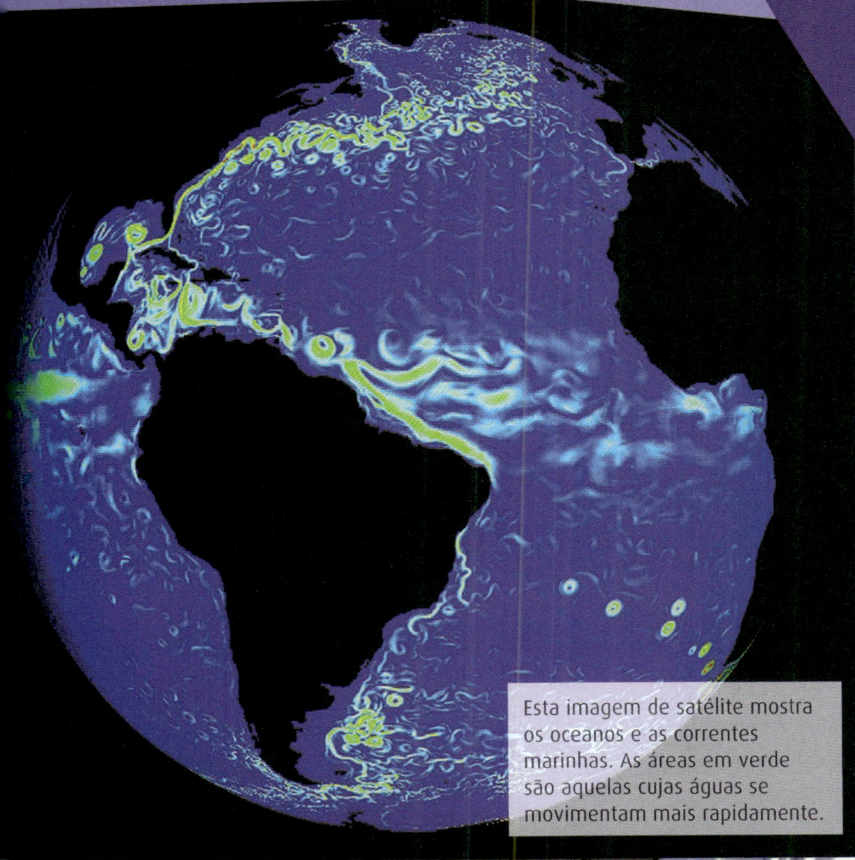
Esta imagem de satélite mostra os oceanos e as correntes marinhas. As áreas em verde são aquelas cujas águas se movimentam mais rapidamente.

Homem desperdiça água lavando a calçada. O correto seria varrê-la.

Até aqui, analisamos diversos processos, fenômenos e características relacionados ao interior da Terra, ao relevo, à atmosfera e ao clima e coberturas vegetais.

Nesta unidade, compreenderemos melhor sobre processos e fenômenos associados à hidrosfera.

A água, segundo a Declaração Universal dos Direitos da Água (ONU), é parte do patrimônio do planeta, condição essencial, para a existência da vida. Todos os seres vivos e os diversos processos naturais que ocorrem na Terra dependem da água. Assim como o Sol, a água é fonte de vida e elemento fundamental para o equilíbrio e a manutenção dos ecossistemas terrestres. No entanto, diferentemente do que ocorre com o Sol, a água não é fonte inesgotável!

- Que atividade econômica pode ser observada na imagem retratada pelo fotógrafo Pierre Verger na década de 1940? Essa atividade seria prejudicada com a poluição dos ambientes marinhos?
- Quais atitudes apresentadas nas outras imagens devem ser evitadas?

Nesta unidade, você vai estudar os oceanos, os mares, os rios, as bacias hidrográficas e a importância dos recursos hídricos disponíveis para garantir nossa existência.

12 Água – importância e formas de uso

PARA CONTEXTUALIZAR

Veja as fotografias a seguir e observe quanto uma pessoa gasta de água para realizar algumas atividades.

Com a torneira aberta por cinco minutos: 12 litros; utilizando quatro copos de água: um litro.

Com a torneira aberta: 2,5 litros. Com a pia tampada e a torneira fechada: um litro.

Com o chuveiro ligado por dez minutos: 162 litros; com o chuveiro ligado por cinco minutos: 81 litros.

Com a mangueira aberta por dez minutos: 186 litros; com regador: 20 litros.

Almanaque Brasil Socioambiental. São Paulo: Instituto Socioambiental, 2005. p. 243.

ATIVIDADES

Converse com seus colegas e com seu professor.

1. Que informações as imagens e as legendas trazem?
2. Qual a quantidade de água gasta para tomar banho com o chuveiro ligado por dez minutos e quantos litros de água poderiam ser economizados se ele ficasse ligado apenas por cinco minutos?
3. Na sua casa as pessoas se preocupam em não desperdiçar água?
4. Quais das sugestões de economia apresentadas acima poderiam ser adotadas na sua casa? Com quais delas você poderia colaborar?

A hidrosfera – fonte de vida

A superfície do planeta Terra é constituída predominantemente de água (hidrosfera). Enquanto os continentes e as ilhas (terras emersas, ou seja, acima do nível das águas) abrangem cerca de 30% da superfície da Terra, os oceanos e as águas continentais (rios, lagos e geleiras) cobrem aproximadamente 70% do nosso planeta.

O volume de água que existe em nosso planeta é de aproximadamente 1,5 bilhão de metros cúbicos e tem se mantido mais ou menos constante.

Isso acontece porque o ciclo da água é algo constante. Leia o esquema abaixo para compreendê-lo melhor.

Ciclo da água

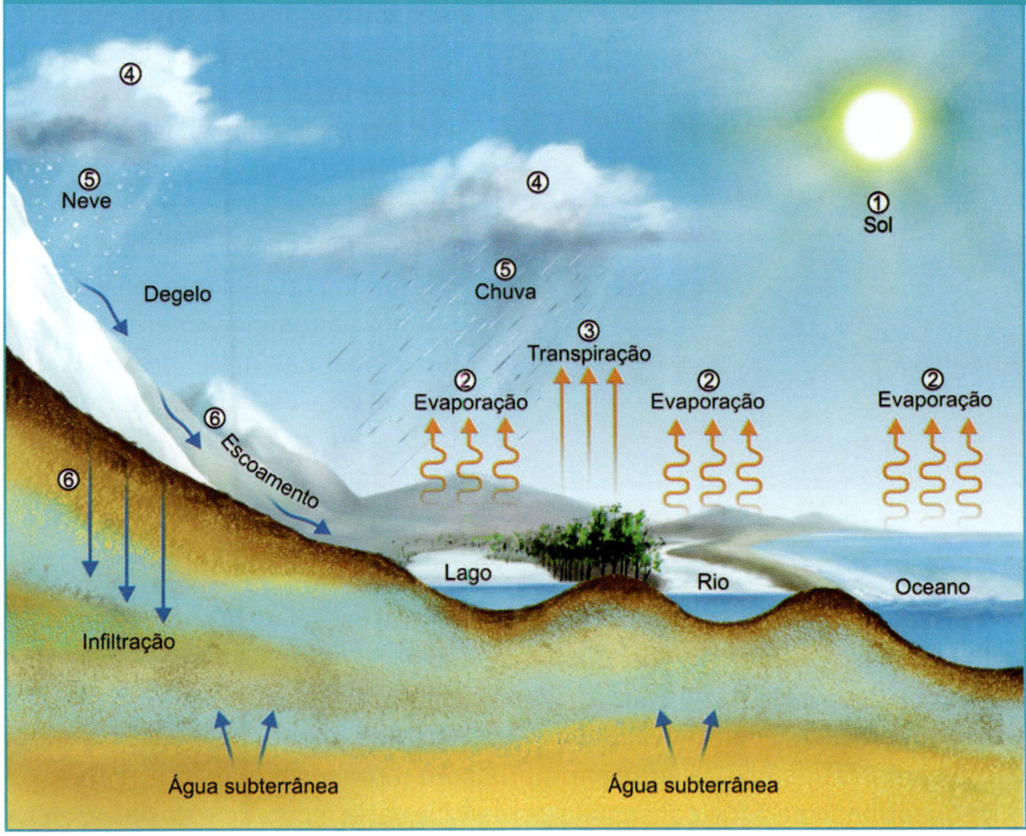

1. O Sol aquece os oceanos e as águas continentais.
2. A água dos oceanos, dos rios e lagos evapora e sobe para a atmosfera.
3. As plantas, através da transpiração, devolvem a água sob a forma de vapor.
4. O vapor de água esfria, condensa-se na forma de gotículas e forma as nuvens.
5. A água se condensa, as gotas se tornam pesadas e caem no solo sob a forma de chuva e neve.
6. Uma parte da chuva penetra no solo. O restante volta para os oceanos através dos rios.

Ilustração sem escala.

Fonte: TEIXEIRA, Wilson e outros. *Decifrando a Terra*. São Paulo: Companhia Editora Nacional, 2009. p. 189 (adaptado).

Mas, se o nosso planeta tem muita água e sua quantidade pouco varia, por que temos de nos preocupar em economizá-la? Vejamos alguns motivos:

- Cerca de 97% da água do planeta é salgada. Ela se concentra nos oceanos e mares e é muito difícil e caro tirar o sal da água para torná-la potável.
- Descontando a água que se encontra congelada nos polos, só sobra para consumo menos de 1% que se encontra nos rios e lagos da Terra. Além disso, a água potável nem sempre é encontrada onde o número de habitantes é maior. Vejamos o exemplo do Brasil: enquanto a Amazônia tem apenas 5% da população brasileira, ela possui 80% de água total do país. Já São Paulo, um estado com grande número de habitantes, tem só 1,6% da água total do Brasil.

A importância da água

A presença da água sempre foi de grande importância para o ser humano e a organização do espaço geográfico. O próprio nascimento da nossa civilização se deu em uma região situada entre os rios Tigre e Eufrates: a Mesopotâmia.

Os oceanos, rios e lagos sempre exerceram grande influência na distribuição da população pelo espaço geográfico: suas águas, além de serem um recurso natural básico para a vida humana, também são fonte de alimento e de energia e servem como via de transporte.

Inúmeras cidades localizadas à beira-mar ou à beira de rios e lagos apresentaram grande desenvolvimento no decorrer da história, pois os oceanos, rios e lagos lhes possibilitaram, entre outras coisas, o contato mais rápido e fácil com outros lugares.

Terras irrigadas ao longo do rio Eufrates, na Síria (2009).

Nessas cidades, foram construídos portos para embarque e desembarque de pessoas e mercadorias, transportadas por barcos ou navios. Por isso, são chamadas de cidades portuárias. Outras cidades, graças às suas praias próprias para banho, são conhecidas como cidades balneárias.

Um dos fatores que mais contribuíram para a maior densidade populacional nas áreas próximas dos rios foi a fertilidade das terras, que favoreceu o desenvolvimento da atividade agrícola.

Água – recurso natural

Assim como o ar, a água é elemento indispensável à vida. Contudo, para ser utilizada pelo homem sem prejudicar sua saúde, ela precisa ter determinadas condições de pureza. Conforme a Organização Mundial da Saúde (OMS), em todo o mundo cerca de 40 mil crianças morrem diariamente por causa de doenças decorrentes do uso de água imprópria para o consumo humano.

A quantidade de água consumida por família varia muito de país para país. A Organização das Nações Unidas (ONU) sugere um consumo de 110 litros diários por pessoa. No Canadá, cada indivíduo consome, em média, 600 litros de água por dia, considerando as diversas formas de utilização: para beber; na higiene pessoal; na lavagem de roupas, pratos, carros, quintais. Já em Madagáscar, na África, o consumo médio por indivíduo é de 5,4 litros de água. A quantidade mínima necessária para se proteger de contaminação e para manter as condições básicas de higiene é de 50 litros por dia. No Brasil, o consumo médio diário por pessoa foi calculado em cerca de 132 litros (dados de 2010).

- Converse com seus colegas e com o seu professor sobre o que você acabou de ler e escreva no caderno o que você pensa sobre esses dados do consumo de água.

O consumo da água

Mundialmente, a água doce é consumida da seguinte maneira: a maior parte, 70%, é utilizada na agricultura; 22%, na indústria; 8%, nas residências. Leia o gráfico ao lado.

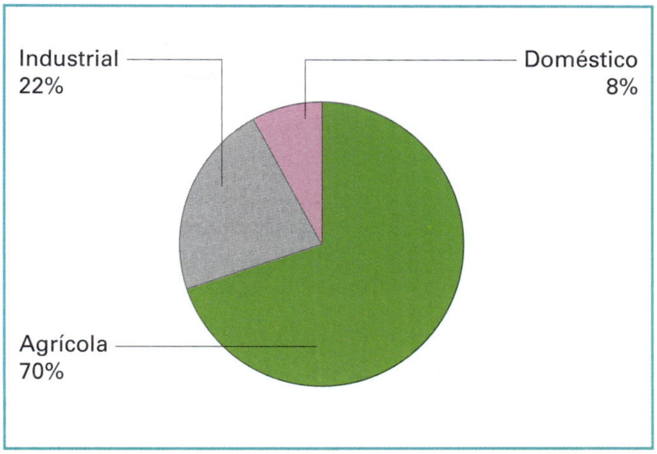

Esse gráfico mostra como o ser humano utiliza a água doce disponível. Já que a agricultura usa a maior parte, a escassez de água numa região afeta diretamente a produção de alimentos.

Fonte: *Guia do Estudante*: atualidades 2012. São Paulo: Abril, 2012. p. 105.

Nas indústrias, os ramos siderúrgico, petroquímico e de papel são os grandes consumidores de água: a produção de uma tonelada de aço requer 150 toneladas de água; para refinar uma tonelada de petróleo, são necessárias 180 toneladas de água; para fabricar uma tonelada de papel, empregam-se 250 toneladas de água. Assim, é fundamental que as indústrias promovam a reutilização da água, ou seja, o tratamento e o reaproveitamento da água. No Japão, por exemplo, as indústrias já reutilizam 70% da água que consomem.

Na agricultura, a maior parte da água é usada para a irrigação. Apesar de somente 15% das terras utilizadas para a prática agrícola serem irrigadas, cerca de metade da produção de alimentos é obtida nessas terras.

Água doce utilizada para irrigação, em Souza, Paraíba (2010).

Hidrovia Tietê-Paraná. Buritama, São Paulo (2010).

O uso sustentável da água

Como podemos notar, o ser humano utiliza a água de várias formas, mas nem sempre se preocupa com o fato de esse recurso não ser ilimitado. O desperdício e a poluição das águas (por exemplo, com o despejo de esgoto industrial e doméstico sem tratamento) configuram-se uso predatório desse recurso.

Podemos tirar proveito da água para atender muitas de nossas necessidades de forma sustentável, ou seja, explorando-a sem desperdício e sem contaminação.

Um bom exemplo é o uso de vias fluviais, marítimas e lacustres para transporte de mercadorias e passageiros. O transporte por essas vias é mais mais barato que o rodoviário ou ferroviário e menos poluente.

MAIS INFORMAÇÃO

A água em números

- Cerca de 70% do corpo humano consiste em água.
- Aproximadamente 34.000 pessoas morrem diariamente em consequência de doenças relacionadas com a água.
- 65% das internações hospitalares no Brasil se devem a doenças de veiculação hídrica.
- Uma pessoa necessita de no mínimo 5 litros de água por dia para beber e cozinhar e 25 litros para higiene pessoal.
- Uma família média consome cerca de 350 litros de água por dia no Canadá, 20 litros na África, 165 litros na Europa e 200 litros no Brasil.
- As perdas de água na rede de distribuição no Brasil variam de 30% a 65% do total **aduzido**. [...]
- Abastecimento e saneamento adequados reduzem a mortalidade infantil em 50%.
- Uma pessoa sobrevive apenas uma semana sem água.
- Mulheres e crianças em muitos países em desenvolvimento viajam em média de 10 a 15 km todos os dias para obter água.

PALHARES, José Mauro. *Água*: vida e planeta. Foz do Iguaçu: Editora do Autor, 2006. p. 40.

Aduzir
Apresentar, conduzir.

A disputa pela água

O crescimento da população, da urbanização e das produções industrial e agrícola ocasionou, entre outras coisas, o aumento da poluição da água. Diante disso, a busca por água potável passou a ser um grande desafio para a sociedade mundial.

Evidentemente, o problema é mais grave nas regiões desérticas e semidesérticas, destacando-se o Oriente Médio, na Ásia; a Ásia Central; o norte da África e a porção sul do deserto do Saara, também na África. Nessas regiões, os países exportadores de petróleo empregam técnicas modernas e caras para obter água: perfuram poços profundos para atingir as águas subterrâneas ou fazem a dessalinização (retirada de sal) das águas marinhas. Isso, porém, não garante a distribuição regular de água para toda a população.

Os pouquíssimos rios dessas regiões têm um papel muito importante, e a utilização de suas águas pode gerar disputas e conflitos entre os países que eles atravessam. No Oriente Médio, por exemplo, os rios Eufrates e Tigre nascem na Turquia e percorrem todo o Iraque. O Eufrates também passa pela Síria. Tanto o Iraque como a Síria não veem com bons olhos os projetos de obras de irrigação e de construção de reservatórios e usinas hidrelétricas na Turquia, pois isso poderia diminuir o volume de água desses rios no trecho que atravessa os dois países.

No Brasil, mesmo em lugares onde não há situações graves de escassez de água, mas apenas períodos de estiagem (nos quais se costuma fazer racionamento), algumas prefeituras vêm desenvolvendo programas para reutilização da água, tratando-a após o esgoto ter sido tratado. Essa água reutilizada pode ser útil para regar jardins, lavar ruas e carros e combater incêndios.

Atividades

RETOME SEUS CONHECIMENTOS

1. Escreva legendas para as fotografias, explicando a importância e as formas de utilização da água dos rios, dos oceanos e dos mares.

2. Responda.
   a) Qual a importância da utilização da água para a irrigação na agricultura?
   b) Por que a busca por água potável é hoje um grande desafio para a sociedade mundial?
   c) Para quais atividades serve a água que se obtém do esgoto tratado?

EXERCITE SEUS CONHECIMENTOS

3. Muitas cidades surgiram às margens de rios e no litoral. O seu município é atravessado por algum rio? Em caso afirmativo, qual o seu nome? Escreva se ele tem alguma forma de aproveitamento por parte dos habitantes.

4. Observe a ilustração e escreva em seu caderno um pequeno texto explicando qual foi a ideia que o desenhista quis transmitir.

Fonte: Revista *Pequena Tiragem*. Fortaleza, ano I, n. 3, maio de 1998. p. 14.

5. Converse com seus colegas e com seu professor e produza uma lista com os hábitos que vocês podem mudar para economizar água, em casa e na escola. Vocês podem produzir cartazes sobre o assunto e exibi-los em um mural na sala de aula.

13 Oceanos e mares

PARA CONTEXTUALIZAR

Observe o mapa.

Planisfério – Circulação da rede de transporte marítimo (2008)

Fonte: BOCHICCHIO, Vincenzo Raffaele. *Atlas Mundo Atual*. São Paulo: Atual, 2009. p. 38-39 (adaptado).

ATIVIDADES

Converse com seus colegas e com seu professor.

1. Quais são os nomes dos oceanos que você conhece? Qual é o maior? E o menor?
2. Você mora em um município banhado pelo oceano? Em caso afirmativo, procure saber como ele valoriza essa posição geográfica.
3. Observando o mapa acima, responda.
   a) Qual oceano interliga:
      - Europa, América e África?
      - Ásia, América e Oceania?
      - África, Ásia e Oceania?

   b) Qual é o tema apresentado no mapa?

   c) Qual o oceano com maior fluxo comercial? E com menor?

   d) De acordo com as suas respostas e com o mapa, relacione algumas utilidades que os oceanos oferecem para os seres humanos.

Os oceanos

As águas dos oceanos (salgadas e impróprias para consumo) compõem aproximadamente 97% de toda água existente no planeta Terra. Apesar de formarem uma única massa líquida, os oceanos costumam ser divididos em: Pacífico, Atlântico, Índico e Glacial Ártico. Em outra divisão menos utilizada, porque os limites não são precisos, há um quinto oceano: o Austral.

O **oceano Pacífico**, com 180 milhões de km², é o mais extenso deles. É mais amplo na sua parte sul e mais fechado ao norte, onde se comunica com o oceano Glacial Ártico através do estreito de Bering. Esse oceano possui um grande número de ilhas e arquipélagos. A quantidade de navios que por ele navegam vem aumentando por causa do crescimento econômico de diversos países banhados por suas águas, como China, Taiwan, Filipinas e Malásia.

O **oceano Atlântico** tem cerca de 85 milhões de km² e é considerado, sob o aspecto das comunicações e do comércio, o mais importante, principalmente em sua porção norte, onde o tráfego de embarcações é intenso entre os países europeus e os Estados Unidos e o Canadá.

O **oceano Índico**, situado entre a África, a Ásia e a Oceania, tem cerca de 75 milhões de km². Por suas águas navegam muitos navios petroleiros, devido à proximidade do Oriente Médio, grande região produtora e exportadora de petróleo.

O **oceano Glacial Ártico**, com aproximadamente 14,8 milhões de km², é o menor de todos. Durante a maior parte do ano, suas águas permanecem congeladas em razão de sua localização, no extremo norte do planeta, onde o frio é muito intenso. Isso dificulta, e até impossibilita, a navegação marítima.

O **oceano Austral** (que já foi chamado de Glacial Antártico) circunda a Antártida e é formado pela união das águas dos oceanos Atlântico, Índico e Pacífico, representando cerca de 10% da área (36 milhões de km²) de todos os oceanos. Localizado no extremo sul do planeta, em área remota, gelada e isolada, o Austral é muito importante para os estudos das mudanças climáticas globais. O Brasil participa das pesquisas internacionais sobre essas mudanças desde 1982, através do Programa Antártico Brasileiro.

Polo Norte – Físico

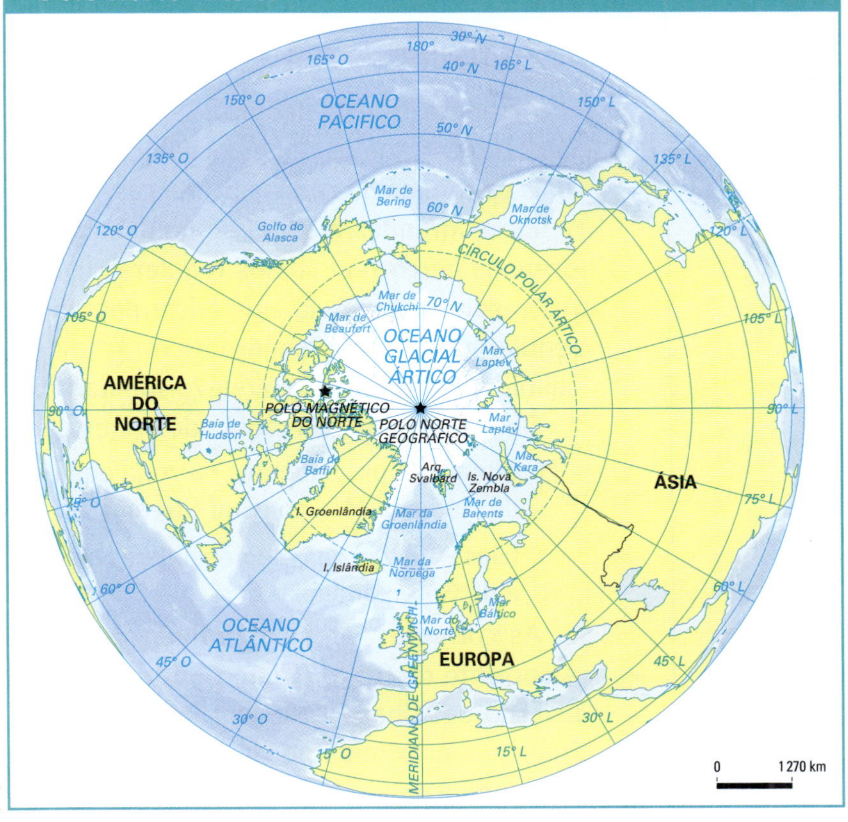

Fonte: *Atlas geográfico escolar*. Rio de Janeiro: IBGE, 2009. p. 55.

As características das águas marinhas

As principais características das águas marinhas são a salinidade e a temperatura.

A **salinidade** das águas marinhas varia de um local para outro. Isso porque a temperatura, a intensidade da evaporação e a quantidade de chuvas não são iguais em todas as porções dos oceanos e mares. Em cada litro de água do mar vamos encontrar aproximadamente 35 gramas de sais, entre eles o chamado "sal de cozinha" ou cloreto de sódio. Além de ser o mais abundante, é o mais explorado, por ser largamente utilizado na alimentação, nas indústrias químicas e também na atividade pecuária (criação de animais). O Brasil é um dos principais produtores mundiais de sal marinho, extraído e beneficiado principalmente nos estados do Rio Grande do Norte e do Rio de Janeiro, devido à intensidade e à frequência do sol e aos ventos constantes na região, que provocam grandes evaporações e alto grau de salinidade nas águas marinhas.

A **temperatura** das águas depende da quantidade de insolação (incidência de raios solares) recebida. Assim, a temperatura das águas marinhas é mais elevada na superfície que em maiores profundidades, e mais elevada no Equador que nos polos. Na região equatorial, as águas superficiais alcançam temperaturas superiores a 29 °C. Nas áreas mais afastadas dessa zona climática, as temperaturas são menores, chegando a atingir menos de 1 °C nas regiões polares (norte e sul).

Movimentos das águas marinhas

As águas marinhas apresentam movimentos, entre os quais se destacam as correntes marinhas, as ondas e as marés.

Correntes marinhas

Do ponto de vista geográfico, as **correntes marinhas** são os movimentos mais importantes que as águas oceânicas apresentam. São deslocamentos superficiais contínuos das águas oceânicas, na mesma direção e com igual velocidade.

Essas grandes massas de água salgada que se deslocam na superfície dos oceanos percorrem cursos regulares (constantes). Alguns dos principais fatores responsáveis pela existência dessas correntes são os ventos que sopram regularmente, o movimento de rotação da Terra, a diferença de temperatura e salinidade das águas e o relevo submarino.

De acordo com sua região de origem, as correntes marinhas podem ser:

- **quentes** – provenientes da zona equatorial, como a das Guianas, e a corrente do Golfo do México (Gulf Stream);
- **frias** – vindas das regiões polares ou frias, como as do Labrador, de Humboldt e da Groenlândia.

As correntes marinhas influenciam na pesca, na vida marinha e no clima. A corrente do Golfo (Golfo do México), que é quente, por exemplo, ameniza o inverno das Ilhas Britânicas, localizadas na Europa. A passagem de correntes frias, nas proximidades do litoral dos continentes, provoca chuvas no mar, diminuindo a umidade dos ventos que seguem em direção do continentes, contribuindo para a formação de desertos, como o Deserto de Atacama no Chile.

A maior parte do litoral do Brasil é banhada por correntes quentes: a das Guianas, a Sul-equatorial e a do Brasil.

Observe o mapa das correntes marinhas.

Correntes marinhas

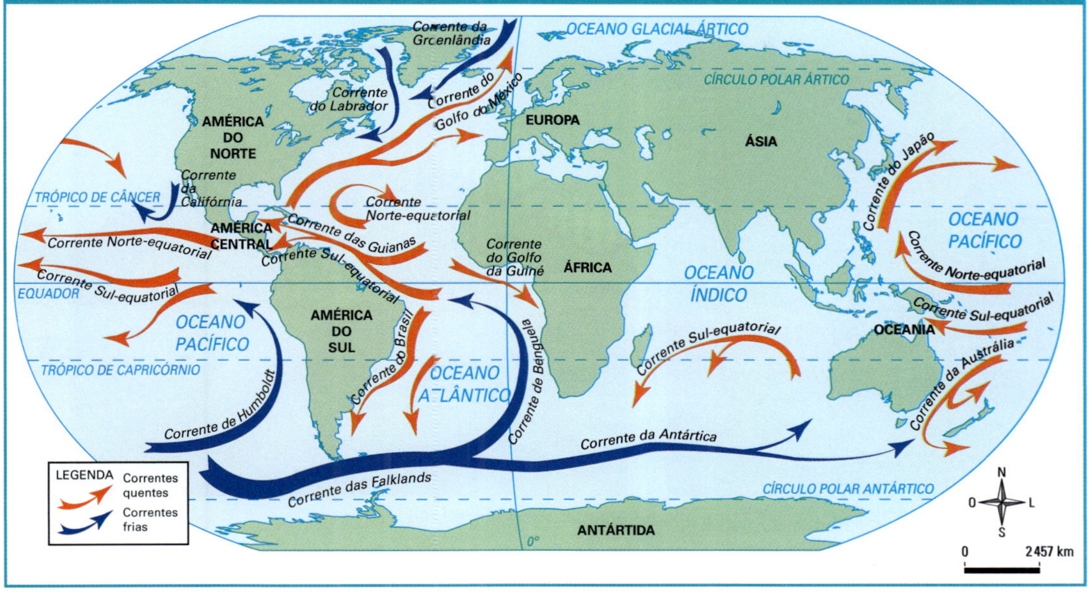

Fonte: CORBELLINI, G. *Il Marcopolo*. Turim: Marietti, 1998. p. 171 (adaptado).

- Responda às questões a seguir.

1. Qual a região de origem das correntes frias? E das quentes?

2. Quais correntes passam pelo litoral brasileiro?

3. No litoral do continente africano, qual corrente poderia contribuir para a formação de deserto?

Os elementos necessários à vida marinha estão presentes nas correntes marinhas. Elas são ricas em microrganismos que servem de base para a alimentação dos peixes. O encontro das águas frias com as quentes provoca maior circulação das águas, levando ao fundo algas e fungos que alimentam os peixes. Por isso, as correntes são favoráveis ao desenvolvimento de grandes cardumes e, consequentemente, à atividade pesqueira. Além disso, os movimentos das correntes frias para as regiões quentes e das correntes quentes para as regiões frias influem no clima desses locais.

Ondas

Os movimentos superficiais produzidos pelo vento, ao tocar a superfície da água, produzem ondulações (marulho). Se houver maior intensidade de vento, as ondulações podem converter-se em **ondas**. As ondas também podem ser causadas por abalos sísmicos no fundo do mar, os quais se propagam pelas águas, formando ondas gigantescas. São os maremotos.

Marés

As **marés** são as variações periódicas do nível das águas marinhas. Esses movimentos ocorrem por causa da atração que o Sol e a Lua exercem sobre as águas marinhas pela força da gravidade.

A altura das marés, ou seja, a diferença entre o nível mais baixo e o mais alto das águas, varia em função das formas dos terrenos do litoral (baía, golfo, enseada etc.). Em algumas partes do mundo, elas atingem alturas excepcionais, como na baía do monte Saint-Michel, na França (15 metros). No Brasil, a altura das marés varia entre dois e oito metros.

Maré baixa (à esquerda), em 2011, e maré alta (à direita), em 2009, na baía de Saint-Michel, na França.

Usina maremotriz de Annapolis, Estados Unidos (2008). Usinas como essa usam as variações da maré para geração de energia elétrica.

A pesca

Os oceanos servem de importante fonte de alimento para o ser humano. Dele extraímos muitas espécies de peixes e outros animais para nossa alimentação, fabricação de remédios e cosméticos.

A atividade pesqueira é responsável pelo sustento de considerável parcela da população mundial, especialmente a que habita uma vasta área do continente asiático. A pesca não se restringe apenas à captura do peixe, mas abrange a retirada de diversos seres vivos do meio aquático, tais como crustáceos, moluscos, algas, corais etc. Além de ser consumido em estado natural (peixes e crustáceos frescos), o pescado é utilizado pela indústria na fabricação de farinhas, óleos e graxas.

MAIS INFORMAÇÃO

O que se extrai do mar além de peixes

"[...] Os oceanos nos oferecem muitas outras coisas [além de peixes]. Energia, por exemplo. Boa parte do petróleo, que se transforma em produtos como gasolina, entre outros, vem do mar. No Brasil, cerca de 80% do petróleo extraído resulta da exploração submarina no litoral do Rio de Janeiro [...] O próprio movimento das ondas pode ser transformado em energia para impulsionar máquinas e geradores. Até as drásticas diferenças de temperatura entre a superfície e o fundo do oceano podem ser transformadas, por meio de tecnologias sofisticadas, em energia elétrica. Esse tipo de geração de energia apresenta a vantagem de ser uma possibilidade de produção de energia em larga escala, que, pelo que os estudos indicam até o momento, causa menos impacto ambiental."

GIMENEZ, Karen. *Os oceanos*. São Paulo: Atual, 2008. p. 31-32.

As principais zonas de pesca do mundo

Geralmente, as grandes regiões de pesca estão situadas sobre a **plataforma continental**, onde a profundidade das águas não ultrapassa 200 metros e onde se misturam águas de temperatura e salinidade diferentes. Nesses trechos dos oceanos, o **plâncton** é mais abundante, o que contribui para a presença de um maior número de peixes e outras espécies de animais.

Observe o mapa.

Plataforma continental
Trecho do relevo coberto pelas águas marinhas até a profundidade de 200 metros (primeiro trecho do relevo submarino). Constitui uma continuação do relevo do continente.

Plâncton
Conjunto de organismos que vivem nas águas doce, salobra e marinha, sendo transportados pelas correntezas.

Principais zonas de pesca no mundo (final do século XX)

Fonte: CORBELLINI, G. *Il Marcopolo*. Turim: Marietti, 1998. p. 177 (adaptado).

- Compare esse mapa com o de correntes marinhas (p. 165), lembrando-se do que você estudou a respeito dessas correntes. Depois, converse com seus colegas e com seu professor: o que explica a formação das principais zonas de pesca nessas áreas?

MAIS INFORMAÇÃO

As fazendas marinhas

"Uma solução encontrada para amenizar o declínio dos estoques de pesca é a aquicultura, as fazendas marinhas. São hoje o setor da indústria alimentícia que mais cresce no mundo. Bem manejadas, as fazendas marinhas podem até aliviar a pressão sobre o oceano. Delas já saem 30% dos frutos do mar que comemos – salmão, truta, bacalhau, camarão."

CARMELLO, Claudia. O fim dos oceanos. Disponível em: <http://planetasustentavel.abril.com.br/noticia/lixo/conteudo_410954.shtml>. Acesso em: 23 abr. 2014.

A poluição das águas marinhas

Barcos removem petróleo da superfície da água no Golfo do México, próximo à costa do estado de Louisiana, EUA (2010). Este foi o maior derramamento de petróleo da história dos Estados Unidos.

Esgoto corre a céu aberto na praia de Astúrias, no Guarujá, São Paulo (2008).

A poluição das águas marinhas é um grave problema ambiental. Suas principais causas são: as atividades humanas ligadas à expansão urbana, à construção de portos, marinas e obras de proteção da costa; o lançamento de esgotos domésticos e industriais; o derramamento de óleo provocado por vazamentos de navios petroleiros, de plataformas de extração de petróleo e de oleodutos; a lavagem de tanques de armazenamento de óleos e os detritos lançados pela população que frequenta as praias.

Alguns hábitats importantes para a biodiversidade marinha estão sendo agredidos. As zonas onde se reproduzem e se alimentam espécies marinhas de importância vital para a segurança alimentar mundial estão sendo destruídas. Segundo as projeções atuais, se não forem tomadas medidas urgentes, poderá haver perdas de 50% a 60% nos próximos anos.

Observe o tempo que o lixo lançado nas águas marinhas pode durar, poluindo os oceanos e o nosso planeta:

Tempo de vida de alguns materiais no mar	
Bilhete de metrô ou ônibus	3 a 4 meses
Papel/jornal/maço de cigarro	3 a 12 meses
Fósforo	6 meses
Fruta	3 meses a 2 anos
Goma de mascar	5 anos
Isqueiro de plástico	100 anos
Garrafa de plástico	100 anos
Pneu	100 anos (no mínimo)
Lata de alumínio	100 a 500 anos
Brinquedo de plástico	450 anos
Embalagem aerossol	500 anos
Saco ou embalagem de plástico	100 a 1.000 anos
Cartão de banco ou telefone	1.000 anos
Vidro	4.000 anos
Pilha	Não degradáveis

Fonte: Convenção das Nações Unidas sobre o Direito do Mar – 2002 / Katembe.
Disponível em: <http://www.katembe2.com/ambiente.htm>. Acesso em: 23 abr. 2014.

9 **Hidrosfera**
Para o assunto ***Hidrosfera e problemas ambientais***, acesse e explore este OED.

MAIS INFORMAÇÃO

Um oceano de plástico

"No oceano Pacífico há uma enorme camada flutuante de plástico, que já é considerada a maior concentração de lixo do mundo, com cerca de 1.000 km de extensão, vai da costa da Califórnia, atravessa o Havaí e chega a meio caminho do Japão e atinge uma profundidade de mais ou menos 10 metros . Acredita-se que haja neste vórtex de lixo cerca de 100 milhões de toneladas de plásticos de todos os tipos".

Disponível em: <http://www.uniagua.org.br/>.
Acesso em: 17 out. 2011.

Lixo no fundo do mar: mergulhador nada sobre pilha de pneus na Malásia (2010).

Vórtex (ou vórtice)
Redemoinho forte.

Atividades

RETOME SEUS CONHECIMENTOS

1. Observe o mapa e responda às questões a seguir.

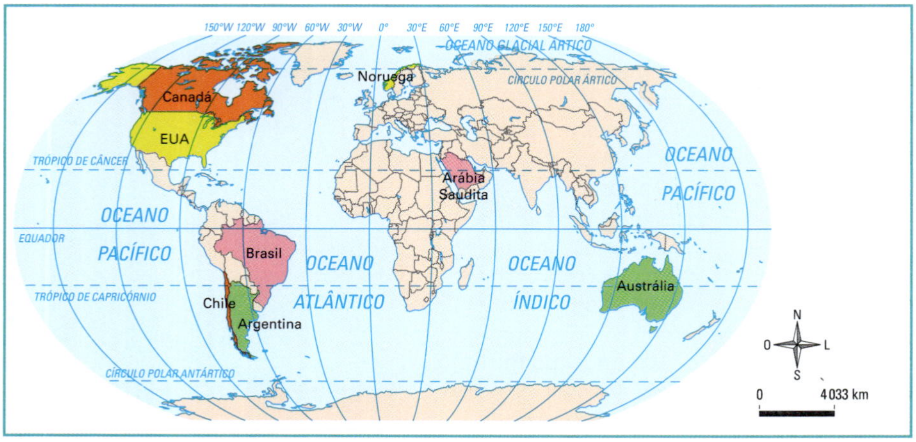

Fonte: *Atlas geográfico escolar*. Rio de Janeiro: IBGE, 2009. p. 32 (adaptado).

a) Quais oceanos podem ser observados?

b) Quais oceanos serão percorridos por um navio que transporte:

- petróleo da Arábia Saudita para o Brasil?
- peixes da Noruega para os Estados Unidos?
- madeira do Canadá para o Chile?
- carneiros da Austrália para a Argentina?

2. Qual é a importância das correntes marítimas?

EXERCITE SEUS CONHECIMENTOS

3. Por que a extração de sal no Brasil acontece principalmente no Rio Grande do Norte e no Rio de Janeiro? Por que essa extração não acontece no Rio Grande do Sul?

4. O navegador Amyr Klink saiu do porto de Luderitz, na Namíbia, costa oeste da África, cruzou o oceano Atlântico em um barco a remo e, depois de cem dias, atingiu a costa brasileira. Observe o mapa "Correntes marinhas" (p. 165) e descubra quais correntes o ajudaram a fazer essa longa travessia.

5. Observe a fotografia e responda: Que problema ambiental ela revela? Explique.

6. Procure saber qual foi o último acidente que poluiu águas marinhas em qualquer parte do mundo, qual foi o tipo de poluição e quais foram as consequências desse acidente. Escreva um texto sobre ele.

Litoral da Nova Zelândia (2011).

14 Águas continentais

PARA CONTEXTUALIZAR

Observe as fotografias.

Clube de Regatas Tietê, às margens do rio Tietê, em São Paulo, SP, cerca de 1905.

Poluição em trecho do rio Tietê, em São Paulo, SP, em 2011.

ATIVIDADES

Converse com seus colegas e com seu professor.

1. O que mostra a imagem **A**?
2. O que mostra a imagem **B**?
3. Na sua opinião, é importante aproveitar as águas dos rios da forma que foi mostrada na imagem **A**?
4. É possível realizar essas atividades com a água poluída?
5. Na cidade em que você mora, existe algum rio em que seja possível realizar atividade de lazer, como nadar ou tomar banho?

As águas continentais

As águas continentes são as "águas doces", indispensáveis para a manutenção da vida. Compõem aproximadamente 3% das águas disponíveis no planeta Terra e estão distribuídas nos rios, nos lagos, em camadas subterrâneas do solo ou em geleiras.

A importância das águas fluviais

Por serem elementos de grande importância para a organização do espaço geográfico por parte da população, daremos destaque ao estudo dos **rios** (águas fluviais).

Os rios correspondem a cursos d'água que se deslocam de partes mais elevadas da superfície terrestre (nascente) até atingierem altitudes mais baixas, onde lançam suas águas em outro rio ou no mar.

Os rios apresentam uma grande quantidade de espécies animais e vegetais, e neles se desenvolvem diversos ecossistemas. Desempenham um papel fundamental no equilíbrio dos ecossistemas, como fontes de água e nutrientes, e no próprio ciclo da água.

Do ponto de vista socioeconômico, as águas dos rios são importantes porque:

- permitem o transporte de mercadorias a um custo mais baixo em relação aos demais meios de transporte de cargas;
- quando apresentam desníveis (quedas-d'água e cachoeiras), permitem a geração de energia elétrica, por meio da construção de barragens e da instalação de usinas;
- após receberem tratamento, podem abastecer a população;
- dependendo de suas características e da configuração do relevo, tornam possível a prática da atividade agrícola nas áreas próximas às suas margens;
- podem ser utilizadas para irrigar as plantações;
- delas podem ser obtidos peixes, que servem de alimento;
- possibilitam atividades de lazer.

- Observe as imagens e dê nomes para as atividades que estão sendo realizadas nas águas continentais.

As partes de um rio

Observe a ilustração.

Fonte: SAUVAIN, Philip. *Rios e vales*. São Paulo: Scipione, 1998. p. 44 (adaptado).

O caminho percorrido por um rio desde a nascente até a foz ou desembocadura constitui o seu **curso**. O canal que ele escava e por onde corre chama-se **leito**.

Os rios que apresentam água permanentemente são chamados **perenes**. Os que chegam a secar nos períodos sem chuva, como alguns do Nordeste brasileiro, são chamados **temporários** ou **sazonais**.

O transporte fluvial e a energia hidrelétrica

Desde tempos remotos, os rios constituem importantes vias naturais de transporte. No entanto, para o aproveitamento dessas vias, algumas dificuldades precisam ser superadas:

- a descontinuidade do curso dos rios, tais como quedas, corredeiras e cachoeiras;
- o aumento ou a diminuição periódica do volume de água;
- a profundidade dos rios, que nem sempre permite a navegação de grandes embarcações.

Os trechos de rios e lagos efetivamente usados para transporte são chamados **hidrovias**. No Brasil, apesar do papel importante que os rios desempenharam no passado — permitiram, por exemplo, a penetração no território e a ocupação das regiões mais interiores —, a navegação fluvial atualmente tem uma posição muito modesta em termos de volume de carga e de passageiros transportados.

Rede hidroviária brasileira – extensão aproximada (em milhares de km)

Navegável	Potencial*	Total
42,8	20,9	63,7

* Pode se tornar navegável se forem realizadas obras de melhorias.

Fonte: Ministério dos Transportes, 2013.

Essa posição modesta da navegação fluvial brasileira pode ser justificada, em parte, pelo predomínio dos rios com quedas-d'água, que dificultam e, em alguns casos, até impossibilitam a navegação. Mas o principal motivo da não valorização do transporte fluvial está no fato de ter sido priorizado o transporte de carga por rodovias — o que favoreceu as indústrias automobilísticas estrangeiras produtoras de caminhões.

Nos rios que apresentam quedas-d'água ou desníveis em seu percurso, pode-se obter energia elétrica por meio do represamento de suas águas. Para isso, são construídas barragens que possibilitam a instalação de usinas hidrelétricas.

O potencial energético dos rios denomina-se **potencial hidráulico**. No Brasil esse potencial é grande, pois muitos rios apresentam quedas-d'água. Nos rios brasileiros há várias usinas hidrelétricas.

No rio Paraná há quatro usinas instaladas: a de Ilha Solteira e a de Jupiá, formando o complexo de Urubupungá; a de Porto Primavera (Engenheiro Sérgio Mota) e a de Itaipu. No rio Tocantins há a usina de Tucuruí. No rio São Francisco está a de Três Marias, a de Sobradinho, a de Xingó e a de Paulo Afonso, entre outras.

Brasil – Principais usinas hidrelétricas

Fonte: CALDINI, Vera; ÍSOLA, Leda. *Atlas geográfico Saraiva*. São Paulo: Saraiva, 2009. p. 46 (adaptado).

As bacias hidrográficas

O estudo das bacias hidrográficas permite caracterizar o potencial hidrelétrico de uma região ou de um país quanto à navegabilidade e à possibilidade de aproveitamento energético.

Uma **bacia hidrográfica** corresponde à área banhada por um rio principal e sua rede de afluentes. Os trechos que separam as bacias são chamados divisores de águas.

A maior bacia hidrográfica da Terra, em extensão, é a do rio Amazonas, situada no norte do Brasil. A segunda, também sul-americana e pertencente em parte ao Brasil, é a Platina, que reúne as bacias do Paraná, Paraguai e Uruguai. A terceira maior bacia é a dos rios Mississippi e Missouri, que está situada na porção central do território dos Estados Unidos.

O Brasil possui 12% da água doce do planeta e cerca de doze mil rios que escorrem pelo nosso território.

Bacia hidrográfica

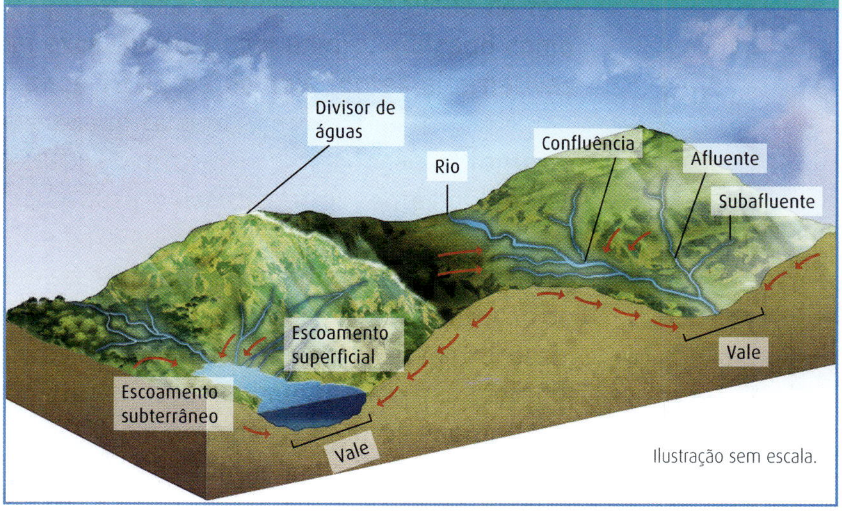

Fonte: *Atlas Visuais – A Terra*. São Paulo: Ática, 1995. p. 45 (adaptado).

Brasil – Bacias hidrográficas

Fonte: *Atlas geográfico escolar*. Rio de Janeiro: IBGE, 2009. p. 105 (adaptado).

Mundo – Principais bacias hidrográficas

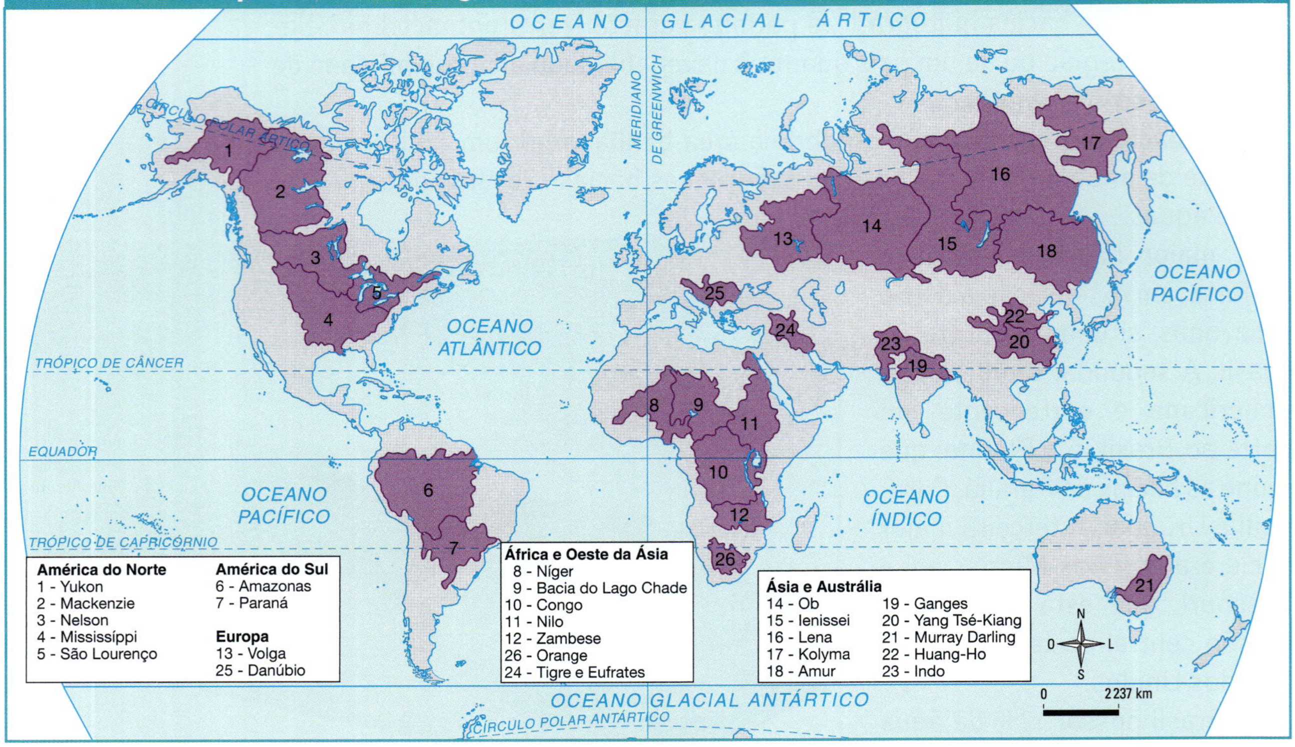

Fonte: United Nations Environment Programme (Unep); World Conservation Monitoring Centre (WCMC); World Resources Institute (WRI); American Association for the Advancement of Science (AAAS); *Atlas of Population and Environment*, 2001.

A poluição dos rios

Como vocês conversaram na seção **Para contextualizar**, com o crescimento da população urbana em todo o mundo, uma enorme quantidade de resíduos passou a ser lançada nos rios, sobretudo nos que atravessam grandes cidades. Esses resíduos, e os inúmeros produtos químicos resultantes da atividade industrial, poluem os rios, matam as plantas e os peixes que neles vivem e tornam as águas impróprias para o desenvolvimento de atividades como a pesca, a prática de esportes e lazer e para o consumo pela população.

Águas subterrâneas

Mais de um quarto da população mundial depende atualmente das águas subterrâneas para obter água potável. Elas se constituem no segundo maior depósito de água doce do planeta, ocupando os espaços entre as rochas do subsolo e se deslocam pelo efeito da força da gravidade.

As águas subterrâneas são as águas doces continentais formadas pela infiltração das águas das chuvas que caem no solo.

Quando a água da chuva penetra o solo e encontra rochas impermeáveis, ela se acumula e forma reservatórios chamados **lençóis subterrâneos** ou **aquíferos**.

Os lençóis subterrâneos podem se tornar nascentes de rios ao encontrarem algumas partes da superfície terrestre. Assim como os aquíferos, são importantes fontes de água doce. Eles podem ser explorados por diferentes técnicas, dependendo de suas profundidades. Os reservatórios menos profundos podem ser explorados por meio de perfuração manual, utilizando-se pás e picaretas, enquanto os mais profundos dependem de máquinas para serem alcançados.

MAIS INFORMAÇÃO

O aquífero Guarani

O aquífero Guarani é um grande reservatório de água subterrânea, com uma área total de quase 1,2 milhão de km². Ele está localizado sob o território do Uruguai (58. 500 km²), Paraguai (71.700 km²), Argentina (225.500 km²) e Brasil (839.800 km²). Sua maior ocorrência, portanto, está no território brasileiro com aproximadamente 71% do total.

No Brasil, ele está localizado sob os estados de Goiás, Mato Grosso do Sul, Minas Gerais, São Paulo, Paraná, Santa Catarina e Rio Grande do Sul.

Estima-se que ele seja o maior aquífero do mundo. Portanto, não há dúvidas que ele é um dos mais importantes reservatórios de água doce do mundo e precisa ser preservado.

América do Sul – Aquífero Guarani (2009)

Fontes: elaborado com base em: *Ciência Hoje On-line*. Disponível em: <http://cienciahoje.uol.com.br/noticias/geociencias/aquifero-guarani-sob-risco-de-contaminacao> (adaptado). Acesso em: 23 abr. 2014; *Atlas geográfico Saraiva*. São Paulo: Saraiva, 2009. p. 33.

Atividades

RETOME SEUS CONHECIMENTOS

1. Explique por que as águas dos rios são importantes.
2. Por que é modesta a posição da navegação fluvial brasileira em termos de volume de carga e de passageiros transportados?
3. O que é potencial hidráulico e qual a sua importância para o Brasil? Explique.

EXERCITE SEUS CONHECIMENTOS

4. Observe o mapa da página 175 e responda às questões.
   a) O que o mapa está representando?
   b) Indique algumas bacias hidrográficas brasileiras.
   c) Cite o nome dos principais rios que correm no estado onde você mora.
   d) O seu município faz parte de qual bacia hidrográfica?
5. Observe a ilustração e responda.

Fonte: croqui elaborado pelos autores (fictício).

   Em qual dos rios haverá maior probabilidade de ocorrer problemas ambientais? Por quê?

6. Em grupos, e sob a supervisão de um adulto, façam uma visita a um rio ou córrego de seu município.
   Anotem o que achar importante e, depois, individualmente, escrevam um texto sobre o que vocês observaram: o rio é bonito, limpo ou poluído? Qual a sua utilização pela população local? Pesquisem também onde fica sua nascente e sua foz.
7. Com base no que você aprendeu e observou até aqui, converse com seus colegas e com seu professor sobre o que pode ser feito para despoluir ou não poluir um rio. Façam uma relação com as principais sugestões de todos.

DIVERSIFICANDO

LIVROS

A água na natureza e na vida dos homens

Evaristo Eduardo de Miranda.
Aparecida: Ideias & Letras, 2004.

O livro trata da origem e da importância da água para o ser humano. O autor enfatiza sua preocupação com os grandes problemas da gestão dos recursos hídricos.

Água: vida e energia

Eloci Peres Rios.
São Paulo: Atual, 2004.

Aborda a busca do ser humano, desde o seu aparecimento na Terra, em organizar sua vida próximo a reservas de água, uma vez que esse elemento é essencial à nossa sobrevivência. A sociedade atual, entretanto, promove atitudes que geram impactos ambientais e que se mostram desfavoráveis à preservação desse precioso recurso natural.

Os oceanos: O movimento da vida em um universo pouco conhecido

Karen Gimenez.
São Paulo: Atual, 2008 (Col. Geografia Sem Fronteiras).

Este volume da coleção trata da formação dos oceanos, do seu relevo, da sua biodiversidade, e também da sua importância política e econômica desde os tempos antigos. A questão ambiental é abordada, uma vez que os oceanos são atingidos pelo lixo jogado na região costeira e pelos vazamentos de petróleo.

Água: esperança e futuro

Edmundo Garcia.
São Paulo: Loyola, 2004.

O livro discute a problemática de um mundo que convive com a escassez de água e a necessidade de tomar medidas para evitar um fim trágico para a humanidade.

O manifesto da água: Argumentos para um contrato mundial

Riccardo Petrella.
Rio de Janeiro: Vozes, 2002.

O autor faz críticas às políticas da água, tratada como um produto orientado para o mercado.

SITES

De olho nos mananciais

<http://www.mananciais.org.br>.

Este *site* é um canal aberto para informar, debater, acompanhar e proteger as fontes de água que abastecem as grandes cidades, começando por São Paulo.

Sabesp

<http://site.sabesp.com.br/site/interna/subHome.aspx?secaoId=95>.

Site que permite acesso aos mais diferentes temas relativos ao uso correto da água.

O Aquífero Guarani

<http://www.oaquiferoguarani.com.br>.

Site referente ao livro *O Aquífero Guarani*, em que os autores agregam informações gerais sobre a disponibilidade e o uso da água no mundo, além das informações mais importantes relativas ao Aquífero Guarani, como os aspectos gerais sobre a sua extensão, características geológicas e hidroquímicas, e as aplicações do seu geotermalismo.

PROJETO ESPECIAL

Os mananciais e a expansão das cidades

Observe a ilustração.

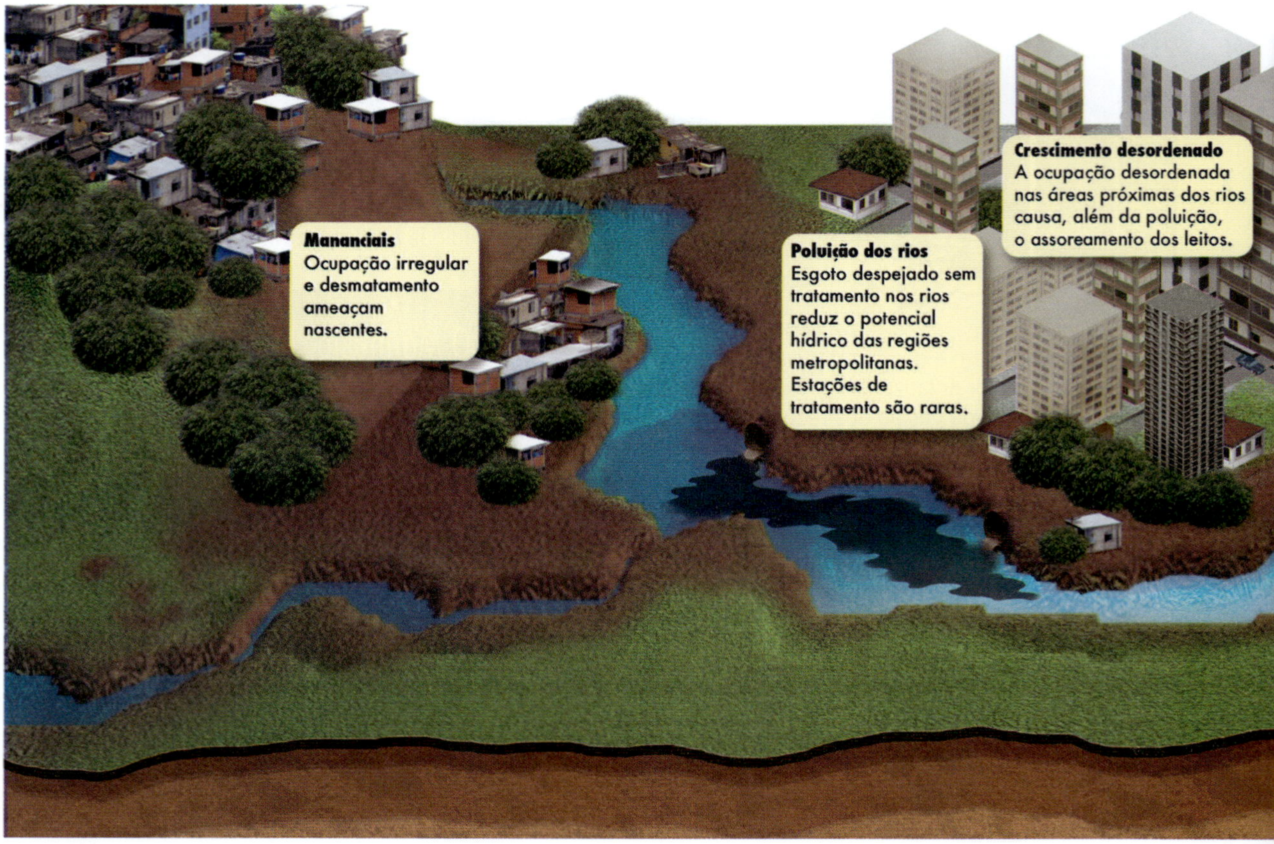

Fonte: *Folha de S.Paulo*, 24 jun. 2001 p. C-8.

Os **mananciais** são as nascentes abastecedoras naturais de água doce, que se originam de lençóis subterrâneos e de cursos de água superficiais, como córregos e rios. As áreas de mananciais devem ser protegidas por meio da conservação da sua paisagem vegetal e da proibição de construções, que podem poluir a água e comprometer sua qualidade. Esse fato exige mais gasto com o tratamento de água para que ela possa ser distribuída para a população.

No entanto, a ocupação desordenada das margens dos rios (construção de moradias irregulares, prédios, avenidas) contribui para o acúmulo de lixo, o despejo de esgoto muitas vezes sem tratamento, o aterramento de parte do rio, a alteração do seu leito e a canalização das suas águas.

Com a falta de políticas habitacionais adequadas nas grandes cidades, as pessoas mais pobres acabam ocupando e construindo moradias em locais mais distantes do centro, nas periferias. Muitas vezes, nesses locais estão áreas de mananciais.

Represa Billings, em São Bernardo do Campo, São Paulo (2008).

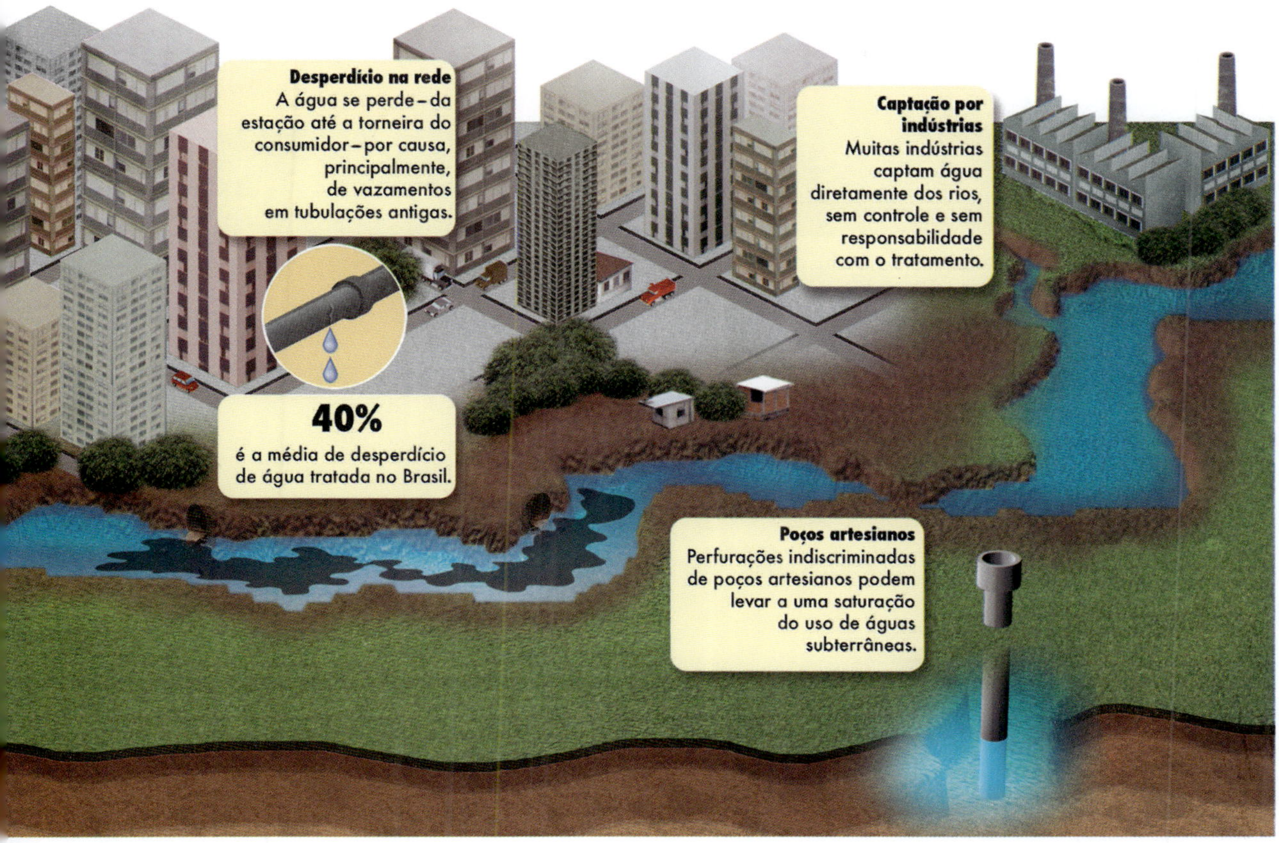

Na Grande São Paulo, por exemplo, mais de 1,6 milhão de pessoas moram em áreas de mananciais.

Como consequência, podem ocorrer a erosão e o assoreamento do rio, enchentes e poluição. Com isso, a disponibilidade de água de boa qualidade fica cada vez mais reduzida, exigindo investimentos cada vez maiores para o seu tratamento.

Ocupação desordenada em região de mananciais na represa Billings, em São Paulo, São Paulo (2011).

ATIVIDADES

Em grupos, você e seus colegas vão produzir um mural com as informações sobre o abastecimento de água da região em que vocês moram.

1. Em um mapa localizem a bacia hidrográfica da sua região e seus principais rios.
2. Façam uma lista das principais fontes de abastecimento e fornecimento de água potável da região.
3. Procurem saber se há problemas ambientais nessas áreas de mananciais. Pesquisem também se há perda de água na rede de abastecimento da região, problema que é, infelizmente, muito comum no Brasil inteiro.
4. Façam uma lista apresentando soluções para os problemas encontrados.

Recursos naturais, trabalho e atividades econômicas

Estaleiro na Baía de Guanabara em Niterói, Rio de Janeiro (2010).

UNIDADE

VI

Agricultura em Santa Maria de Jetibá, Espírito Santo (2008).

O trabalho, que permite à sociedade organizar o espaço geográfico, pode ser definido como a atividade praticada para a produção de bens materiais e geração de serviços. Existem diferentes tipos de trabalho, que estão distribuídos em diversas atividades econômicas – agropecuária, extrativismo, indústria, comércio etc. Essas atividades são interdependentes e, por sua vez, dependem das fontes de energia, fundamentais ao desenvolvimento econômico

Nas imagens, podemos observar o espaço rural e o urbano.

- Você mora em um espaço rural ou urbano? Cite exemplos de trabalhos que são desenvolvidos no lugar em que você mora.

O trabalho e as atividades econômicas que se desenvolvem tanto na cidade como no campo e os tipos de recursos trabalhados pelas pessoas são os temas que você vai estudar nesta unidade. Você vai compreender também algumas características das relações de trabalho e irá verificar que nem todas as pessoas da sociedade têm uma oportunidade de trabalho.

15 Recursos naturais e fontes de energia

PARA CONTEXTUALIZAR

Observe as fotografias.

Dubai, nos Emirados Árabes (2011).

Rio de Janeiro, Rio de Janeiro (2011).

ATIVIDADES

Converse com seus colegas e com seu professor.

1. O que existe em comum entre essas duas cidades?
2. De onde vem a energia elétrica das cidades e das residências, indústrias e equipamentos que estão no campo?
3. Além de fornecer iluminação, para que serve a energia elétrica?
4. Entre as várias formas de energia, há a eletricidade. Mas vamos pensar nos veículos. O que faz com que eles se movimentem? Não são fontes de energia também? Quais fontes energéticas são utilizadas nos veículos?
5. Pense nas atividades diárias que você realiza. Quais dependem da utilização de energia elétrica?

Recursos naturais renováveis e não renováveis

Os seres humanos encontram na natureza os recursos necessários para produzir tudo aquilo de que necessitam para sua sobrevivência. Esses recursos são chamados de **recursos naturais**.

Os recursos naturais são classificados como: **recursos renováveis** e **recursos não renováveis.**

Recursos renováveis

Os recursos renováveis são aqueles que, depois de utilizados, podem ser renovados após determinado período de tempo. Eles são reproduzidos ou recuperados pela natureza ou pela ação humana.

As **árvores**, a partir das quais é possível fabricar papel e que nos fornecem madeira, a **água**, fundamental para o abastecimento das populações, e o **solo**, que possibilita a produção de grande parte dos alimentos, são alguns exemplos.

O solo é um recurso renovável. Nesta fotografia, plantação de frutas irrigadas no vale do São Francisco. Sobradinho, Bahia (2010).

Recursos não renováveis

Outros recursos, porém, como os minerais (**ouro**, **ferro**, **carvão mineral** e **petróleo**) levaram milhões de anos até completar seu processo de formação. Por isso, uma vez exploradas todas as suas reservas, não haverá a possibilidade de renovação. Daí eles serem chamados de recursos não renováveis.

Atualmente, muitos produtos do nosso dia a dia dependem desses recursos não renováveis. É o caso do petróleo, matéria-prima fundamental para a produção de plásticos e de energia, como os combustíveis gasolina e óleo *diesel*. Usamos também o ferro, o manganês e o carvão mineral para a produção do aço e a bauxita para a produção do alumínio.

Extração de minério de ferro na mina de Conceição, no Complexo de Itabira, Minas Gerais (2009).

Recursos naturais e as fontes de energia

Desde os tempos mais antigos os recursos naturais foram utilizados como fontes de energia. Um exemplo disto é a lenha, que até hoje continua a ser empregada como fonte de energia em diversos lugares da Terra.

Painéis solares em Weinbourg, França (2010).

Atualmente, para a obtenção de energia são utilizados mais intensamente recursos naturais não renováveis como o **petróleo**, o **carvão mineral**, o **gás natural**, o **urânio** (energia nuclear ou atômica). Também são utilizados recursos renováveis como a **água dos rios** (energia hidrelétrica), a energia do **Sol**, a do **vento** (energia eólica) e a das **marés**. Embora sejam consideradas não poluentes, a energia do **Sol**, a do **vento** e a das **marés** ainda são pouco usadas.

A energia hidrelétrica é uma das principais fontes para a geração de energia elétrica no Brasil. No entanto, a construção das usinas faz com que imensos lagos artificiais (represas) sejam construídos. Com isso, trechos de florestas geralmente ficam submersos, animais morrem e a população que habita as áreas alagadas pelas represas tem de ser transferida para outros locais, causando-lhes grandes transtornos.

As fontes energéticas mais usadas atualmente são o petróleo, o carvão mineral e o gás natural, não somente para a geração de energia elétrica (usinas termelétricas), mas também para movimentar todo tipo de veículos: carros, motocicletas, tratores, navios, aviões etc. A demanda mundial por eletricidade deve crescer intensamente nas próximas décadas.

Como as sociedades dependem bastante dessas três fontes energéticas, isso vem sendo motivo de preocupação, pois a queima do carvão mineral e dos combustíveis feitos a partir do petróleo é a principal responsável pela intensificação do efeito estufa e do aquecimento global no planeta. Os gases liberados por essas fontes geram também poluição atmosférica, que afeta a vida animal e vegetal.

O petróleo

O petróleo constitui a principal fonte de energia no mundo e é o componente básico de mais de seis mil produtos.

As jazidas de petróleo estão localizadas entre camadas de rochas impermeáveis, a grandes profundidades da crosta terrestre, no subsolo dos mares ou em locais que anteriormente estiveram cobertos por mares e lagos.

O petróleo originou-se de restos de vegetais e animais, incluindo milhões de organismos marinhos microscópicos, que foram se depositando no fundo de mares e lagos. Durante milhões de anos, sobre eles acumularam-se sedimentos rochosos, que os comprimiram, formando um líquido negro e viscoso.

Para ser aproveitado economicamente, o petróleo bruto (extraído dos poços) precisa ser refinado. O papel das refinarias é transformar o petróleo bruto em produtos úteis à sociedade, tais como gases (metano e de cozinha), produtos leves (gasolina e querosene), produtos intermediários (óleo *diesel*) e produtos pesados (óleos lubrificantes e parafina).

Veja no quadro abaixo onde se encontram as maiores reservas de petróleo no mundo.

Países com maiores reservas de petróleo (2012)	Em bilhões de barris
Venezuela	297,6
Arábia Saudita	265,9
Canadá	173,9
Irã	157,0
Iraque	150,0
Kuwait	101,5
Emirados Árabes Unidos	97,8
Rússia	87,2
Líbia	48,0
Nigéria	37,2

Fonte: *Statistical Review of World Energy* 2013. Disponível em: <www.bp.com>. Acesso em: 17 dez. 2013.

Extração de petróleo na região do rio Orinoco, Venezuela (2012).

MAIS INFORMAÇÃO

Derivados do petróleo

"O petróleo está presente em vários produtos de grande utilidade para o nosso dia a dia, como na gasolina, que serve de combustível para carros e aviões. Já o óleo *diesel* é usado em ônibus, caminhões e para gerar eletricidade em regiões isoladas. O GLP é o gás vendido em botijões e usado no fogão que faz a comida. O querosene é utilizado como combustível para aviões, na iluminação e para uso doméstico. Os óleos combustíveis são queimados nas indústrias para fornecer energia. A nafta produz solventes para tintas e adesivos, para extração de óleos vegetais, como o de soja, e também pode ser usada na petroquímica — da mesma forma que o etano do gás natural — e na indústria de borracha. Isso significa que tem nafta na sola do seu sapato, nos pneus dos carros e dos ônibus, enfim, em tudo o que é de borracha.

Mas e o chocolate, a vela e o batom também têm derivados do petróleo? A resposta é sim. Todos esses produtos possuem parafina na sua composição. Sem ela, o chocolate e o batom derreteriam com a maior facilidade. Isso não quer dizer que você tenha de pensar duas vezes antes de comer chocolate, pois a parafina que ele contém, além de ser pura, não é absorvida pelo organismo. Já as velas, tanto as que são acesas nas igrejas quanto as que são colocadas no bolo de aniversário, são a própria parafina no estado sólido."

MATTOS, João Carlos Frederico de. Charada no fundo da Terra. *Ciência Hoje das Crianças*. Rio de Janeiro: SBPC, ano 13, n. 108, nov. 2000. p. 4. Suplemento CHC.

Fissão

Neste caso, reação nuclear espontânea ou provocada, em que um núcleo atômico, geralmente pesado, se divide em duas partes de massas semelhantes, liberando grande quantidade de energia.

Energia nuclear

A energia nuclear produz 15% da eletricidade mundial. Sua grande vantagem é produzir eletricidade sem emitir gases do efeito estufa na atmosfera. É uma fonte de energia recente, pois só vem fornecendo eletricidade em grande escala há apenas pouco mais de cinquenta anos.

A energia nuclear ou atômica é produzida nas usinas nucleares por meio da fissão do núcleo do átomo do urânio. No Brasil, há duas usinas nucleares, Angra I e Angra II, ambas localizadas em Angra dos Reis, no litoral sul do estado do Rio de Janeiro.

MAIS INFORMAÇÃO

Usinas nucleares – o mapa do setor no Brasil

Energia nuclear no Brasil

- Extração de 400 toneladas de urânio por ano, pela Indústria Nucleares do Brasil (INB).
- Em 2007, as duas usinas nucleares produziram 2,84% da energia elétrica nacional — representam cerca de 50% do consumo do estado do Rio de Janeiro.

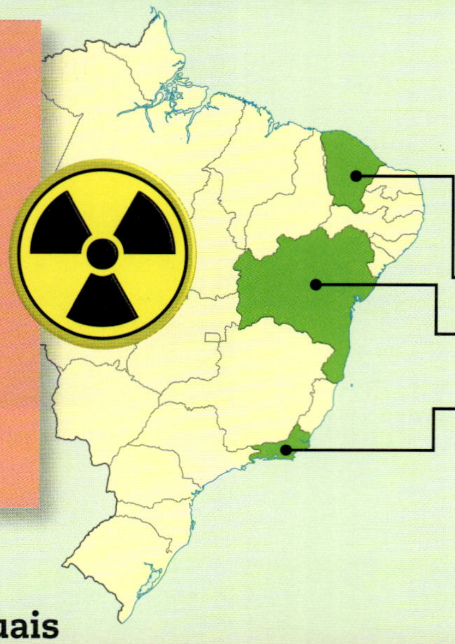

Principais locais das instalações nucleares

Minas de urânio: Santa Quitéria (CE)

Minas de urânio: Lagoa Real-Caetité (BA)

Produção do combustível: Resende (RJ)

Usinas em funcionamento: Angra dos Reis (RJ)

Usinas nucleares atuais

Usina	Início da construção	Entrada em operação	Capacidade
Angra 1	1972	1985	657 MW
Angra 2	1976	2001	1.350 MW

Novas usinas nucleares

O que o governo está prevendo: até 2030, instalar entre 4 e 8 novas usinas nucleares.

As usinas com cronograma mais adiantado

Usina	Início da construção	Entrada em operação	Capacidade	Custo*
Angra 3	1984-1986 – retomada em 2009	2015	1.350 MW	R$ 7,3 bilhões
Nordeste 1**	2013	2019	1.000 MW	R$ 7 bilhões
Nordeste 2 **	2015	2021	1.000 MW	R$ 7 bilhões
Sudeste 1	2017	2023	1.000 MW	R$ 7 bilhões
Sudeste 2	2019	2025	1.000 MW	R$ 7 bilhões

Localização possível das novas usinas do Sudeste: ainda em estudos preliminares.

* Custo aproximado, depende da variação do dólar.
** Localização possível das novas usinas do Nordeste: entre os litorais de BA, SE, AL e PE.

Fonte: BATISTA, Henrique Gomes. De Angra ao Nordeste, a volta das usinas nucleares. *O Globo*, 1º nov. 2009.

Apesar das vantagens que se observam, no uso dessa fonte de energia, seu uso vem sendo objeto de muitas discussões, pois, em usinas nucleares de outros países (como Japão, Estados Unidos e Ucrânia), ocorreram acidentes nos quais houve vazamento de material altamente radioativo.

O gás natural

O gás natural é frequentemente encontrado com o petróleo, por se formar do mesmo modo e por se acumular no mesmo tipo de terreno. É chamado de natural para lembrar que foi a natureza que o formou.

Por volta de 500 a. C., os chineses já usavam o gás natural para iluminar os templos. Esse gás era transportado em canos de bambu que antecederam os gasodutos de hoje.

O consumo desse produto aumentou no Brasil, onde cresce o número de veículos que utilizam o gás natural como combustível, empregado também para a geração de energia nas usinas termelétricas.

O gás natural oferece algumas vantagens em relação ao petróleo: é menos poluente (apesar de ser um combustível fóssil que emite gases do efeito estufa); suas reservas podem durar 60 anos (as do petróleo, entre 20 e 40 anos), e estão distribuídas em diversos continentes (no caso do petróleo, 60% estão no Oriente Médio, Ásia).

O carvão mineral

Há milhões de anos, vegetais mortos foram sendo enterrados e comprimidos por muitas camadas de sedimentos no interior da crosta terrestre. Eles endureceram lentamente, formando os depósitos de carvão mineral. Quanto mais antigo o carvão, maior é o seu poder calorífico.

A exploração do carvão mineral é feita de duas formas: a céu aberto ou em minas subterrâneas.

A exploração a céu aberto é feita quando as camadas de rochas que contêm o mineral estão perto da superfície. Isso facilita o uso de máquinas com maior capacidade de extração, tornando mais baixo o custo da exploração.

Exploração de carvão mineral em Forquilhinha, Santa Catarina (2011).

A exploração em minas subterrâneas é feita quando as rochas se localizam a maiores profundidades. Essa forma de exploração exige muitas instalações, tanto na superfície como no interior das minas, o que torna a extração do produto mais cara e complexa.

A produção de carvão no Brasil concentra-se em três estados: Santa Catarina, Rio Grande do Sul e Paraná.

Brasil – Recursos minerais

Fonte: BOCHICCHIO, Vincenzo Raffaele. *Atlas mundo Atual*. São Paulo: Atual, 2009, p. 108.

A produção insuficiente, associada ao baixo teor calorífico do carvão brasileiro, cria a necessidade de importar o produto de outros países.

MAIS INFORMAÇÃO

Carvão mineral na China

"[...] A utilização do carvão mineral na China tem razões históricas e políticas de preço controladas e geridas pelo governo chinês, fazendo o preço da tonelada do minério manter-se extremamente baixo em comparação com outras fontes. O preço da tonelada de carvão do norte do país é de US$ 10 que, com os acréscimos estimados para o transporte ao sul, chega a US$ 35.

Facilmente percebermos que o carvão é o responsável pelos problemas ecológicos verificados na China: estudo feito pelo Banco Mundial estima cerca de 400 mil mortes por ano devido à má qualidade do ar e US$ 54 bilhões anuais de prejuízos na agricultura e desgaste das infraestruturas. [...]"

JABBOUR, Elias Marco Khalil. *Infraestrutura em energia e transportes e crescimento econômico na China*. (Dissertação de Mestrado. Universidade de São Paulo, 2004.)

Fontes alternativas de energia

No mundo todo, é muito grande a dependência de fontes de energia não renováveis e que geram sérios problemas ambientais (petróleo, gás natural, carvão mineral e urânio). Fontes alternativas de energia poderiam reduzir os problemas ambientais, evitar um provável esgotamento e promover gradativamente a substituição desses recursos.

A **energia solar**, a **eólica** (gerada a partir do vento) e as de **origem orgânica** — como a energia obtida do bagaço da cana-de-açúcar e da casca do arroz, por exemplo — e de outras fontes representam uma participação pequena no fornecimento de energia no Brasil. Com exceção do álcool anidro, utilizado como combustível nos veículos desde os anos 1970, as demais fontes alternativas vêm recebendo mais investimentos há pouco tempo.

A queima do bagaço da cana e da casca do arroz é uma boa opção de fonte de energia para áreas rurais, pois ajuda a reduzir o uso de outras fontes poluentes e permite o aproveitamento do que iria para o lixo.

Além dessas fontes, o esterco pode ser utilizado em biodigestores nas fazendas. Biodigestores são aparelhos nos quais ocorre o processo de fermentação do esterco, de folhas de árvores e de outros compostos orgânicos. Nesse processo, obtém-se um gás — o biogás — constituído principalmente pelo gás metano, que pode ser utilizado como combustível. Nenhuma dessas fontes energéticas, no entanto, é capaz de substituir totalmente as fontes mais tradicionalmente utilizadas, mas representam possibilidades entre tantas que precisarão surgir.

Os biocombustíveis atraem cada vez mais a atenção no mundo inteiro. Além dos problemas ambientais causados ao planeta pelo uso de fontes de energia não renováveis, o preço da gasolina, do *diesel* e de outros derivados do petróleo tendem a subir com o aumento do consumo e a diminuição das reservas. Há também o problema político: a cada ameaça de guerra ou de crise internacional, o preço do barril do petróleo dispara.

Cultura de cana-de-açúcar em Ipojuca, Pernambuco, região metropolita de Recife (2009). Os combustíveis elaborados a partir de plantas, como a cana-de-açúcar, a mamona, a soja, o milho e o eucalipto, são chamados de biocombustíveis. O Brasil, por possuir grande disponibilidade de terras agricultáveis, além de clima apropriado para essas culturas, é um dos principais produtores de biocombustíveis. Alguns estudiosos veem no crescimento de sua produção uma ameaça à produção de alimentos.

10 **Recursos naturais não renováveis**

Para o assunto ***Recursos naturais e geração de energia***, acesse e explore este OED.

MAIS INFORMAÇÃO

Biodiesel no mundo

"O *biodiesel* surgiu mundialmente como uma alternativa promissora aos combustíveis minerais, derivados do petróleo. O caráter renovável torna o produto uma fonte importante de energia no longo prazo. Além de outras vantagens.

Os biocombustíveis vêm sendo testados atualmente em várias partes do mundo. Países como Argentina, Estados Unidos, Malásia, Alemanha, França e Itália já produzem *biodiesel* comercialmente, estimulando o desenvolvimento de escala industrial.

No início dos anos [19]90, o processo de industrialização do *biodiesel* foi iniciado na Europa. Portanto, mesmo tendo sido desenvolvido no Brasil, o principal mercado produtor e consumidor de *biodiesel* em grande escala foi a Europa.

A União Europeia produz anualmente mais de 1,35 milhões de toneladas de *biodiesel*, em cerca de 40 unidades de produção. Isso corresponde a 90% da produção mundial de *biodiesel*. O governo garante incentivo fiscal aos produtores, além de promover leis específicas para o produto, visando melhoria das condições ambientais através da utilização de fontes de energia mais limpas. A tributação dos combustíveis de petróleo na Europa, inclusive do óleo *diesel* mineral, é extremamente alta, garantindo a competitividade do biodiesel no mercado.

[...]

O maior país produtor e consumidor mundial de biodiesel é a Alemanha, responsável por cerca de 42% da produção mundial. Sua produção é feita a partir da colza, produto utilizado principalmente para nitrogenização do solo. A extração do óleo gera farelo proteico, à ração animal. O óleo é distribuído de forma pura, isento de mistura ou aditivos, para a rede de abastecimento de combustíveis compostas por cerca de 1.700 postos.

Na Europa foi assinado, em maio/2003, uma Diretiva pelo Parlamento Europeu, visando a substituição de combustíveis fósseis por combustíveis renováveis. [...]"

Disponível em: <http://www.biodieselbr.com/biodiesel/mundo/biodiesel-no-mundo.htm>. Acesso em: 17 dez. 2013.

Os recursos naturais e o desenvolvimento sustentável

Os seres humanos interferem na natureza para garantir a própria sobrevivência. No entanto, essa ação, que é necessária, não deve ser realizada sem que antes sejam avaliadas suas consequências para o meio ambiente.

Em outras palavras, é importante que a sociedade encontre maneiras de interferir na natureza sem prejudicar os ecossistemas naturais ainda existentes. Da sua conservação depende a nossa sobrevivência e a das gerações futuras.

Além de tentar encontrar formas de explorar os recursos da natureza sem prejudicar os ecossistemas naturais, alguns setores da sociedade, por meio de projetos sociais, buscam alternativas para melhorar as condições de vida das pessoas que vivem em situação de pobreza.

As iniciativas que criam condições para que as pessoas possam satisfazer suas necessidades no presente com melhor qualidade de vida, além da consciência de que é necessário conservar a natureza para garantir o uso dos recursos naturais no futuro, fazem parte do desenvolvimento **sustentável** ou **sustentado**.

As reservas extrativistas, nas quais comunidades podem sobreviver da extração de recursos de valor comercial, como o látex e a castanha-do-pará, são exemplos de uso sustentável dos recursos naturais.

Essas reservas são uma conquista das comunidades locais, que lutaram para garantir seu meio de sobrevivência, reunindo-se para impedir a derrubada das matas e criando projetos comunitários de educação, saúde e cooperação econômica.

Observe a fotografia e leia a legenda.

Moradores da comunidade da Reserva Extrativista do Extremo Norte do Tocantins, quebrando coco (2010).

- Converse com seus colegas e com seu professor.

1. Qual é a importância das reservas extrativistas para as comunidades locais?
2. Essa forma de exploração permite que o ecossistema natural seja preservado? Por quê?

Resíduos ou lixo

A busca de alternativas para a destinação do lixo também é um exemplo de como se pode praticar o conceito de desenvolvimento sustentável, ainda que de forma localizada. Uma dessas alternativas é a aplicação do conceito dos "**três erres**" — **reduzir**, **reutilizar** e **reciclar**.

Para **reduzir** a quantidade de lixo produzida, seria necessário consumir menos, não desperdiçar alimentos e procurar comprar mercadorias cujas embalagens possam ser reutilizadas ou recicladas.

Além do aproveitamento de embalagens para outros fins (vidros de maionese podem ser usados, por exemplo, para guardar temperos), a doação de objetos que não vamos mais utilizar e o uso do verso de folhas de papel são formas de **reutilização**.

Reciclar significa produzir novos produtos — por exemplo, embalagens plásticas, papel, latas de refrigerante, vidro — utilizando materiais descartados, como plásticos, papéis, vidros, metais, alimentos, entre outros.

Considerando o conceito de desenvolvimento sustentável e a conservação do ambiente e dos ecossistemas naturais de uma forma mais ampla, podemos acrescentar a esses "três erres" mais dois. Um é **repensar** hábitos e atitudes. Podemos, por exemplo, reduzir o consumo de água e de energia elétrica, utilizar transporte coletivo, não jogar lixo na rua e não utilizar produtos descartáveis. O outro é **recusar** produtos que afetam o ambiente e nossa saúde.

Enfim, é preciso lembrar que *cada um de nós* também é responsável pela conservação da natureza e do ambiente.

PARA COMPREENDER

Texto e tabela

Leia o texto abaixo e a tabela, na página ao lado.

A reciclagem e a coleta seletiva de lixo

A reciclagem é um processo industrial que começa com a separação dos materiais descartados que podem ser utilizados na fabricação de novos produtos. Nesse processo, portanto, o lixo serve como matéria-prima.

A reciclagem traz benefícios à sociedade e à natureza: contribui para a limpeza da cidade, pois reduz a quantidade de lixo; diminui a retirada de recursos da natureza; diminui o consumo de energia elétrica, pois faz com que algumas etapas de transformação de recursos naturais em produtos sejam eliminadas; diminui a poluição, pois contribui para reduzir a necessidade de lixões e aterros sanitários; é uma forma de despertar a consciência das pessoas a respeito do destino do lixo; possibilita a criação de empregos.

Para que o processo de reciclagem seja aplicado de forma ampla, é necessário que o governo do município implante a coleta seletiva de lixo.

Esse tipo de coleta consiste na separação dos materiais do lixo que podem ser reciclados, como plásticos, vidros, metais e papel. Quem deve fazer a seleção dos materiais descartados é a própria população, em suas residências, nos escritórios, nas lojas e indústrias etc.

Em algumas cidades brasileiras existem recipientes apropriados para a reciclagem. Assim, ao circular pelas ruas, as pessoas podem depositar o material descartado no recipiente adequado.

Depois disso, os materiais são coletados e levados por caminhões para as centrais de triagem. Nesse local, são depositados em uma esteira rolante para serem selecionados e separados, como latas de alumínio e de aço, e assim por diante. Essa etapa exige treinamento, pois as pessoas podem ser contaminadas por alguns metais, por exemplo.

Após ser separado, cada material é compactado, amarrado em fardos e vendido para as empresas de reciclagem.

Além dos benefícios para o meio ambiente, a coleta seletiva pode gerar ganhos comerciais, porque a prefeitura ou a empresa responsável pelo lixo terá grande quantidade de recicláveis para vender.

Nem todo tipo de metal, papel, vidro e plástico pode ser reciclado. Veja a tabela da página seguinte.

A ampliação da reciclagem do lixo no Brasil vem permitindo, inclusive, que muitas pessoas sem trabalho e que vivem nas ruas passem a ter uma ocupação, com a perspectiva de obterem renda. São os catadores de papel, papelão, aparas e materiais reaproveitáveis ou recicláveis, dos quais boa parte está organizada em associações e cooperativas.

Muitos municípios brasileiros estão desenvolvendo parcerias com os catadores de materiais recicláveis, que, inclusive, tiveram sua profissão reconhecida pela legislação brasileira. É uma forma de aliar o cuidado com o ambiente à inclusão social, com a geração de renda e benefícios para os catadores.

Aterro sanitário

Depósito formado por enormes valas forradas com lonas plásticas onde o lixo é armazenado e compactado. Depois de compactado, é coberto por uma camada de aproximadamente 20 cm de terra. Sobre essa camada de terra, é depositado mais lixo, formando-se várias camadas. No aterro sanitário, é preciso coletar os gases e tratá-los para evitar mau cheiro e contaminação dos lençóis freáticos (para isso, também, serve a lona). Como a quantidade de lixo produzida é grande e a vida útil dos aterros é curta, têm sido necessárias cada vez mais áreas para a sua construção.

Papel

Recicláveis

Folhas e aparas de papel, jornais, revistas, caixas, papelão, formulários de computador, cartolinas, cartões, envelopes, rascunhos escritos, fotocópias, folhetos, impressos em geral, embalagens longa vida.

Não recicláveis

Adesivos, etiquetas, fita crepe, papel carbono, fotografias, papel toalha, papel higiênico, papéis engordurados, metalizados, parafinados, plastificados, papel de fax.

Cuidados especiais: devem estar secos, limpos (sem gordura, restos de comida, graxa), de preferência não amassados. As caixas de papelão devem estar desmontadas por uma questão de otimização do espaço no armazenamento.

Metal

Recicláveis

Latas de alumínio, latas de aço: óleo, sardinha, molho de tomate, ferragens, canos, esquadrias, arame.

Não recicláveis

Clipes, grampos, esponja de aço, latas de tinta ou veneno, latas de combustível, pilhas, baterias.

Cuidados especiais: devem estar limpos e, se possível, reduzidos a um menor volume (amassados).

Plástico

Recicláveis

Tampas, potes de alimentos, PET, garrafas de água mineral, recipientes de limpeza e de higiene, PVC, sacos plásticos, brinquedos, baldes.

Possivelmente recicláveis

Isopor tem reciclagem em algumas localidades.

Não recicláveis

Cabo de panela, tomadas, adesivos, espuma, teclados de computador, acrílicos.

Cuidados especiais: potes e frascos devem estar limpos e sem resíduos para evitar animais transmissores de doenças próximo ao local de armazenamento.

Vidro

Recicláveis

Potes, copos, garrafas, embalagens de molho, frascos.

Não recicláveis

Vidros planos, espelhos, lâmpadas, cerâmicas, porcelanas, cristal, ampolas de medicamentos.

Cuidados especiais: devem estar limpos e sem resíduos. Podem estar inteiros ou quebrados. Se quebrados devem ser embalados em papel grosso (jornal ou kraft).

Fonte: Disponível em: <http://www.lixo.com.br/index.php?option=com_content&task=view&id=136&Itemid=243>. Acesso em: 16 dez. 2013.

■ Responda às questões a seguir.

1. Como devem ser divididos os materiais destinados a reciclagem?
2. Observe os símbolos de material reciclável na tabela. Qual a ideia transmitida por eles?
3. Que destino é dado ao lixo em seu município?
4. Qual a importância das parcerias entre catadores e prefeituras?
5. Como você poderia contribuir para diminuir os problemas gerados pelo excesso e acúmulo de lixo?

Atividades

RETOME SEUS CONHECIMENTOS

1. Explique o significado dos seguintes termos e palavras e cite exemplos.
   a) recursos naturais renováveis
   b) recursos naturais não renováveis

2. Produza e complete um quadro com o nome de cinco produtos que você utiliza no seu dia a dia. Escreva quais são as matérias-primas utilizadas para a produção desse produto. Cite também se o recurso utilizado é renovável ou não renovável. Observe o modelo.

Objeto	Matéria-prima	Recurso natural
lápis	madeira	renovável

3. O petróleo constitui a principal fonte de energia no mundo, mas há muitos fatores que não favorecem o seu uso, como o fato de ele ser altamente poluente e não ser renovável.
   Você sabe como se originou o petróleo? Explique com suas palavras.

EXERCITE SEUS CONHECIMENTOS

4. Observe a fotografia abaixo e responda às questões.

Utilização do bagaço de cana para geração de energia em usina de álcool em Serrana, São Paulo.

   a) Qual é a vantagem ambiental da utilização desse tipo de fonte energética para a geração de energia?
   b) Por que o Brasil é um país com grande potencial para a produção de energia renovável?
   c) Qual o risco do crescimento descontrolado das plantações de matéria-prima para a fabricação de biocombustíveis?

5. "Os biocombustíveis atraem cada vez mais a atenção do mundo inteiro". Explique a afirmação acima e dê exemplos de biocombustíveis.

6. Leia este parágrafo e responda às questões a seguir.

"Vou propor um desafio: você tem dez segundos para correr todos os cômodos de sua casa e tentar identificar alguma forma de desperdício de energia! Quer uma ajuda?" Observe, por exemplo, se tem alguma lâmpada acesa desnecessariamente, se o chuveiro está ligado na temperatura alta esperando por alguém que nem chegou ao banheiro ou se o rádio está cantando para os mosquitos. Caso perceba alguma falha desse tipo, seja rápido e contorne a situação. Surgindo alguma reclamação, diga que você está agindo pelo bem da natureza.

LA ROVERE, Emilio. Texto publicado em: 22 jun. 2000. Disponível em: <http://chc.cienciahoje.uol.com.br/energia-eletrica-economizar-no-que-for-preciso>. Acesso em: 23 abr. 2014.

   a) Que título você daria ao texto?
   b) Que desperdícios de energia você poderia observar na sua casa?
   c) Em sua opinião, é possível evitar esses desperdícios? Em caso afirmativo, como?

7. Se você evitar o desperdício de energia elétrica, estará agindo pelo bem da natureza. Você concorda com isso? Por quê? Converse com seus colegas e com seu professor.

16 O trabalho e o espaço geográfico

PARA CONTEXTUALIZAR

Observe as fotografias.

Trabalhadora na plataforma de extração de petróleo, na Bacia de Campos, em Macaé, Rio de Janeiro (2010).

Catador recolhendo papelão na cidade de São Paulo, São Paulo (2010).

Mulheres trabalhando em indústria de eletroeletrônicos em Curitiba, Paraná (2010).

Trabalhadores em fila para se inscrever em vaga de emprego, na cidade do Rio de Janeiro, Rio de Janeiro (2008).

ATIVIDADES

Converse com seus colegas e com seu professor.

1. Por que o trabalho transforma as paisagens?
2. Qual a importância das atividades retratadas nas fotografias A, B e C?
3. Qual a importância do trabalho na vida das pessoas?
4. Será que todas as pessoas têm um trabalho?
5. Será que todos os tipos de trabalho são valorizados pela sociedade?

O trabalho

Os seres humanos são capazes de adaptar-se a diferentes regiões do planeta. Para isso, eles produzem diversos tipos de bens materiais.

Para produzir esses bens, são necessários vários recursos, obtidos por meio da exploração e da transformação da natureza. Ao fazer isso, as pessoas executam uma atividade fundamental para a sua sobrevivência: o **trabalho**.

O trabalho humano faz parte do espaço geográfico. Alguns tipos de trabalho transformam diretamente a **paisagem**. É o caso da extração de minérios e da construção de edifícios, estradas, usinas hidrelétricas, entre outros. Outros não alteram as formas da paisagem, apesar de ocuparem um espaço transformado. São exemplos os funcionários que trabalham dentro do prédio de uma indústria ou de um hospital (médicos, enfermeiros, atendentes etc.).

Em todos os casos, as atividades são realizadas por pessoas que se inter-relacionam e fazem parte da sociedade. Elas também estabelecem relação nos espaços onde realizam suas atividades cotidianas.

- Vamos pensar na situação de uma escola. Observe as ilustrações ao lado e responda.

1. Há um intervalo de tempo entre as situações mostradas nas imagens A, B e C. O que aconteceu nesse período?
2. Quem trabalhou na construção da escola?
3. Quem passou a trabalhar na escola depois que ela ficou pronta?

A escola foi construída por operários da construção civil, que, com seu trabalho, promoveram uma alteração na paisagem do lugar, utilizando diversas matérias-primas elaboradas a partir de recursos naturais. Esse lugar fez parte, portanto, da vida dos operários e de outros trabalhadores durante o período de construção da escola. Essas pessoas trocaram sua força de trabalho por uma remuneração (salário), embora em nossa sociedade nem sempre o trabalhador receba remuneração suficiente para comprar o que precisa para viver.

Depois de pronta, a escola começou a ser utilizada por alunos, professores e outros funcionários, que passaram a realizar suas atividades nesse lugar, estabelecendo relações entre si. A escola e tudo o que se relaciona à sua construção e utilização fazem parte do espaço geográfico.

O trabalho é o meio pelo qual as pessoas modificam a natureza, constroem o espaço geográfico e se desenvolvem. Todos os objetos e serviços que utilizamos são resultado do trabalho humano. Ele permite às pessoas que satisfaçam suas necessidades em relação à alimentação, ao vestuário, à moradia, ao transporte, a educação, à saúde, ao lazer etc.

As relações de trabalho

Ao desenvolver uma atividade produtiva, um trabalho, as pessoas estabelecem relações entre si. Nos tempos atuais, principalmente nas sociedades que passaram por um processo de industrialização, a quantidade e a variedade dessas relações são enormes.

As relações estabelecidas em virtude do desenvolvimento de atividades produtivas acabam formando um grupo importante das relações sociais. Nas empresas de todos os tipos (indústrias, lojas, bancos, prestadoras de serviços), nos órgãos públicos (secretarias estaduais, municipais ou federais), nas escolas e hospitais, nas propriedades rurais, desenvolvem-se **relações de trabalho** entre as pessoas. A cada uma delas corresponde o desempenho de uma função ou tarefa no processo produtivo, na prestação de serviços ou no comércio.

Assim, por exemplo, há operários que produzem bens, outros que supervisionam a produção. Há também o pessoal dos setores administrativo e financeiro, de compras, de vendas (comercial) etc. A essa divisão de tarefas ou funções denominamos **divisão social do trabalho**, ou seja, cada pessoa desenvolve uma função específica. A divisão do trabalho é uma característica muito importante das sociedades contemporâneas.

As pessoas envolvidas no processo produtivo e na realização de serviços recebem um rendimento, enquanto os donos das empresas ou das propriedades rurais (empresários) ficam com o lucro da empresa. O **rendimento** dos empregados (trabalhadores) é geralmente chamado **salário** e varia conforme a tarefa ou função exercida pelo funcionário.

Em alguns países, a diferença entre os rendimentos dos que ganham mais e dos que ganham menos não é tão grande. Já em outros, como o Brasil, ela é significativa, gerando uma expressiva desigualdade entre as condições de vida das pessoas. Quando isso ocorre, dizemos que há uma **concentração da renda** ou que há uma distribuição muito desigual das riquezas.

Fonte: ANGELI. *Folha de S.Paulo*. 6 jun. 1999.

- Na sua opinião, o que a charge retrata?

MAIS INFORMAÇÃO

A origem da palavra "salário"

Assim como a maioria das palavras do nosso vocabulário, a palavra **salário** é derivada do **latim** *salarium argentum*, que significa "**pagamento em sal**". Isso porque, no Império Romano, os soldados eram pagos com sal pelo trabalho realizado durante certo período. Naquela época, o sal era uma iguaria muito cara e que podia ser trocada por alimento, vestimentas, armas etc.

Desemprego

O trabalho é um direito de todos, mas existe um grande número de pessoas desempregadas.

O **desempregado** é a pessoa que perdeu o emprego e está à procura de outro. Atualmente, há milhões de pessoas nessa situação no Brasil e no mundo. As causas do desemprego são várias e, muitas vezes, estão interligadas, ou seja, uma situação acaba determinando outra.

- Torneiro: uma vaga. Motoboy: duas vagas. Garçom...

Charges como as que você observa acima são publicadas diariamente em quase todos os jornais, revistas e na internet como forma de protesto contra essa situação. Nos últimos anos, a economia mundial vem passando por sucessivas crises que, aliadas ao uso de tecnologia tornou mais grave ainda a situação dos trabalhadores.

O desemprego depende de fatores conjunturais e estruturais:

- **Fatores conjunturais**: são aqueles ligados às crises econômicas, que provocam recessões nos países, queda na economia, queda nas produções e perda de postos de trabalho.
- **Fatores estruturais**: são aqueles ligados aos avanços tecnológicos (mecanização e robotização) que acabam substituindo a mão de obra humana.

Para tentar diminuir o impacto do desemprego na vida da população, o governo brasileiro vem desenvolvendo vários programas, como seguro-desemprego, que é uma ajuda financeira temporária que varia de 3 a 5 meses, com um valor de acordo com o salário que o trabalhador recebia, não podendo ultrapassar, em 2013, o valor de R$ 1.235,91, segundo o Ministério do Trabalho e Emprego.

Desempregados no Centro de Apoio ao Trabalhador da Prefeitura no centro de São Paulo, São Paulo (2009).

Existem também órgãos públicos, como a CAT (Central de Apoio ao Trabalhador de São Paulo e Rio de Janeiro), a CSAT (Central de Solidariedade e Apoio ao Trabalhador de Minas Gerais), que estão espalhados pelas grandes cidades do Brasil e que oferecem nova inserção no mercado de trabalho, cursos técnicos, orientação etc.

Observe a fotografia.

Robôs em linha de produção de automóveis em Porto Real, Rio de Janeiro (2008).

- Por que a utilização de equipamentos mais avançados diminui a necessidade de trabalhadores?

Automação
Ato de tornar automático, quase sem a interferência do homem.

Fresador
Operador de máquinas que cortam metais.

Tipógrafo
Operador de máquinas tipográficas, ou seja, opera máquinas de composição e impressão gráfica gravada em relevo.

Datilógrafo
Operador de máquinas de escrever textos.

Ferramenteiro
Mecânico que faz ferramentas e peças industriais.

Mas, se por um lado os avanços tecnológicos (mecanização e automação, por exemplo) estão fazendo desaparecer muitas profissões, como fresadores, tipógrafos, datilógrafos, e ferramenteiros, por outro eles criam uma demanda por novos profissionais, como: programadores, *webdesigners*, operador de *telemarketing* etc.

A economia informal e o subemprego

Chamamos de **economia formal** o conjunto de atividades econômicas que cumprem com as obrigações legais e fiscais, ou seja, arrecadam impostos, registram seus funcionários, emitem notas fiscais etc. Já a **economia informal** compreende toda atividade econômica desenvolvida pela economia formal, porém, na ilegalidade, com produção em pequena escala e baixo nível de organização.

Nos países em que é grande a quantidade de desempregados, como no Brasil, o número de pessoas que vivem em condições de pobreza, e até de indigência, ou seja, de miséria, é significativo. Como não conseguem trabalho fixo, muitas pessoas acabam exercendo atividades de **subemprego**. São exemplos dessas atividades: pequenos serviços esporádicos ou eventuais, como consertos em residências ou escritórios; vendas de mercadorias nas ruas; lavagem de automóveis; serviços temporários nas plantações em propriedades rurais, entre outros.

Os rendimentos das pessoas que sobrevivem de atividades de subemprego são incertos. Além disso, os subempregados não têm as garantias das leis trabalhistas, pois o subemprego está inserido na economia informal.

Observe a fotografia.

Rio de Janeiro, RJ (2009).

1. Que atividade econômica essa fotografia representa?
2. Por que muitos trabalhadores exercem esse tipo de atividade?
3. Quais direitos trabalhistas essa pessoa não tem?

PARA COMPREENDER **Música**

Leia a letra desta canção.

Relampiano

Tá relampiano
Cadê Neném?
Tá relampiano
Cadê Neném?
Tá vendendo drops no sinal pra alguém
Tá vendendo drops no sinal, ninguém

Todo dia é dia,
Toda hora é hora
Neném não demora pra se levantar
Mãe lavando roupa, pai já foi embora
E o caçula chora, mas há de se acostumar
Com a vida lá de fora do barraco
"Hay que endurecer" um coração tão fraco
Para vencer o medo de trovão
Sua vida aponta a contramão
Tá relampiano
Cadê Neném?
Tá vendendo drops no sinal pra alguém
Tá vendendo drops no sinal, ninguém

Tudo é tão normal, todo tal e qual
Neném não tem hora pra ir se deitar
Mãe passando roupa do pai de agora
De um outro caçula que ainda vai chegar

É mais uma boca dentro do barraco
Mais um quilo de farinha do mesmo saco
Para alimentar um novo João Ninguém
E a cidade cresce junto com Neném.

LENINE; MOSKA, Paulinho. "Relampiano". Intérprete: LENINE. *Na pressão*. Rio de Janeiro: Sony, 1999. CD: Sony Music Edições Musicais, 1996; Mameluco Produções e Edições Musicais Ltda. (Administrada por Trama Edições Musicais Ltda.), 1999.

■ Responda às questões a seguir.

1. Que tipo de atividade Neném faz?
2. Por que Neném já tem de trabalhar?
3. Onde Neném mora?
4. Em sua opinião, o que os compositores quiseram dizer nos versos: "Mais um quilo de farinha do mesmo saco / Para alimentar um novo João Ninguém"?

A população economicamente ativa e os setores da economia

A população que exerce atividade remunerada constitui a **população economicamente ativa (PEA)** de um país. Os desempregados, desde que estejam à procura de emprego, também fazem parte da PEA.

Os estudantes que não trabalham, as crianças de modo geral, as donas de casa, os aposentados e os idosos que não trabalham constituem o grupo chamado **população economicamente inativa (PEI)**.

A população economicamente ativa de um país distribui-se por três grandes setores econômicos de atividades:

- **Setor primário**: reúne as pessoas que trabalham na agricultura, na pecuária e no extrativismo vegetal, mineral e animal (pesca, por exemplo).

Colheita de café na zona rural do município de Cabo Verde, Minas Gerais (2011).

- **Setor secundário**: abrange os trabalhadores das indústrias e da construção civil (prédios, viadutos, usinas etc.).

Indústria de caminhões em Curitiba, Paraná (2008).

- **Setor terciário**: é composto de atividades como comércio e serviços (transportes, bancos, meios de comunicação, administração pública, saúde, educação etc.).

Prédios administrativos de órgãos públicos em Salvador, Bahia (2011).

A soma de tudo que é produzido ou gerado nos três setores da economia de um país recebe o nome de **PIB** (Produto Interno Bruto).

O uso dessa classificação em setores primário, secundário e terciário vem sendo questionado porque a economia atual é muito complexa para ser classificada em apenas três setores. Algumas atividades do setor primário, como a produção de soja, estão bastante mecanizadas e poderiam ser classificadas como atividades semi-industriais ou industriais. Há também as atividades exercidas na indústria que se enquadrariam melhor no setor terciário. São exemplos: o atendimento ao consumidor, o marketing, as pesquisas para novas tecnologias e as aplicações financeiras.

Colheita mecanizada de cana-de-açúcar em Matias Cardoso, Minas Gerais (2011).

Atividades

RETOME SEUS CONHECIMENTOS

1. Responda às questões a seguir.

a) Por que o trabalho é importante para as pessoas e para a sociedade?

b) Quais são as principais causas do desemprego?

c) O que é divisão social do trabalho?

EXERCITE SEUS CONHECIMENTOS

2. Leia o texto e responda às questões seguintes.

A legislação brasileira determina que 5% das vagas oferecidas em concursos públicos devem ser destinadas a pessoas com deficiência física, desde que tenham nota de classificação. Já as empresas privadas com mais de cem funcionários devem destinar de 2% a 5% dos cargos a essas pessoas. As vagas que exigem nível médio de escolaridade são mais facilmente preenchidas. Mas para as que exigem nível superior o preenchimento é mais difícil, pois poucas pessoas com deficiência têm condições de chegar à universidade. Além da inclusão no mercado de trabalho, é preciso garantir o acesso à educação.

a) O que a legislação determina em relação às vagas para pessoas com deficiência nos concursos públicos e nas empresas privadas?

b) Quais dificuldades muitas delas encontram em relação à qualificação profissional?

c) Quais outros tipos de dificuldades as pessoas com deficiência podem encontrar no trabalho? Pense também em como elas fazem para ir de casa ao trabalho.

d) Cite exemplos de melhorias realizadas no seu município para facilitar a vida das pessoas com deficiência física.

3. Observe a charge e responda às questões.

ANGELI. Charge *Salário Mínimo*. *Folha de S.Paulo*, 25 jun. 2004/FolhaPress.

a) Qual é o título da charge?

b) Quais as condições da moradia mostrada na charge?

c) O que a família está fazendo?

d) Por que o chefe da família está com medo de abrir o envelope?

4. Faça uma entrevista com alguma pessoa que esteja desempregada.
Pergunte o nome do entrevistado, qual foi a última empresa em que trabalhou e que função exercia, por quanto tempo está desempregado, e o que ele acredita ser a grande dificuldade para uma recolocação no mercado de trabalho.

Após a entrevista, socialize as informações com seus colegas e tentem localizar pontos em comum nas respostas dos entrevistados. Conversem sobre o que vocês descobriram.

5. Converse com seu professor e com seus colegas: Será que é fácil para as pessoas que vivem de atividades de subemprego manter compromissos como pagamento de aluguel, prestações para compra de móveis e de eletrodomésticos, material escolar para os filhos?

17

Agricultura e pecuária (setor primário)

PARA CONTEXTUALIZAR

Observe o mapa.

Ocupação da terra pela agropecuária (2006)

Fonte: *Atlas Nacional do Brasil Milton Santos*. Rio de Janeiro: IBGE, 2010. p. 221.

ATIVIDADES

Converse com seus colegas e com seu professor.

1. O que você entende por grau de ocupação da terra?
2. Quais atividades estão relacionadas à ocupação da terra? O que deve ser produzido nesses espaços?
3. Como é o grau de ocupação da terra em seu estado? Cite um estado onde é grande e onde é pequeno o grau de ocupação da terra.

Agricultura

Agricultura é a atividade econômica que integra o setor primário, caracterizada pelo cultivo e pela colheita de plantas. Ela fornece alimentos para os seres humanos e animais e matérias-primas para a indústria; com a pecuária (a criação de animais), foi uma das primeiras atividades econômicas realizadas pelos seres humanos.

Drenagem
Operação que consiste em dar escoamento às águas dos terrenos demasiado úmidos com abertura de valas ou implantação de tubos.

Há aproximadamente dez mil anos, o ser humano passou da simples coleta de alimentos para o plantio. Descobriu que podia cultivar certas espécies vegetais e obter maior quantidade de alimentos. Além disso, passou a domesticar algumas espécies de animais.

Além de facilitar a sobrevivência dos seres humanos, atividades como a agricultura e a pecuária permitiram sua fixação em um lugar por períodos mais longos. Isso contribuiu para o desenvolvimento das relações sociais e para a transformação do espaço natural.

Para o desenvolvimento das atividades agrícolas, é necessária a contribuição de alguns fatores naturais, como o solo, o clima, a disponibilidade de água e o relevo.

Plantação de uva em Caxias do Sul, Rio Grande do Sul (2011).

Técnica de plantação em curva de nível em Guaíra, Paraná (2009).

Terraceamento para produção de arroz nas Filipinas (2009).

- **Solo:** existem solos naturalmente férteis e outros não muito férteis. A disponibilidade de nutrientes para o desenvolvimento de vegetais varia bastante. Para cultivar nos solos menos férteis, os seres humanos procuraram melhorar sua qualidade, acrescentando-lhes elementos como os adubos, porém, os mais apropriados são aqueles ricos em húmus (matéria orgânica em decomposição) que é componente muito importante para a fertilidade da área a ser cultivada.
- **Clima:** entre todas as atividades econômicas praticadas pelo ser humano, a agricultura é a que mais depende das condições climáticas. Cada vegetal se adapta melhor a determinado tipo de clima. Fatores como temperatura e quantidade de chuvas podem ser determinantes na escolha e na produção de vegetais. O abacaxi, por exemplo, tem melhor desenvolvimento em áreas de clima tropical; já a uva, em regiões de clima temperado e mediterrâneo.
- **Água:** proveniente da chuva ou dos rios, a falta ou excesso pode inviabilizar a prática da agricultura em determinada área. Em regiões com falta de água, o problema pode ser resolvido por meio de irrigação e em áreas com excesso, o problema deve ser resolvido com sistemas de drenagem.
- **Relevo:** o relevo é um fator natural que pode facilitar ou dificultar a produção agrícola. Nos terrenos pouco acidentados e planos, o plantio, o uso da água e o emprego de máquinas na lavoura são mais facilitados. Nos terrenos mais acidentados, com morros ou montanhas, são necessárias técnicas de plantio em curvas de nível ou de terraceamento em encostas íngremes para diminuir o processo erosivo.

Tipos de agricultura

Atualmente, entre as principais espécies cultivadas, destacam-se: arroz, trigo, milho, soja, sorgo, cevada, cana-de-açúcar, beterraba açucareira, feijão, amendoim, batata-inglesa, batata-doce, mandioca, coco e banana.

Conforme o objetivo do cultivo dos produtos ou o destino que se dá a eles, existem dois tipos de agricultura: a de **subsistência** e a **comercial**.

Agricultura de subsistência em Ibitinga, São Paulo (2012).

Agricultura de subsistência

Agricultura de subsistência é aquela em que parte da produção agrícola destina-se ao sustento do agricultor e de sua família, mesmo que a outra parte seja comercializada.

A produção agrícola de subsistência geralmente é praticada em estabelecimentos familiares.

Na agricultura de subsistência é muito comum a prática da **policultura**, ou seja, o cultivo de vários produtos em uma mesma propriedade ou num mesmo lugar. Mas também há prática de policultura em escala comercial.

Agricultura comercial

Com o decorrer do tempo, o ser humano foi aperfeiçoando as técnicas agrícolas e passou a plantar para comercializar, isto é, para obter lucro com a venda do que foi plantado. Surgiu assim a agricultura comercial.

Na agricultura comercial, é muito comum a prática da **monocultura**, ou seja, o cultivo de um único produto em grandes extensões de terra, em que, geralmente, estão estabelecidos diversos latifúndios (grandes propriedades).

Mundo – Agropecuária (início do século XXI)

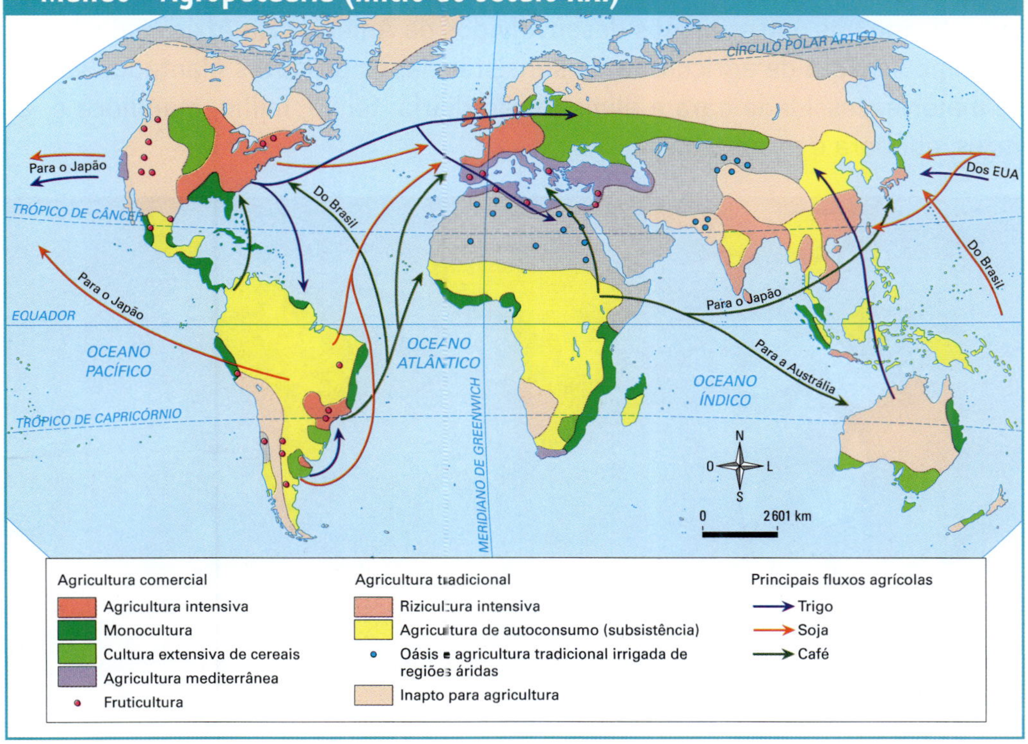

Fonte: CALDINI, Vera; ÍSOLA, Leda. *Atlas geográfico Saraiva*. São Paulo: Saraiva, 2009. p. 180.

Os sistemas agrícolas

Desde que os agricultores começaram a plantar, foram acumulando conhecimentos sobre o solo, o clima, a época certa de plantio. Esses conhecimentos foram sendo transmitidos por várias gerações. Os conhecimentos acumulados pelos agricultores e as técnicas de cultivo recebem o nome de **sistemas agrícolas**.

Pulverização de inseticida em plantação de soja em Primavera do Leste, Mato Grosso (2011).

O sistema de roça

No sistema de roça, a primeira medida adotada é derrubar a mata e roçar (limpar) a área onde se pretende plantar. Depois de derrubada a mata, o agricultor realiza a queimada, para eliminar troncos e galhos. Em seguida, prepara o solo e planta diretamente sobre as cinzas.

Os instrumentos de trabalho usados pelo agricultor nesse sistema são bastante simples: machado, foice e enxada. O sistema de roça continua sendo muito praticado nos países menos desenvolvidos da América, da África e da Ásia.

Como se trata de agricultura de subsistência, os produtos plantados são os de maior necessidade para a alimentação diária: feijão, milho, mandioca e, às vezes, abóbora e arroz.

Agricultor trabalhando na plantação de mandioca em Triunfo, Pernambuco (2010).

O sistema de *plantation*

O sistema agrícola de *plantation* foi introduzido pelos colonizadores dos países europeus, principalmente nas áreas tropicais da América (séculos XVI--XVII), Ásia e África (séculos XVIII-XIX). Tinha por finalidade explorar a terra e o agricultor em benefício dos países europeus (metrópoles) e de seus interesses comerciais. Tinha como características principais a monocultura, a utilização de latifúndios (grandes áreas), práticas rudimentares e mão de obra escrava, hoje, substituída por mão de obra assalariada.

O sistema de *plantation* trouxe graves problemas aos países colonizados pelos europeus. Tais problemas até hoje apresentam reflexos na organização do espaço rural desses países, onde se verifica grande concentração de terras nas mãos de poucos proprietários e a preocupação de produzir apenas produtos agrícolas (como café, soja, laranja e cana-de-açúcar) para exportação.

Agricultura moderna

A agricultura moderna é bastante praticada nos países mais ricos e desenvolvidos e em alguns países em desenvolvimento, entre eles o Brasil.

Nesse sistema, a agricultura é bastante mecanizada, é feita a seleção de sementes e são usados adubos, fertilizantes, pesticidas, inseticidas e outros tipos de agrotóxicos. A produção da agricultura moderna destina-se tanto ao mercado interno quanto ao externo.

Sobretudo nos países desenvolvidos, esse tipo de agricultura conta com uma boa estrutura de armazéns para as colheitas e uma rede eficiente de transportes para escoar a produção. É muito comum nesses países os agricultores fazerem a rotação de cultura e promoverem a integração da agricultura com a pecuária.

Colheita mecanizada de algodão em Costa Rica, Mato Grosso do Sul (2010).

MAIS INFORMAÇÃO

Tecnologias aumentam a produtividade agrícola

"[...] o monitoramento de safras a partir das imagens coletadas por satélites é atualmente a grande inovação na aquisição de informações da área das lavouras, da fase de crescimento e da colheita das culturas agrícolas. Tais informações são úteis para o manejo e monitoramento de safras agrícolas, bem como na gestão e logística da produção.

[...] A habilidade de monitorar rapidamente áreas danificadas [por desastres naturais como granizo, inundação ou secas]e comparar as imagens com informações coletadas anteriormente permite fornecer estimativas sobre a extensão e a magnitude dos danos na lavoura e os impactos desses danos das safras anuais."

SEABRA, Felipe. Revista *Geografia*. São Paulo: Escala, n. 38, p. 49-50, 2011.

Trecho de área agrícola que não respeitou a preservação da mata galeria, às margens do rio Longá, em Buriti dos Lopes, Piauí (2011).

Os problemas ambientais na agricultura moderna

Os principais problemas ambientais associados à prática da agricultura moderna são:

- o intenso uso de máquinas agrícolas, que provoca a erosão do solo (por causa da profunda aração das máquinas) e altera a sua estrutura física (em razão do peso de tratores, semeadeiras e colheitadeiras);
- o uso excessivo de agrotóxicos, pesticidas, inseticidas e herbicidas, que acarreta a poluição do solo, dos rios e das águas subterrâneas e o envenenamento das plantas, podendo provocar também danos aos animais e à saúde humana;
- assoreamento de rios;
- desmatamento de vegetações nativas.

MAIS INFORMAÇÃO

Agropecuária orgânica

Nos últimos anos, vem crescendo a **prática da agropecuária orgânica**, cujas técnicas de plantio não destroem os recursos naturais nem causam poluição. Apesar do crescimento, a agropecuária orgânica ainda não tem capacidade para produção em larga escala se compararmos com a agricultura moderna comercial.

As técnicas de agricultura orgânica:

a) utilizam métodos naturais para melhorar o solo, como o adubo orgânico;

b) não usam agrotóxicos para controlar pragas.

Problemas como carne bovina infectada, verduras com excesso de agrotóxicos, rios e lençóis freáticos poluídos e solos esgotados têm forçado os profissionais de atividades agropecuárias a buscar alternativas aos métodos de produção empregados.

Os consumidores também têm optado por produtos elaborados em condições mais naturais. Entretanto, seu custo é maior.

Em 2006, o Brasil ocupava o sexto lugar no mundo na prática de agricultura orgânica.

Área plantada de alimentos orgânicos (em hectares), em 2000 e 2006

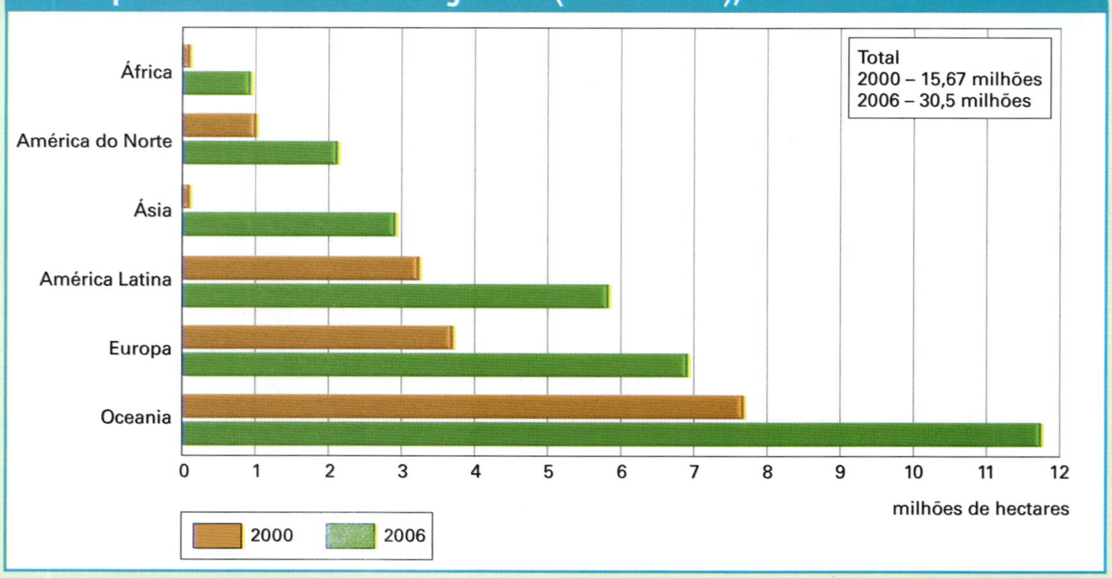

Fonte: *Como tudo funciona*. Disponível em: <http://ambiente.hsw.uol.com.br/agricultura-organica1.htm>. Acesso em: 19 dez. 2013.

Agroindústrias e agronegócio

Usina de açúcar e álcool em Canápolis, Minas Gerais (2008).

As atividades agropecuaristas vêm se mantendo cada vez mais integradas com a indústria.

A concentração de indústrias nas proximidades ou mesmo dentro das áreas rurais de produção agrícola tem aumentado. Como exemplo disso, temos as grandes usinas de cana-de-açúcar, que produzem o álcool combustível, a aguardente e o açúcar.

A esse tipo de associação dá-se o nome de **agroindústria**.

As indústrias de torrefação de café e café solúvel, as que compram diversos tipos de grãos, como soja e milho, e os industrializam e os frigoríficos também são exemplos de agroindústrias.

O conjunto de negócios relacionados à grande produção agrícola e pecuarista recebe o nome de **agronegócio**. Dele também fazem parte as indústrias que produzem máquinas e equipamentos agrícolas e as que produzem agrotóxicos e fertilizantes e fornecem bens de produção para a agricultura, as feiras e exposições agropecuárias.

O agronegócio tem contribuído para ampliar o volume de exportações brasileiras e apresenta uma participação importante na geração de riquezas em nosso país, particularmente nas circunstâncias em que os preços das matérias-primas e dos produtos agrícolas e da pecuária apresentam alta no mercado internacional. A expansão do agronegócio, porém, trouxe problemas para o espaço geográfico brasileiro:

- a devastação de ecossistemas do cerrado e da Amazônia, além da poluição das águas e do solo;
- a ampliação de áreas de monoculturas, com produtos mais voltados para a exportação, e a diminuição de algumas áreas destinadas à produção de alimentos consumidos pela população brasileira;
- a intensificação na utilização de máquinas, o que aumenta o desemprego.

Agronegócio e concentração de renda

Além dos problemas já citados, o agronegócio tem intensificado a concentração da propriedade rural nas mãos de poucas pessoas. Essa grande desigualdade na distribuição de terras provoca uma série de problemas sociais, como:

- os conflitos pela posse de terras;
- a exploração da mão de obra, com baixíssimos salários;
- a saída de pessoas do campo para as cidades, que foi muito intensa principalmente na segunda metade do século XX.

Quando existe um movimento populacional (migração) muito forte, em massa, do campo para a cidade, temos o êxodo rural.

PARA COMPREENDER

Gráfico

Observe os gráficos e responda às questões seguintes.

Área ocupada pelos imóveis rurais em relação à área total das propriedades rurais (%) no Brasil (1985-2006)

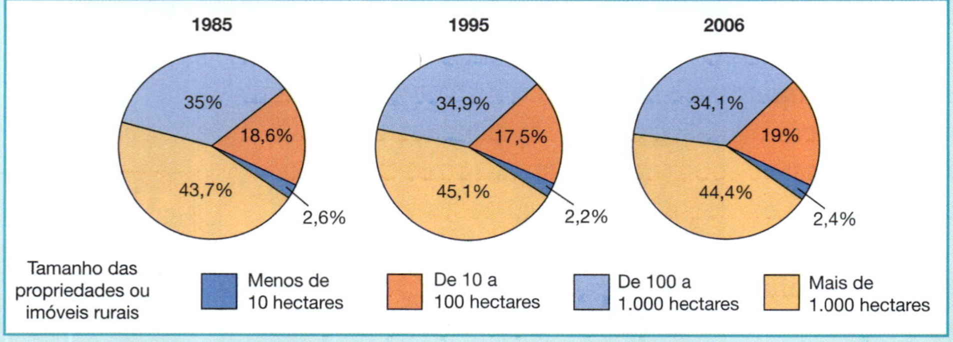

Fonte: IBGE. Censo agropecuário, 2006. p. 107.

1. O que os gráficos mostram?
2. Em 2006, qual porcentagem das propriedades rurais era ocupada por imóveis com menos de 10 hectares (pequenas propriedades)? E qual a porcentagem ocupada por imóveis com mais de 1.000 hectares (grandes propriedades)?
3. Considerando sua resposta à questão anterior e observando os três gráficos apresentados, o que você poderia dizer sobre a distribuição de terras no Brasil?

Boia-fria
Trabalhador que recebe esse nome devido às características de sua alimentação "boia", geralmente preparada no dia anterior ao consumo, que é feito no local de trabalho, sem aquecimento.

Como se pode perceber pelos gráficos, quase metade das terras no Brasil está concentrada nas mãos de grandes proprietários rurais, os **latifundiários**, e muitas dessas propriedades são improdutivas. Os pequenos proprietários (os que possuem menos de dez hectares) têm uma parcela muitíssimo reduzida das terras.

Diante disso, há uma enorme quantidade de trabalhadores rurais sem-terra, que, muitas vezes, não têm opção senão procurar emprego nas cidades ou aceitar os baixos salários pagos pelos grandes fazendeiros.

Parte dos lavradores que trabalham em fazendas monocultoras são boias-frias. Em geral, eles moram na periferia das cidades e suas condições de trabalho são precárias, pois muitos não são registrados nem recebem assistência médica ou aposentadoria. Eles são contratados para trabalhar apenas durante um período do ano, que pode ser a época do plantio ou da colheita. No restante do ano, tentam arranjar trabalho em outros locais. Muitas vezes, porém, ficam todo um período sem trabalho e sem rendimento algum.

É por esse motivo, entre outros, que se discute a necessidade de uma **reforma agrária** mais ampla e em ritmo mais acelerado. Uma reforma que promova uma distribuição mais justa das propriedades rurais e crie condições para que o agricultor que recebe terras do governo desenvolva suas atividades. Para isso, são necessários financiamentos, amparo técnico e estímulo à formação de cooperativas. Nelas os trabalhadores organizam-se em torno de um objetivo, conseguem comprar máquinas, aumentam a produção e muitos avançam no processo de industrialização, montando agroindústrias. Isso cria oportunidades de emprego, fixa as pessoas no campo, eleva a qualidade de vida e pode contribuir para a conservação da natureza.

Pecuária

Pecuária é a atividade econômica que integra o setor primário. Essa atividade consiste na criação e reprodução de animais, com o objetivo de fornecer matéria-prima para a indústria e alimento para a população, com finalidade comercial e lucrativa. Dessa atividade são obtidos a carne, o leite, o couro e a lã.

Os rebanhos de maior importância econômica são: bovinos (bois e vacas); suínos (porcos); ovinos (carneiros e ovelhas); bufalinos (búfalos); caprinos (cabras e bodes), além dos equinos (cavalos) e asininos (asnos, burros, jumentos ou jegues).

O rebanho bovino é o mais numeroso, com aproximadamente 1 bilhão e 300 milhões de cabeças de gado espalhadas pela superfície terrestre. O segundo maior rebanho do mundo é o de suínos.

A pecuária sempre foi responsável pela devastação de áreas de vegetação nativa no Brasil e em outros países. No Brasil, uma prática que vem sendo desenvolvida em algumas regiões está permitindo a conservação de áreas de vegetação natural. Trata-se da reforma ou recuperação de áreas de pastagens degradadas do cerrado, incluindo a eliminação do uso de agrotóxicos.

Rebanho brasileiro (2012)

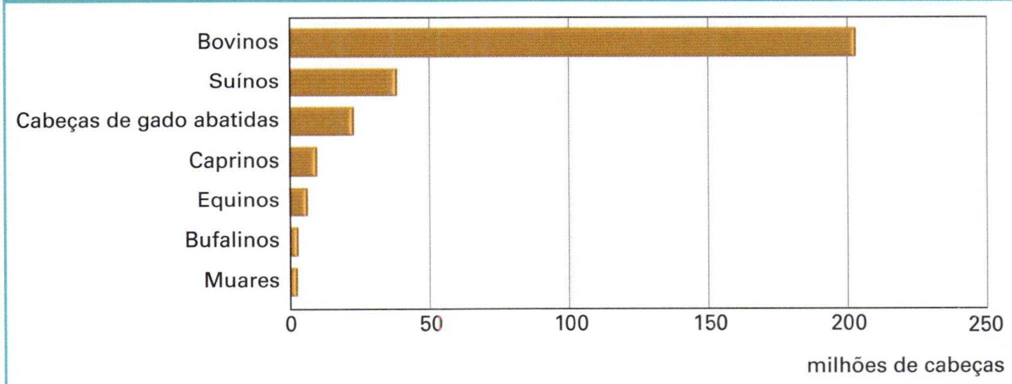

Fonte: IBGE, *Produção da Pecuária Municipal*, 2013.

Sistemas de criação

A criação de gado pode ser desenvolvida por meio de dois sistemas: o extensivo e o intensivo.

A **pecuária extensiva** normalmente é realizada em grandes áreas em que os animais pastam livremente. O gado sobrevive basicamente à custa do alimento natural, isto é, do capim encontrado na região, mas também é vacinado e geralmente tem acompanhamento de veterinários.

Criação extensiva de gado em Sidrolândia, Mato Grosso do Sul (2011).

Na **pecuária intensiva**, o gado é criado cercado em estábulos. Para alimentar o rebanho, o pecuarista procura usar tipos de capim mais nutritivos (forrageiras). Além disso, o gado recebe constantemente rações como reforço alimentar. As raças de gado são selecionadas e existe a preocupação de lhes dar boa assistência veterinária.

Criação intensiva de gado para a produção de leite. Fazenda em Inhauma, Minas Gerais (2010).

Atividades

RETOME SEUS CONHECIMENTOS

1. A qual setor da economia pertence a agricultura e a pecuária?
2. O que é agropecuária?
3. Explique o que é agroindústria e agronegócio.

EXERCITE SEUS CONHECIMENTOS

4. Observe o mapa e responda às questões a seguir.

Brasil – Pecuária

Fonte: ÍSOLA, Leda; CALDINI, Vera. *Atlas geográfico Saraiva*. São Paulo: Saraiva, 2009. p. 41.

a) Cite dois estados em que predomina a pecuária extensiva.

b) Cite dois estados em que predomina a pecuária intensiva.

c) No estado em que você mora é praticada a pecuária? Ela é praticada de forma extensiva ou intensiva?

d) Que tipos de rebanhos podem ser encontrados no Brasil? E no estado em que você mora, que tipo de rebanho predomina?

5. Leia o texto e responda.

A biotecnologia é o conjunto de técnicas utilizadas para alterar características conhecidas de plantas, animais e microrganismos.

Embora, em boa parte, a biotecnologia se associe à atividade agrícola, sua abrangência é muito maior. Suas conquistas estão associadas à medicina, com a criação de fórmulas de remédios, e à indústria, com a fabricação de conservantes de alimentos.

No caso dos vegetais, o processo de modificação das plantas pode alterar-lhes o tamanho, permitir que os produtos agrícolas demorem mais para estragar após a colheita ou torná-los mais resistentes às pragas e aos agrotóxicos durante a etapa do plantio.

As plantas que surgem em decorrência de alteração genética são chamadas **transgênicas**. As organizações ambientais têm se posicionado contra o cultivo e o uso de transgênicos. Elas alertam para a necessidade de mais pesquisas sobre as conse quências da utilização desses produtos para a saúde humana e para o meio ambiente.

a) O que é biotecnologia?

b) O que são transgênicos?

c) Por que as organizações ambientais têm se posicionado contra o cultivo e o uso dos transgênicos?

d) Além da agricultura e da pecuária, que outras áreas estão associadas às conquistas da biotecnologia?

6. Pesquise como é o trabalho e como são as condições trabalhistas oferecidas aos boias-frias.

18 A atividade industrial e os tipos de indústria (setor secundário)

PARA CONTEXTUALIZAR

Observe os esquemas.

Fonte: *A embalagem e o ambiente*. Tetra Pak Ltda., 1998. p. 17 (adaptado).

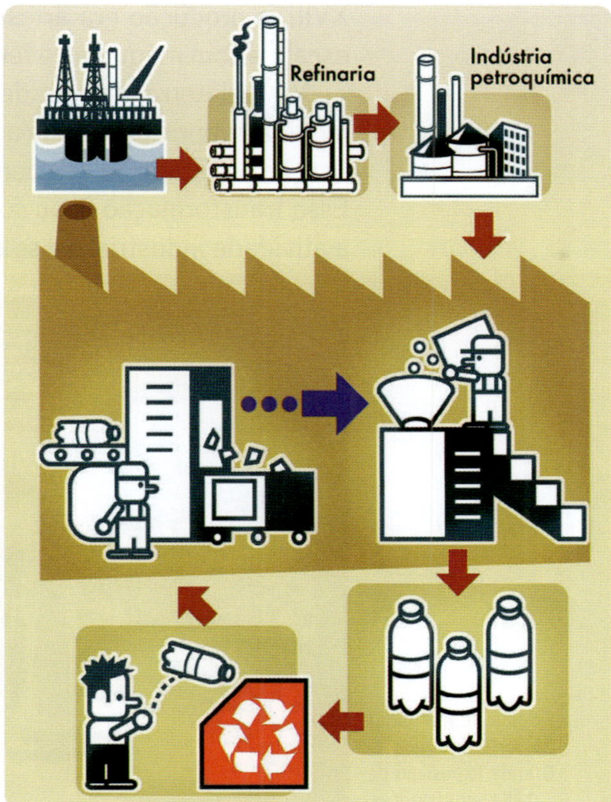

Fonte: *A embalagem e o ambiente*. Tetra Pak Ltda., 1998. p. 15 (adaptado).

ATIVIDADES

Converse com seus colegas e com seu professor.

1. O que mostram os esquemas?
2. Qual a primeira etapa da produção do papel? E do plástico?
3. Você sabe onde o papel é produzido? E o plástico? Em sua opinião, quais elementos são necessários para produzi-los?
4. Será que houve relações espaciais? Por quê?

A atividade industrial

Você pôde perceber nos esquemas da seção Para contextualizar que a produção de mercadorias envolve extração de matérias-primas, produção, circulação de produtos, até chegar ao consumo final. Dependendo da mercadoria, embalagens ou o próprio produto pode entrar, posteriormente, no processo de reciclagem. Tudo isso envolve relações entre diferentes lugares. Desse modo, a matéria-prima, por exemplo, pode ter sido extraída há centenas de quilômetros de distância do lugar de produção da mercadoria, e esta pode ser comercializada a milhares de quilômetros de onde foi fabricada. A todo esse processo damos o nome de **cadeia produtiva**.

A indústria é a atividade econômica que integra o setor secundário e é uma das mais importantes atividades humanas, na qual se utilizam os mais diversos tipos de matérias-primas, exigindo a circulação de grande volume de produtos entre diferentes lugares.

A **atividade industrial** caracteriza-se pela produção de bens em grandes quantidades; por isso, é chamada de produção em larga escala. Até meados do século XVIII, a produção era artesanal ou manufaturada, ou seja, era feita em pequena escala e com máquinas e ferramentas manuais.

Na Inglaterra, a partir de meados do século XVIII, com a invenção da máquina movida a vapor, associada a outros fatores, começou a ocorrer uma profunda modificação na produção dos bens, levando a um crescimento da capacidade produtiva. Essa transformação ficou conhecida como **Revolução Industrial**. A partir de então, a atividade industrial foi se tornando cada vez mais complexa e diversificada.

Salão de máquinas da parte britânica da Grande Exposição de 1851, em Londres.

Atualmente, podemos classificar a atividade industrial da seguinte maneira:

- Indústria extrativa
  - mineral
  - vegetal
  - animal
- Indústria de transformação
  - de bens de produção
  - de bens de consumo
    - duráveis
    - não duráveis

Indústria extrativa mineral, vegetal e animal

O **extrativismo** é a atividade econômica em que se realiza diretamente a retirada de recursos minerais, animais e vegetais da natureza. Se esses recursos forem utilizados em atividades que vão transformá-los em outros produtos, eles são considerados **matérias-primas**.

Quando são empregados técnicas, máquinas e outros equipamentos modernos para retirar os recursos naturais (minérios, madeira, peixes, por exemplo), essa atividade passa a ser considerada uma atividade industrial denominada **indústria extrativa**. Esses equipamentos e técnicas permitem a exploração de grandes quantidades de recursos da natureza.

Indústria extrativa mineral

Entre as matérias-primas resultantes do extrativismo utilizadas pela indústria destacam-se os minerais, como o ferro, o cobre, a bauxita (minério de alumínio), o petróleo e o carvão mineral.

A atividade extrativa mineral é um processo que, dependendo da maneira como é praticado, pode provocar grandes danos ao ambiente. Muitas jazidas são abertas em áreas de floresta, o que leva à devastação da paisagem vegetal, comprometendo a sobrevivência de espécies animais e vegetais. Além disso, produtos químicos utilizados na extração podem contaminar rios e solo, afetando a fauna e a flora.

Mina de carvão mineral em Arroio dos Ratos, Rio Grande do Sul (2009).

Indústrias extrativas vegetal e animal

A atividade agrícola e a criação de peixes e outros animais fornecem vários tipos de matérias-primas para diversas indústrias, especialmente a de alimentos. Parte das matérias-primas de origem vegetal e animal também são obtidas por meio da atividade extrativa diretamente da natureza. É o caso, por exemplo, da extração de madeira para a indústria da construção civil e de móveis, e da pesca, para a produção de alimentos.

Indústrias de transformação

A **indústria de transformação** diferencia-se da extrativa porque sua atividade consiste em modificar a matéria-prima, transformando-a em produtos prontos para a utilização ou em outras matérias-primas.

Indústrias de bens de produção

Chamadas também de **indústrias de base** ou **indústrias pesadas**, sua atividade consiste em produzir bens que servirão para a produção de outros bens, ou como novas matérias-primas, máquinas e equipamentos industriais.

É o caso das indústrias siderúrgicas, que fabricam ferro e aço, e das metalúrgicas, que fabricam, por exemplo, o alumínio.

As indústrias mecânicas podem transformar esses produtos siderúrgicos e metalúrgicos em máquinas e equipamentos, que serão utilizados em outras indústrias.

Indústria siderúrgica em Volta Redonda, Rio de Janeiro (2008).

Indústrias de bens de consumo

As **indústrias de bens de consumo** são as que fabricam bens ou produtos que vão ser consumidos diretamente pela população.

Esse tipo de indústria divide-se em:

- **indústrias de bens não duráveis:** fabricam produtos de consumo menos duradouros. Entre essas indústrias, estão as de alimentos; as de fiação, de tecelagem e de roupas (indústrias têxteis); as de calçados;
- **indústrias de bens duráveis:** produzem bens ou produtos de maior duração, tais como automóveis, móveis e eletrodomésticos.

- Classifique as indústrias das fotografias a seguir como indústrias de bens duráveis e indústria de bens não duráveis.

Indústria de calçado em Ivoti, Rio Grande do Sul (2008).

Linha de montagem de aparelhos de TV em Manaus, Amazonas (2010).

Observe o esquema abaixo.

- Responda às questões a seguir.

1. Grande parte dos produtos que são vendidos nos supermercados passou por algum processo de industrialização. Vocês poderiam dar alguns exemplos de produtos industrializados?
2. Observe o esquema acima, cite os processos que o suco de laranja sofreu até chegar às mãos dos consumidores.
3. Onde foram produzidas as matérias-primas que abastecem as indústrias que processam e beneficiam esses alimentos?
4. Os estabelecimentos rurais que produzem essas matérias-primas também utilizam produtos industriais? Dê alguns exemplos.

A industrialização e os seus efeitos no espaço geográfico

O crescimento da atividade industrial provoca muitas modificações no espaço geográfico. Quando um país passa a apresentar crescimento da atividade industrial com a instalação de variados tipos de indústria e o aumento da produção de mercadorias, dizemos que há um **processo de industrialização**.

O processo de industrialização não é caracterizado apenas pelo crescimento da atividade industrial. Ele também estimula maior variedade de atividades, como comércio, bancos, transportes, comunicações e administração pública, possibilitando a criação de um número maior de empregos.

Paralelamente à industrialização ocorre a ampliação da rede de transportes, que interliga o território e permite que as mercadorias possam circular por vários lugares com rapidez.

Outro fator relacionado à instalação de indústrias é o crescimento das cidades, em razão da chegada de grande número de trabalhadores do campo e de outras cidades em busca de empregos e melhores condições de vida. Muitos desses trabalhadores perderam seus empregos por causa da introdução de máquinas agrícolas nas plantações. Com a industrialização, passa a ocorrer também uma maior integração entre os espaços urbano e rural, além do aumento da população nas cidades e a diminuição da população rural.

No Brasil, entre os anos de 1940 e 1970, o crescimento da atividade industrial ocorreu de forma intensa, assim como o desenvolvimento de muitas outras atividades no espaço urbano. Isso ampliou a oferta de empregos nas grandes cidades, pois as empresas, de modo geral, precisaram de grande quantidade de mão de obra. Esse fato, entre outros, contribuiu para que os salários pagos aos trabalhadores fossem geralmente baixos. Algumas conquistas salariais só foram obtidas após anos de luta dos trabalhadores, que se organizaram em sindicatos.

Atualmente, grande parte das pessoas que chegam às cidades não consegue emprego, pois têm baixa qualificação ou pouco estudo. Quando conseguem, acabam se tornando mão de obra barata, explorada pelas indústrias e outros setores econômicos.

Outro aspecto importante é que as indústrias e outras atividades ligadas ao comércio e aos serviços já não necessitam de muitos funcionários, pois estão utilizando sistemas de informatização e máquinas, como vimos no capítulo 16 (fatores estruturais que podem causar desemprego).

Tudo isso tem levado muitas pessoas a sobreviver como vendedores ambulantes, catadores de materiais recicláveis, diaristas e outras funções com baixos salários e sem o mínimo de estabilidade. Esses fatores, entre outros, contribuem para que seja grande o número de pessoas que vivem em favelas ou mesmo nas ruas e de trabalhadores informais com atividades em subempregos, como vimos no capítulo 16.

A industrialização pode também ocasionar problemas ambientais. Muitas vezes os resíduos industriais são lançados nos rios e mares e a fumaça expelida pelas fábricas polui o ar, piorando as condições de saúde da população e prejudicando o ambiente.

Brasil – Distribuição espacial da atividade industrial (2006)

Fonte: *Atlas geográfico escolar*. Rio de Janeiro: IBGE, 2009. p. 136.

PARA COMPREENDER Texto

A sociedade de consumo

O processo de industrialização provoca alterações nos hábitos de consumo. Parte da população mundial enquadra-se no que poderíamos chamar de **sociedade de consumo**. Trata-se de uma sociedade que adquire uma grande quantidade de mercadorias e de serviços e que acaba por valorizar extremamente o ato da compra. Esse fenômeno está relacionado ao que chamamos **consumismo**.

Principalmente por influência da propaganda e dos meios de comunicação, as pessoas são levadas a querer consumir cada vez mais. Os anúncios publicitários, por exemplo, geralmente relacionam a imagem de um produto ao prazer, à felicidade e à realização, como se, ao comprar o produto, as pessoas também adquirissem esses "bens".

Também as novelas, os filmes e os grupos sociais influenciam nesse sentido, estabelecendo modelos de comportamento e incentivando o consumo. Diante disso, as pessoas acabam consumindo, sem perceber, produtos de que não precisam realmente. Esse comportamento, por sua vez, incentiva uma produção de mercadorias cada vez maior, exigindo uma exploração também maior dos recursos naturais.

■ Responda às questões a seguir.

1. De acordo com o texto, o que leva as pessoas a consumir cada vez mais produtos dos quais não necessitam realmente?
2. Qual a consequência do consumismo para a sociedade? E para a natureza?

Atividades

RETOME SEUS CONHECIMENTOS

1. Caracterize os seguintes tipos de indústrias:
   a) bens de produção;
   b) bens de consumo.
2. Classifique a indústria retratada na fotografia ao lado.

Usina de cana-de-açúcar, Pitangueiras, São Paulo.

EXERCITE SEUS CONHECIMENTOS

3. Responda.
   a) Entre os diversos problemas ambientais estudados em capítulos anteriores, quais estão diretamente relacionados com a atividade industrial?
   b) Quais medidas poderiam ser tomadas pelas indústrias para evitar esses problemas?
4. Em qual período o Brasil teve sua atividade industrial intensificada? Qual a principal consequência desse fato para a época?
5. Converse com seus colegas e com o professor:
   a) Você conhece pessoas que trabalham na coleta de materiais recicláveis?
   b) O que você acha do trabalho que elas realizam?
6. Leia o texto e responda às questões.

As transnacionais ou multinacionais

Hoje em dia, encontramos inúmeras empresas industriais que se expandiram por todo o mundo, ou seja, que têm instalações (fábricas) não apenas no país de origem, mas em vários outros. Essas grandes empresas que dominam, em quase todo o globo, a produção de determinados produtos recebem o nome de transnacionais ou multinacionais.

A grande maioria das sedes dessas empresas está situada nos Estados Unidos da América, Alemanha, França, Reino Unido, Itália, Japão, Suíça e Holanda. Elas recebem parte do dinheiro obtido com lucros das filiais espalhadas por diversos países.

Em razão do grande número de pessoas que empregam e do volume de sua produção, essas companhias exercem enorme influência econômica, social e política nos países onde têm filiais e, de certo modo, também onde têm suas sedes.

   a) O que são empresas transnacionais ou multinacionais?
   b) Explique por que essas empresas exercem enorme influência econômica, social e política nos países onde possuem filiais.
   c) Cite exemplos de empresas transnacionais instaladas no Brasil.

7. Pesquise em jornais, revistas e internet empresas transnacionais. Escolha uma dessas empresas e anote: seu nome, como funciona, onde fica sua matriz, onde tem filiais, que mercadorias produzem e de onde vem a matéria-prima dos produtos que fabrica.
   Depois, retome o que você estudou no capítulo 15 e responda: em sua opinião, a empresa que você pesquisou contribui para o desenvolvimento sustentável dos países onde atua? Explique.

19 Comércio e serviços (setor terciário)

PARA CONTEXTUALIZAR

Observe as fotografias a seguir.

Turistas em Machu Picchu, no Peru (2009).

Estudantes na Tanzânia (2011).

Comércio de peixes no Vietnã (2011).

ATIVIDADES

Converse com seus colegas e com seu professor.

1. Que atividades foram retratadas nas fotografias?
2. Na sua opinião, qual é a importância para a sociedade das atividades mostradas nas imagens? E para você?
3. Das atividades apresentadas, quais existem em seu município?

Comércio, transportes, comunicações – a integração dos lugares

Comércio e prestação de serviços (transporte, comunicações, segurança, saúde, educação, beleza e outros) são atividades econômicas que integram o setor terciário.

O conjunto de atividades que fazem parte do grupo dos serviços é muito diversificado: financeiro (bancos), transporte, comunicações, lazer, turismo, educação (escolas, faculdades, cursos de línguas e outros), administração pública, correios, salões de beleza, segurança, seguros, coleta de lixo, informática, propaganda e marketing, advocacia, trabalho doméstico, saúde, oficina mecânica etc. Essas são as atividades que empregam a maior quantidade de trabalhadores no Brasil e em muitos outros países.

O comércio, os transportes e as comunicações sempre tiveram um papel importante na integração entre os diversos lugares da Terra. Essas atividades permitiram que sociedades com modos de vida diferentes trocassem informações e experiências em relação a técnicas, crenças religiosas, história, alimentação, leis, maneiras de se relacionar com a natureza etc. Isso provocou transformações nos modos de vida das diferentes sociedades e também possibilitou o domínio de um povo sobre outro.

O comércio

Praticamente todos os produtos gerados por atividades agropecuárias, industriais e extrativas são transportados e comercializados. O **comércio** é a atividade econômica representada pela compra e venda de produtos.

Essa atividade pode ocorrer tanto entre pessoas ou empresas de um país (comércio interno), como entre pessoas ou empresas de diferentes países, sendo chamado de comércio exterior.

A venda de produtos para outro país chama-se **exportação**. A compra de produtos de outro país chama-se **importação**.

Todo produto feito para ser vendido, ou seja, que é comercializado, recebe o nome de **mercadoria**.

Os transportes

Um importante fator para o desenvolvimento de um país é uma rede de transportes eficiente. As pessoas precisam cada vez mais de uma boa rede de transportes para se deslocarem e o comércio não pode se desenvolver sem ela, uma vez que praticamente todos os produtos comercializados precisam ser transportados para os mais distantes locais do Brasil e do mundo.

As condições naturais tanto podem dificultar como favorecer a implantação de certos tipos de transporte. Um país que apresenta extensa rede hidrográfica, por exemplo, com vários rios navegáveis, terá condições de desenvolver o transporte hidroviário (fluvial). Em um país em que o relevo apresenta muitas serras e montanhas, torna-se mais difícil a implantação de rodovias e ferrovias, pois é necessário construir muitas obras de engenharia, como túneis, viadutos e pontes.

No entanto, mais que os fatores naturais, são as condições econômicas do país e suas fontes de energia disponíveis que vão influenciar a escolha dos sistemas de transporte.

Entre a invenção da locomotiva, em 1804, e a expansão do uso da internet, em 1990, experimentou-se um desenvolvimento extraordinário do comércio. A velocidade que marca o surgimento de novos produtos e os mecanismos cada vez mais ágeis para distribuí-los revolucionaram o consumo e vêm exigindo uma modernização radical dos meios de transporte.

Para dar conta dessa velocidade e atender à exigência dos consumidores, é preciso estabelecer uma logística adequada ao crescimento do número de mercadorias que rodam o mundo. Modernamente, a logística corresponde ao conjunto de recursos e operações que permitam o transporte de pessoas ou mercadorias com menor custo e no menor tempo.

Os sistemas de transporte dividem-se em **continentais**, **marítimos** e **aéreos**. Os continentais, por sua vez, subdividem-se em ferroviário, rodoviário e hidroviário.

Transporte multimodal

Transporte multimodal é aquele que, regido por um único contrato, utiliza duas ou mais modalidades de transporte (continentais, marítimos e aéreos), desde a origem até o destino, e é executado sob a responsabilidade única de um Operador de Transporte Multimodal – OTM, ou seja, empresa responsável pelo transporte da carga. Esse tipo de transporte é muito usado por países de grandes extensões territoriais, assim, como o Brasil.

Transporte ferroviário

O transporte ferroviário teve uma importância particular e específica, sobretudo até o início do século XX, quando não existiam os grandes caminhões nem os aviões que hoje transportam enormes quantidades de produtos e passageiros.

Durante muito tempo, o carvão mineral ou a lenha era o combustível das locomotivas. Atualmente, os trens são movidos a óleo e a eletricidade, o que contribui para aumentar sua potência e velocidade. A França, a Alemanha e o Japão possuem os trens mais velozes do mundo.

No Brasil, as ferrovias foram muito importantes entre 1870 e 1930, época em que a agricultura cafeeira era fundamental à economia do país. A partir da segunda metade do século XX, não houve investimento significativo no transporte ferroviário. Fotografia de ferrovia entre Ouro Preto e Mariana, Minas Gerais (2009).

Brasil - Rede ferroviária (2007)

Fonte: *Atlas Nacional do Brasil Milton Santos*. Rio de Janeiro: IBGE, 2010. p. 281.

Brasil - Rodovias nacionais (2007)

Fonte: *Atlas Nacional do Brasil Milton Santos*. Rio de Janeiro: IBGE, 2010. p. 282.

Transporte rodoviário

Com o desenvolvimento industrial e o intenso movimento de urbanização que o mundo vem conhecendo, as rodovias asfaltadas passaram a ter mais expressão no quadro dos transportes.

Os países que precisavam expandir mais rapidamente seu sistema de transportes deram preferência às rodovias, por serem de construção mais rápida, apesar do custo elevado com manutenção.

No Brasil, após a instalação e o desenvolvimento da indústria automobilística, na década de 1950, o transporte rodoviário passou a ser o sistema mais importante do país.

O transporte rodoviário encarece o valor dos produtos, pois transportar cargas por caminhões é muito mais caro que o fazer por embarcações fluviais e trens. Fotografia da rodovia Santos Dumont na zona rural de Jati, Ceará (2011).

Transporte marítimo

O transporte marítimo tem por finalidade fazer escoar, a grandes distâncias e por taxas de frete bastante acessíveis, grande tonelagens de produtos. Esse tipo de transporte ultrapassa as fronteiras dos países e cresce desde os anos 1990, cada vez mais devido ao grande desenvolvimento do comércio mundial, graças ao processo de globalização.

O Atlântico Norte, entre a Europa e a costa leste dos Estados Unidos, concentra 70% do movimento comercial, constituindo a principal rota marítima mundial.

Para a navegação marítima de cabotagem (apenas pelo litoral brasileiro) e para a exportação (através de mares e oceanos do mundo) há vários portos instalados no litoral brasileiro. Os portos nacionais mais importantes em volume de contêineres são os de Santos, Itajaí, Rio de Janeiro, Rio Grande e Paranaguá.

Transporte aéreo

O avião é o meio de transporte que permite o deslocamento de produtos e pessoas com mais rapidez. Apesar dos preços elevados das passagens aéreas e do frete para o transporte de produtos, muitas empresas que precisam receber objetos em curto prazo, ou que trabalham com produtos perecíveis, de consumo imediato, utilizam esse tipo de transporte.

O crescimento do número de compras via internet (comércio eletrônico) que ocorre no mundo todo, mas sobretudo nos países desenvolvidos, é um fator que vem contribuindo para o crescimento do transporte aéreo.

Atualmente, as redes aéreas cobrem quase toda a superfície terrestre. As áreas mais bem servidas são a América e a Europa.

Os quatro aeroportos mais movimentados do Brasil são: o Internacional de São Paulo, em Guarulhos (SP), o de Congonhas, em São Paulo (SP), o do Galeão, no Rio de Janeiro (RJ), e o de Brasília, na capital do país.

Vista noturna do centro de distribuição da FedEx em Memphis (EUA). Aviões com mercadorias de todas as partes do mundo saem em intervalos curtos de tempo.

As comunicações

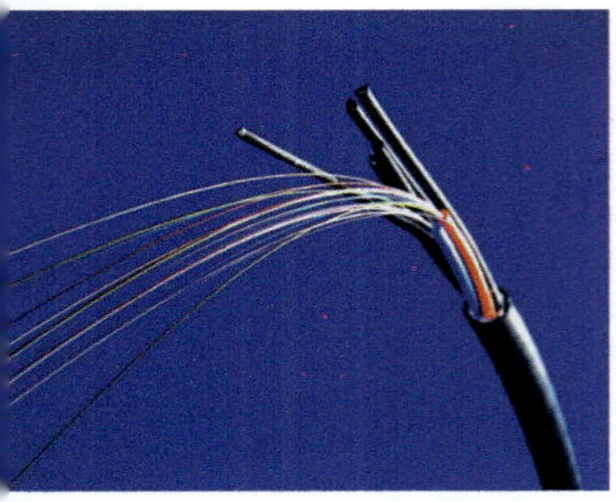

Com espessura de um fio de cabelo, a fibra óptica pode transmitir até 20 mil conversas telefônicas simultaneamente.

Como você viu no capítulo 2, antes do surgimento da escrita, as pessoas registravam mensagens em forma de figuras em pedras e em paredes de cavernas. Dessas primeiras formas de comunicação até as que conhecemos hoje, houve muitas transformações.

Nas últimas décadas do século XX, o mundo conheceu uma verdadeira revolução nos meios de comunicação, o que vem provocando uma série de modificações no relacionamento entre as pessoas e nas atividades econômicas. Essa revolução é caracterizada pela invenção e pelo desenvolvimento de diversos produtos: satélites artificiais de comunicação, cabos de fibra óptica, computadores, celulares, fax.

Aliados a outras invenções surgidas anteriormente, como o telefone, o rádio e a televisão, esses instrumentos permitem a comunicação instantânea entre lugares separados por milhares de quilômetros.

A internet, por exemplo, que interliga computadores do mundo inteiro, é utilizada para pesquisas, compras, envio de mensagens entre pessoas e empresas e até conferências. Desde que possuam os meios necessários (modem, computador, linha telefônica etc.), essa rede possibilita o acesso a muitas informações provenientes dos mais variados lugares do planeta.

A interação do computador com os diversos sistemas de comunicação também permite a transferência de grandes somas de valores em apenas alguns segundos. Assim, os meios de comunicação são indispensáveis ao comércio, à indústria e a vários outros tipos de atividade. Entre continentes, essas comunicações são feitas basicamente por meio de satélites e cabos submarinos.

Cabos submarinos – Brasil-América, Europa e África (2011)

O oitavo cabo submarino até a Europa reduziria nossa dependência dos Estados Unidos no tráfego de dados e baixaria o preço de conexão.

Fonte: *Folha de S. Paulo*, 22 abr. 2011.

MAIS INFORMAÇÃO

O oitavo cabo

Como vai funcionar?

O cabo sairia do Brasil para Cabo Verde, aproveitando a estrutura de internet construída pela África do Sul para a Copa.

Dependência

Se um brasileiro for acessar um *site* argentino, tem que passar pelos EUA.

90% da conexão no Brasil hoje passa primeiro pelos EUA.

1 MB é a capacidade de armazenamento equivalente a 95 tablets básicos.

É como se o cabo de 1,92 TB transmitisse, de uma vez, o conteúdo de 182,4 milhões de tablets.

Cabos	Capacidade de transmissão	O que transporta
Américas	80 GB	voz e dados
Atlantis 2	40 GB	somente voz
Emergia	1,92 TB	dados
Global Crossing	1,28 TB	dados
Globenet	1,36 TB	dados
Unisur	5 GB	somente voz

1 TB = 1.000.000 MB 1 Gigabyte = 1.000 Megabytes 1 Terabyte = 1.000 Gigabytes

Fonte: FERNANDES, Sofia. Ligado na internet. *Folha de S.Paulo*, 22 abr. 2011.

Todas essas inovações tecnológicas que estão surgindo na atualidade causam a impressão de que o mundo "encolheu", pois hoje as distâncias foram "encurtadas" devido aos meios de transporte e aos meios de comunicação.

Com a internet, é possível enviar mensagens, imagens, textos, dados e até conversar. San Salvador, em El Savador (2011).

O turismo

A atividade turística vem se destacando em virtude do volume de renda que gera e da criação de grande número de empregos.

O turismo é uma atividade capaz de provocar diversas alterações no espaço geográfico, pois o seu desenvolvimento pressupõe a construção de hotéis, parques de diversão, restaurantes, casas de espetáculos, além da ampliação do sistema de transportes (rodovias, aeroportos).

Muitas áreas litorâneas passaram por transformações espaciais significativas por reunirem condições atrativas aos visitantes. São exemplos diversos lugares do Nordeste brasileiro; Cancún, no México; e Miami, nos Estados Unidos. Áreas pouco atrativas em termos naturais também foram transformadas, tendo sido criados novos espaços artificiais para o desenvolvimento da atividade turística, como é o caso da cidade de Las Vegas, nos Estados Unidos, que foi construída em uma região árida e atrai milhares de turistas por causa dos cassinos.

A Torre Eiffel, na França, é um dos pontos turísticos mais visitados do mundo. Fotografia de 2011.

Os grandes centros turísticos

Destacam-se três grandes centros turísticos no mundo: a Europa, a América do Norte e a região do Pacífico Ocidental e mar da China. O que recebe o maior número de turistas é a Europa, que apresenta atrativos como monumentos e ruínas de grande valor histórico e cultural, além de uma costa litorânea no mar Mediterrâneo muito apreciada nos meses de verão.

Problemas ambientais ocasionados pelo turismo

A prática da atividade turística não planejada e sem infraestrutura adequada pode ocasionar problemas ambientais, como a poluição de praias e áreas de preservação da paisagem natural (reservas florestais). Esses problemas são gerados tanto pelas pessoas que visitam os lugares como pela construção de rodovias e hotéis em áreas de vegetação nativa.

Além disso, muitas vezes a mão de obra local não é aproveitada por falta de qualificação profissional. Nessa situação, o turismo não contribui para o desenvolvimento social do lugar em que estão sendo construídos hotéis e outros empreendimentos.

Orla da praia da Enseada em Bertioga, litoral norte de São Paulo, com lixo vindo do mar (2010).

Turismo pelo mundo — Entrada de turistas internacionais em 2009, em milhões

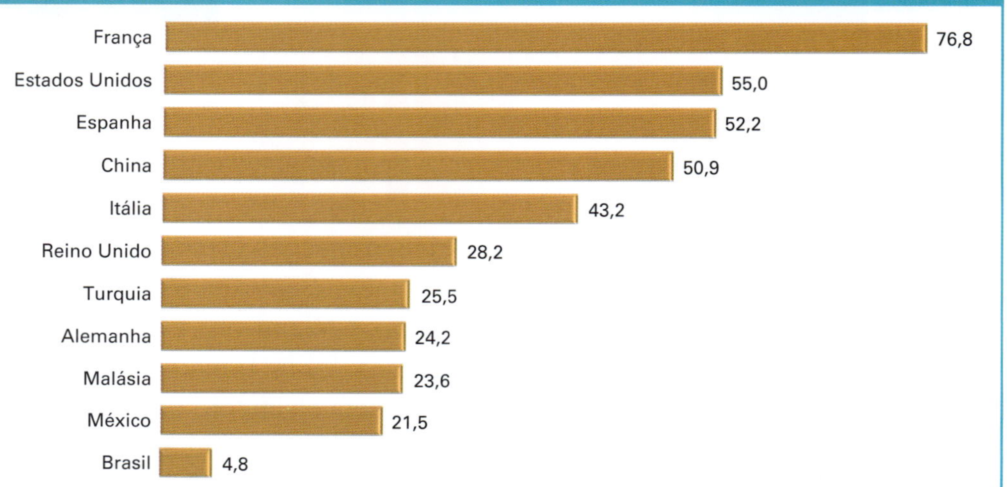

Fonte: OMT. *Panorama del turismo internacional*, edição 2011; Ministério do Turismo. Disponível em: <http://www.dadosefatos.turismo.gov.br/dadosefatos/home.html>. Acesso em: 30 nov. 2011.

MAIS INFORMAÇÃO

O ecoturismo

"No Brasil, os atrativos naturais estão entre os mais belos do mundo. A Embratur realizou um estudo que definiu 96 polos de turismo ambiental no Brasil, boa parte deles em regiões pobres, como Jericoacoara (CE), Jalapão (TO), Serra da Canastra (MG), sendo, portanto, de importância estratégica quando se fala da eliminação da miséria no país.

O interesse dos turistas pelas riquezas hídricas é imenso: praias, o fundo do mar para a prática de mergulho, pesca desportiva e observação da vida marinha, lagoas, lagunas, rios e quedas-d'água. No entanto, justamente para tentar aproveitar o potencial turístico desses locais, comerciantes constroem seus prédios o mais próximo (ou mesmo dentro) das belezas naturais, evidentemente comprometendo a estética e a qualidade das águas. Nas regiões do entorno de Natal, há exemplos do que não se fazer com lagoas translúcidas. Muitas delas possuem muretas que as transformaram em caóticos piscinões. E sobre as dunas, aparatos pesados e sem qualquer controle de segurança desfiguram o que já foi um belíssimo cenário, para levar os turistas em brincadeiras perigosas com os gigantes (e toscos) toboáguas ou mesmo nas tirolesas.

Existem também muitos casos nos quais o turismo não só salvou a dignidade das populações locais, como ajudou a preservar o meio ambiente, ampliando a consciência ecológica por meio de imersão. É preciso ver, sentir, apreciar em sua plenitude para poder saber o que proteger, pelo que lutar. Bonito (MS) — um nome injusto, pois deveria se chamar Lindo —, cidade da região do Pantanal sul-matogrossense, quase teve suas relíquias naturais destruídas pelo turismo descontrolado e inconsequente. Diante da depredação, a comunidade local estabeleceu regras rígidas que reduziram em muito o impacto, já que em nenhuma situação o turismo deixa de criá-lo. A busca, no entanto, é por impactos aceitáveis, ou seja, aqueles que são facilmente absorvíveis ou renováveis".

Novo Ambiente, ano 2, edição 17, out. 2011, p. 35.

Gruta do Lago Azul, em Bonito, Mato Grosso do Sul (2011).

Atividades

RETOME SEUS CONHECIMENTOS

1. Responda.

a) Por que o comércio, os transportes e as comunicações contribuíram para transformações nos modos de vida de diferentes sociedades?

b) O que possibilita a transmissão simultânea de eventos esportivos para diversos países do planeta?

2. Quais meios de transporte você já utilizou? Faça um comentário sobre cada um, destacando as vantagens e desvantagens, e converse sobre isso com seus colegas e com seu professor.

EXERCITE SEUS CONHECIMENTOS

3. Observe a tira e responda às questões.

LAERTE. *Folha de S.Paulo*. 2 fev. 2000. p. F-2.

a) Que uso da internet a tira destaca?

b) Você conhece alguém que utiliza a internet para isso?

c) Faça um comentário sobre a tira.

d) Quais outros usos a internet possibilita?

e) Organize uma lista com as vantagens e as desvantagens do uso da internet.

4. Faça o que se pede.

a) Elabore uma lista com os meios de transporte que existem no seu estado.

b) Pesquise o nome das rodovias que passam pelo seu município e descreva o estado de conservação delas.

5. Retire os rótulos de cinco embalagens de produtos consumidos em sua casa. Depois:

a) Faça uma lista dos produtos e das empresas fabricantes, separando-os de acordo com a origem da empresa nacional ou estrangeira.

b) Indique a cidade, o estado ou o país onde os produtos foram fabricados, localizando-os em um mapa. Pense quais devem ter sido os meios de transporte utilizados para levar os produtos aos estabelecimentos comerciais da sua cidade. Anote todas as suas observações e converse com seus colegas e com seu professor sobre os resultados da sua pesquisa.

DIVERSIFICANDO

LIVROS

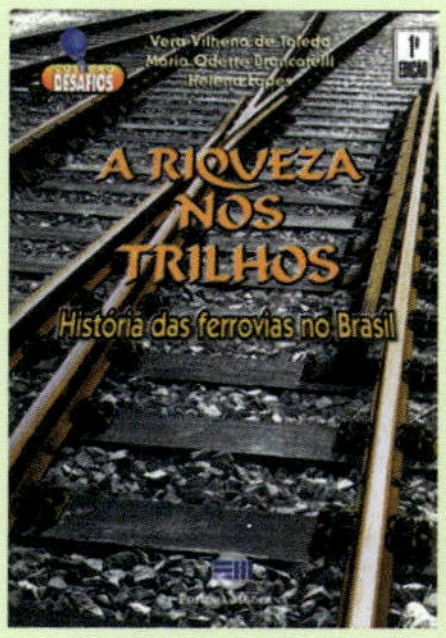

A riqueza nos trilhos: história das ferrovias no Brasil

Vera Vilhena de Toledo, Maria Odette Brancatelli e Helena Lopes.
São Paulo: Moderna, 1994.

Uma análise histórica do transporte ferroviário no Brasil, o surgimento de cidades e as atividades econômicas que o trem fomentou no pais.

Energia para o século XXI

Francisco Capuano Scarlato e Joel Arnaldo Pontin.
São Paulo: Ática, 2003
(Col. Geografia Hoje).

Discute a dependência do mundo atual em relação ao petróleo e as possíveis alternativas energéticas futuras.

Usos de energia: sistemas, fontes e alternativas

Helena da Silva F. Tundisi.
São Paulo: Atual, 1991
(Col. Meio Ambiente).

O livro dá uma visão histórica sobre o desenvolvimento das formas de energia. Discute a crise energética e a necessidade de fontes alternativas ao petróleo e indica os caminhos possíveis.

A industrialização brasileira

Sonia Mendonça.
São Paulo: Moderna, 1995.

A obra relembra o início do processo de industrialização brasileira até os dias atuais.

SITE

Agência Nacional de Energia Elétrica

<http://www.aneel.gov.br>.

Site da Agência Nacional de Energia Elétrica (Aneel), responsável pela regulamentação e fiscalização das atividades relacionadas à energia elétrica no Brasil.

FILMES

Os carvoeiros

Direção: Nigel Noble.
Brasil, 1999.

Documentário sobre o cotidiano dos trabalhadores em carvoarias brasileiras do interior de Minas Gerais, Mato Grosso do Sul e Pará. Trata, ainda, da exploração do trabalho infantil.

Mauá, o imperador e o rei

Direção: Sérgio Rezende.
Brasil, 1999.

Biografia de Irineu Evangelista de Sousa, o visconde de Mauá, um dos principais símbolos do empresariado brasileiro.

Lixo Extraordinário: lição de vida pelas mãos dos catadores

"A indicação para o Oscar [2011] de melhor documentário para *Lixo Extraordinário* vem sedimentar a proposta do artista plástico Vik Muniz, que era a de dar um sentido maior para as vidas dos catadores de lixo do Jardim Gramacho, o maior aterro sanitário da América Latina, localizado no Rio de Janeiro.

Segundo Vik, o lixo é para onde as pessoas jogam o que não querem mais, assim como os catadores de lixo, que vivem à margem da sociedade. Mais do que retratar a situação em que vivem essas pessoas, o documentário, dirigido pela americana Lucy Walker e pelos brasileiros Karen Harley e João Jardim, registra o processo de trabalho artístico de Vik Muniz. Ele deixa seus estúdios nos EUA e vem conhecer de perto como é a vida dos catadores; aos poucos conhece alguns deles e diz o que pretende. Quer transformar o lixo [...] em arte, mas com a parceria e colaboração deles. E assim é feito.

O filme é a construção dos painéis em que os catadores de lixo são retratados e viram as estrelas principais. Depois de fotografados, as imagens escolhidas dos catadores são projetadas de uma altura gigantesca no chão e nessa hora a participação deles é fundamental. A fotografia no chão é preenchida com sucatas e objetos retirados do aterro sanitário. O efeito é belíssimo e esse painel é novamente fotografado e vai se transformar no quadro final do artista.

Quadro final de Vik Muniz retratando uma catadora do Jardim Gramacho.

Catadores do aterro do Jardim Gramacho em Duque de Caxias, Rio de Janeiro (2010).

O espectador na sala de projeção não só participa do processo de construção dos magníficos painéis de Vik Muniz como acompanha a transformação que se dá na vida de pelo menos cinco catadores retratados pelo artista. Da garota que posa despretensiosamente no aterro sanitário, que vira uma mulher independente e com horizontes ampliados depois de completado o trabalho com Vik. Os depoimentos emocionados de todos os retratados revelam como o processo artístico modificou suas vidas e trouxe autoestima. Mas o mais emocionante mesmo é o Tião, que lidera a associação dos catadores do Jardim Gramacho: ele acompanha Vik ao leilão realizado em Londres. A obra que o retrata é arrematada por quase 100 mil reais. Com lágrimas correndo no rosto, Tião diz que "tudo valeu a pena!". Ele se refere à batalha para a criação da associação que luta pelos direitos dos catadores de lixo do Jardim Gramacho. Parte da renda das obras foi revertida à comunidade. [...]"

MELLONE, Maurício. Disponível em: <http://www.favodomellone.com.br/resenha/lixo-extraordinario-licao-de-vida-pelas-maos-dos-catadores/>. Acesso em: 23 abr. 2014.

Retratos de catadores do Jardim Gramacho feitos de sucata. Obras do artista Vik Muniz.

ATIVIDADES

1. Na unidade VI, você aprendeu o que são recursos naturais e como o ser humano os utiliza para produzir bens. Viu também que é necessário um planejamento na exploração desses recursos, como a água e o solo, e a busca de alternativas para aqueles que não são renováveis, como o petróleo. A quantidade de lixo que produzimos também é uma preocupação mundial. Por isso, temos de promover um **desenvolvimento sustentável**.

   Em grupo, converse com seus colegas e juntos expliquem o significado da expressão **desenvolvimento sustentável**.

2. Vik Muniz usa as fotografias dos catadores para criar painéis feitos de sucata e objetos encontrados no aterro, de onde eles retiram seu sustento. Relembrando o que você leu na unidade VI sobre o desemprego, os empregos informais e os subempregos, converse com seus colegas sobre a situação dos catadores de lixo.

3. Converse com seus colegas e juntos pensem em como e onde os catadores que trabalharam no aterro poderão buscar outra maneira de sobreviver.

4. Que tal promover obras de artes parecidas com as de Vik Muniz e transformar os corredores da sua escola em uma bela galeria de arte? Vocês podem ser organizar em grupos, conversar com os professores de Geografia, Matemática, História, Ciências e Arte sobre as possibilidades de confeccionar de obras de arte a partir de materiais descartados, como garrafas PET, latas diversas, caixas de leite e de suco etc., tendo em vista conteúdos que estão sendo estudados.

Bibliografia

AB'SÁBER, Aziz. *Os domínios de natureza no Brasil*: potencialidades paisagísticas. São Paulo: Ateliê Editorial, 2010.

AFONSO, Cíntia Maria. *A paisagem da baixada santista.* São Paulo: Edusp/FAPESP, 2006.

_______. *Sustentabilidade*: caminho ou utopia? São Paulo: AnnaBlume, 2006.

ALMANAQUE Brasil Socioambiental. São Paulo: Instituto Socioambiental, 2008.

ALMEIDA, Maria da Conceição; PEREIRA, Wani Fernandes. *Lagoa de Piató*: fragmentos de uma história. Natal: Editora da UFRN, 2006.

ANDRADE, Elaine Nunes de (Org.). *Rap é educação*. São Paulo: Selo Negro, 1999.

BRANCO, Samuel Murgel; BRANCO, Fábio Cardinale. *A deriva dos continentes.* 2. ed. São Paulo: Moderna, 2004 (Col. Polêmica).

CAPRA, Fritjof. *Alfabetização ecológica*. São Paulo: Cultrix, 2005.

CARVALHO, José Murilo de. *Cidadania no Brasil*: o longo caminho. Rio de Janeiro: Civilização Brasileira, 2001.

CASTELLAR, Sonia (Org.). *Educação geográfica*: teorias e práticas docentes. São Paulo: Contexto, 2005.

CASTRO, Inás Elias de; GOMES, Paulo César da Costa; CORRÊA, Roberto Lobato. *Geografia*: conceitos e temas. 10. ed. Rio de Janeiro: Bertrand Brasil, 2007.

CASTROGIOVANNI, Antonio Carlos (Org.) e outros. *Geografia em sala de aula*: práticas e reflexões. 4. ed. Porto Alegre: Editora da UFRGS/AGB, 2004.

DREYER-EIMBCKE, Oswald. *O descobrimento da Terra.* São Paulo: Melhoramentos/Edusp, 1992.

DURAND, Marie-Fraçoise; CAPINSHI, Philippe; MARTIN, Benoît; PLACIDI, Delphine. *Atlas da mundialização*: dossiê especial Brasil. São Paulo: Saraiva, 2009.

FAGAN, Brian. *O aquecimento global.* São Paulo: Larousse, 2008.

FEITOSA, Tadeu (Org.). *Patativa do assaré*: Digo e não peço segredo. São Paulo: Escrituras, 2001.

FELIPE, Carlos; MANZO, Maurizio. *O grande livro do folclore*. 2. ed. Belo Horizonte: Leitura, 2004.

FREIRE, Genebaldo. *Atividades interdisciplinares de educação ambiental.* 2. ed. São Paulo: Global, 2006.

FREYRE, Gilberto. *Açúcar.* São Paulo: Companhia das Letras, 2002.

GAVAZZI, Renato A. (Org.). *Geografia indígena*. Brasília: Instituto Socioambiental/MEC, 1996.

GIANSANTI, Roberto. *O desafio do desenvolvimento sustentável.* São Paulo: Atual, 1998.

GRANEL-PÉREZ, María Del Carmen. *Trabalhando Geografia com as cartas topográficas.* Ijuí: Editora Unijuí, 2004.

IANNONE, Roberto Antonio. *A Revolução Industrial*. São Paulo: Moderna, 1993.

IBGE. *Manual Técnico da Vegetação Brasileira*. Rio de Janeiro: IBGE, 1992. Série Manual Técnicos em Geociências (nº 1).

IBGE. *Vamos compreender o Brasil*. 4. ed. Rio de Janeiro: IBGE, 2006.

KABENGELI, Munanga (Org.). *Superando o racismo na escola*: Brasília: MEC, 2005.

KAERCHER, André Nestor. *Desafios e utopias no ensino de Geografia.* Santa Cruz do Sul: Edunisc, 2007.

LEINZ, Viktor; AMARAL, Sérgio E. do. *Geologia geral.* São Paulo: Nacional, 2003.

LEPSCH, Igo F. *Formação e conservação dos solos.* São Paulo: Oficina de Textos, 2002.

LOURES, Rodrigo C. da Rocha. *Sustentabilidade XXI.* São Paulo: Gente, 2009.

MANO, Eloísa Biasotto; PACHECO, Élen B. A. V.; BONELLI, Cláudia M. C. *Meio ambiente, poluição e reciclagem.* Rio de Janeiro: Edgard Blucher, 2005.

MILLER JR., G. Tyler. *Ciência ambiental.* São Paulo: Cengage Learning, 2007.

MONTEIRO, Carlos Augusto de Figueiredo; MENDONÇA, Francisco. *Clima urbano.* São Paulo: Contexto, 2003.

MORAES, Antonio Carlos Robert; COSTA, Wanderley Messias da. *A valorização do espaço*. 4. ed. São Paulo: Hucitec, 1999.

NARVAES, Patrícia. *Dicionário ilustrado de meio ambiente.* São Caetano do Sul: Yendis, 2011.

OLIVEIRA, Arovaldo U. *Geografia das lutas no campo*. 8. ed. São Paulo: Contexto, 1997.

PADILHA, Walquíria. *Shopping Center*: a catedral das mercadorias. São Paulo: Boitempo Editorial, 2006.

PRESS, Frank; SIEVER, Raymond; GROTZINGER, John; JORDAN, Thomas H. *Para entender a Terra*. Porto Alegre: Bookman/Artmed, 2008.

PASSINI, Elza; ALMEIDA, Rosângela D. de. *O espaço geográfico*: ensino e representação. São Paulo: Contexto, 1989.

PEARCE, Fred. *O aquecimento global.* São Paulo: PubliFolha, 2002.

PETTA, Nicolina Luiza de. *A fábrica e a cidade até 1930.* São Paulo: Atual, 1995.

PONTUSCHKA, Nídia Nacib; OLIVEIRA, Ariovaldo Umbelino de (Org.). *Geografia em perspectiva*. São Paulo: Contexto, 2002.

REBOUÇAS, Aldo. *Uso inteligente da água.* São Paulo: Escrituras, 2004.

REGO, Nelson; SUERTEGARAY, Dirce; HEIDRICH, Álvaro (Org.). *Geografia e educação*: geração de ambiências. Porto Alegre: Editora da UFRGS, 2001.

RICARDO, Carlos Alberto; RICARDO, Fany (Org.). *Povos Indígenas no Brasil – 2006/2010*. São Paulo: Instituto Socioambiental, 2001.

RIOUX, Jean-Pierre. *A Revolução Industrial (1780-1880).* São Paulo: Pioneira, 1975.

RODRIGUES, Adyr Balastreri (Org.). *Turismo e geografia.* 3. ed. São Paulo: Hucitec, 2001.

RODRIGUES, Arlete Moysés. *Moradia nas cidades brasileiras.* 7. ed. São Paulo: Contexto, 1997.

ROSS, Jurandyr L. S. *Geomorfologia*: ambiente e planejamento. São Paulo: Contexto, 1997.

SANTOS, Milton. *A natureza do espaço*. 4. ed. São Paulo: Hucitec, 2008.

SARIEGO, José Carlos. *Educação ambiental*. São Paulo: Scipione, 1994.

SCOTTO, Gabriela; CARVALHO, Isabel Cristina de Moura; GUIMARÃES, Leandro Belinaso. *Desenvolvimento sustentável.* Petrópolis: Vozes, 2007.

SIMONDS, Rosey. *Todos temos direitos*. São Paulo: Ática, 2000.

SIRKIS, Alfredo. *Ecologia urbana e poder local*. Rio de Janeiro: Fundação Movimento Ondazul, 1999.

SOBEL, Dava. *Longitude*. São Paulo: Companhia das Letras, 2008.

SPOSITO, Maria Encarnação B. *Capitalismo e urbanização*. São Paulo: Contexto, 1997.

TEIXEIRA, Wilson; TOLEDO, M. Cristina Motta de; FAIRCHILD, Thomas Rick; TAIOLI, Fabio (Org.). *Decifrando a Terra.* 2. ed. São Paulo: Nacional, 2009.

TOMMASI, Luiz Roberto. *Meio ambiente e oceano.* São Paulo: Senac, 2008.

TRIGUEIRO, André e outros. *Meio ambiente no século 21.* 4. ed. Campinas: Autores Associados, 2005.

VENTURI, Luis Antonio Bittar (Org.). *Praticando Geografia*: técnicas de campo e laboratório. São Paulo: Oficina de textos, 2005.

VIANA, Gilney; SILVA, Marina; DINIZ, Nilo (Org.) e outros. *O desafio da sustentabilidade*: um debate socioambiental no Brasil. São Paulo: Editora Fundação Perseu Abramo, 2001.

WICANDER, Reed; MONROE, James S. *Fundamentos de Geologia.* São Paulo: Cengage Learning, 2009.

Créditos das fotos

(da esquerda para a direita, de cima para baixo)

P.10 © Antonino Bartuccio/Grand Tour/Corbis/Latinstock; © Paul Thompson/Corbis/Latinstock.
P.11 Matteo Colombo/Getty Images; © Tim Thompson/Corbis/Latinstock.
P.12 Gerson Gerloff/Pulsar Imagens; João Prudente/Pulsar Imagens; Rogério Reis/Pulsar Imagens; Edu Lyra/Pulsar Imagens.
P.13 Palê Zuppani/Pulsar Imagens; João Prudente /Pulsar Imagens.
P.15 Ernesto Reghran /Pulsar Imagens; Rubens Chaves/Pulsar Imagens.
P.16 Mauricio Simonetti/Pulsar Imagens; Delfim Martins /Pulsar Imagens; Acervo dos Autores; Daniel J.Groshong/Bloomberg/Getty Images.
P.17 Ricardo Azoury /Pulsar Imagens; Gerson Gerloff/Pulsar Imagens.
P.18 Arquivo Público da Cidade de Belo Horizonte, MG; João Prudente /Pulsar Imagens.
P.19 Militão Augusto de Azevedo/AE; Marc Ferrez/Acervo Instituto Moreira Salles; Aurélio Becherini/AE; Hely Demutti / HNFotos.
P.20 Léo Guerreiro/NextFoto; Rubens Chaves /Pulsar Imagens; Palê Zuppani /Pulsar Imagens.
P.22 João Prudente /Pulsar Imagens; José Roberto Couto / Tyba.
P.23 João Prudente /Pulsar Imagens.
P.24 Rogério Reis /Pulsar Imagens.
P.25 Delfim Martins /Pulsar Imagens.
P.26 © Lo Mak /Redlink/Redlink/Corbis/Latinstock.
P.28 Foto atribuída a Aurélio Becherini.
P.29 Gary Cook, Inc/Visuals Unlimited/Corbis/Latinstock; Cristina Xavier/Finefoto; Central Press/Getty Images.
P.30 Rogerio Reis / Tyba.
P.32 Ismar Ingber /Pulsar Imagens; Ricardo Azoury /Pulsar Imagens.
P.33 Editora Lê; Editora Ática; Edições SM; Editora Atual; Editora Ática; Versátil Home Video.
P.38 NASA: NASA/JPL; SOHO/NASA.
P.40 SSPL/Getty Images; Universal History Archive/Getty Images; ©NASA/Handout/CNP/Corbis/Latinstock; JPL-Caltech/R. Hurt (SSC)/NASA.
P.42 NASA/Getty Images; GSFC/Arizona State University/NASA.
P.43 NASA Headquarters -Greatest Images of NASA (NASA-HQ-GRIN)/NASA.
P.44 JPL/NASA.
P.45 Rômulo Fialdini; Thinkstock/Getty Images.
P.46 Thinkstock/Getty Images.
P.47 NASA/NOAA/SPL/Latinstock.
P.50 Joaquín Salvador Lavado (Quino). *Toda Mafalda*. Livraria Martins Fontes Ltda.
P.56 Daniel Dillon / Alamy/Other Images.
P.58 SSPL/Getty Images.
P.59 Thinkstock/Getty Images; G. Evangelista / Opção Brasil Imagens.
P.61 Robert Harding Picture Library Ltd / Alamy/Glow Images.
P.65 Luciano Candisani.
P.66 Zig Koch / Opção Brasil Imagens; Base Aerofotogrametria.
P.68 Jan Vermeer. The Geographer, 1669/Bildarchiv Foto Marburg/The Bridgeman Art Library/Grupo Keystone
P.75 Thinkstock/Getty Images.
P.76 Ingram/Other Images; Paulo Manzi.
P. 78 ©2012 Digital Globe/2012 Google; ©2012 Digital Globe/2012 Google; ©2012 Digital Globe/2012 Google.
P.79 Panda Books; Editora Cortez; Editora Difel; Editora Peirópolis; Paramount Pictures.
P.80 Oscar Araripe.
P.86 J. L. Bulcão /Pulsar Imagens.
P.87 João Prudente/Pulsar Imagens.
P.92 Fabio Colombini; Fabio Colombini.
P.93 RF Company / Alamy/Other Images; FABIO MUZZI/AFP/Getty Images.
P.94 João Prudente/Pulsar Imagens.
P.95 Fabio Colombini.
P.96 Fabio Colombini; Mauricio Simonetti /Pulsar Imagens; Palê Zuppani /Pulsar Imagens.
P.97 Mauricio Simonetti /Pulsar Imagens.
P.98 Robert Harding Picture Library Ltd / Alamy/Other Images.
P.99 David Pearson / Alamy/Other Images
P.100 João Prudente /Pulsar Imagens.
P.101 Zig Koch / Natureza Brasileira; Ricardo Teles /Pulsar Imagens.
P.102 Michael Schmeling /Alamy/Other Images.
P.103 UPI Photo / eyevine.
P.105 © Dr. Marli Miller/Visuals Unlimited/Corbis/Latinstock; The Asahi Shimbun/Getty Images.
P.106 THONY BELIZAIRE/AFP/Getty Images.
P.108 Felipe Dana/AP Photo/Glow Images.
P.110 Mauricio Simonetti/Pulsar Imagens; Alex Uchôa / Opção Brasil Imagens.
P.111 André Seale /Pulsar Imagens; Frans lemmens / Alamy/Other Images; Ismar Ingber /Pulsar Imagens.
P.112 Cesar Mateos. Originais Colombo e Francisconi e Gaensly; Delfim Martins/Pulsar Imagens.
P.113 Editora Formato; PlayArte; PlayArte; Focus; PlayArte.
P.114 Fabio Colombini; Palê Zuppani /Pulsar Imagens; Márcio Cabral/Imagem Brasil; Marcello Lourenço / Tyba.
P.115 Michael Strugale; Luciano Andrade/AE.
P.116 Fabio Colombini; Rogerio Reis / Tyba; Ricardo Azoury/Pulsar Imagens.
P.118 CPTEC/INPE; ZERO.
P.122 Delfim Martins /Pulsar Imagens.
P.126 NASA.
P.130 Guilherme Lara Campos/Fotoarena/Folhapress; Gerson Gerloff /Pulsar Imagens; Juca Martins/Olhar Imagens.
P.131 TIZIANA FABI/AFP/Getty Images.
P.133 © Karl Amman/ZUMA Wire Service/Alamy/Glow Images.
P.134 Rubens Chaves /Pulsar Imagens.
P.135 Prisma Bildagentur AG / Alamy/Glow Images; Picture Partners / Alamy/Glow Images; Fabio Colombini; Picturebank / Alamy/Glow Images.
P.136 Imagestate Media Partners Limited - Impact Photos / Alamy/Glow Images; Rafael Ben-Ari / Alamy/Glow Images.
P.137 OnTheRoad / Alamy/Glow Images; Ivan Cruz/Ag. A Tarde/Folhapress.
P.140 Prisma Bildagentur AG /Alamy/Glow Images; © Sung-IL Kim/Sung-IlKim/Corbis/Latinstock; Peter Barritt / Alamy/Glow Images; Palê Zuppani /Pulsar Imagens; Tom Mackie / Alamy/Glow Images; João Prudente /Pulsar Imagens.
P.143 Ernesto Reghran /Pulsar Imagens.
P.144 Fabio Colombini.
P.145 Pavel Filatov / Alamy/Glow Images.
P.146 Artur Keunecke /Pulsar Imagens.
P.147 Ale Ruaro /Pulsar Imagens.
P.148 Larry Geddis / Alamy/Glow Images; Alessandro Viana / Tyba.
P.150 Ken Gillespie Photography /Alamy/Glow Images.
P.151 Editora Atual; Editora Atual; Instituto Socioambiental; Editora Atual.
P.153 Palê Zuppani /Pulsar Imagens; Delfim Martins /Pulsar Imagens.
P.154 Pierre Verger / Fundação Pierre Verger; Eduardo Knapp/Folhapress.
P.155 NOAA / Earth System Research Laboratory; Mauricio Simonetti /Pulsar Imagens.
P.156 © Wayne Eardley / Masterfile/Glow Images; Jupiter Unlimited/Other Images; BSIP / Keystock/Keystone; Kate Gadsby/Getty Images; Kate Gadsby/Getty Images
P.158 Dario Bajurin / Alamy/Glow Images.
P.159 João Prudente /Pulsar Imagens; Mauricio Simonetti /Pulsar Imagens.
P.161 João Prudente /Pulsar Imagens; Thomaz Vita Neto /Pulsar Imagens; Artur Keunecke /Pulsar Imagens; Revista Pequena Tiragem. Fortaleza, ano I, n. 3, maio de 1998. p. 14.
P.166 Olivier Parent / Alamy/Glow Images; Wilmar Photography / Alamy/Glow Images; Stephen Saks Photography / Alamy/Glow Images.
P.168 Derick E. Hingle/Bloomberg/Getty Images; Tiago Queiroz/AE.
P.169 Rex Features/Grupo Keystone.
P.170 Andrew Gorrier/Fairfax Media/Getty Images.
P.171 Guilherme Gaens/Instituto Moreira Salles; Luiza Sigulem/Folhapress.
P.172 Edson Sato /Pulsar Imagens; Delfim Martins /Pulsar Imagens; Ricardo Ribas / Tyba; Thomaz Vita Neto /Pulsar Imagens.
P.179 Editora Ideias & Letras; Editora Atual; Editora Atual; Edições Loyola; Editora Vozes.
P.180 Fabio Colombini.
P.181 Mauricio Simonetti /Pulsar Imagens.
P.182 J. L. Bulcão /Pulsar Imagens.
P.183 Palê Zuppani /Pulsar Imagens.
P.184 Picture Partners /Alamy/Glow Images; Ismar Ingber /Pulsar Imagens.
P.185 Palê Zuppani /Pulsar Imagens; Rogério Reis /Pulsar Imagens.
P.186 Fabrice Dimier/Bloomberg/Getty Images.
P. 187 LISSY DE ABREU/AFP.
P.189 Ale Ruaro /Pulsar Imagens.
P.191 Palê Zuppani/Pulsar Imagens.
P.193 Palê Zuppani /Pulsar Imagens.
P.196 Paulo Fridman /Pulsar Imagens.
P.197 Rafael Andrade/Folhapress; Alexandre Tokitaka /Pulsar Imagens; Guilherme Pupo/Folhapress; Eduardo Naddar/Agif/Folhapress.
P.199 Angeli.
P.200 Angeli; Frank & Ernest, Bob Thaves©2014Thaves/Dist. by Universal Viclick for UFS.
P. 201 Jorge Araújo/Folhapress; Ricardo Azoury/Pulsar Imagens.
P.202 Paulo Alvadia/Ag. O Dia/Futura Press.
P.204 Paulo Fridman /Pulsar Imagens; Zig Koch/Olhar Imagem.
P.205 Mauricio Simonetti /Pulsar Imagens; Delfim Martins/Tyba.
P.206 Angeli.
P.208 Ale Ruaro /Pulsar Imagens; Ernesto Reghran /Pulsar Imagens; nobleIMAGES / Alamy/Other Images.
P.209 Karine Basilio.
P.210 Ricardo Teles /Pulsar Imagens; João Prudente /Pulsar Imagens.
P.211 Fernando Bueno /Pulsar Imagens.
P.212 Zig Koch / Natureza Brasileira.
P.213 Rogério Reis /Pulsar Imagens.
P.215 Ricardo Teles/Pulsar Imagens; JOÃO MARCOS ROSA/Agência Nitro;
P.218 Litografia de Joseph Nash.
P.219 Fernando Bueno / Tyba.
P.220 Ricardo Azoury /Pulsar Imagens.
P.221 Delfim Martins /Pulsar Imagens; Alberto César Araújo/Estadão Conteúdo; Delfim Martins /Pulsar Imagens; Silva Junior / Folhapress; Rita Barreto; Image Source/Folhapress.
P.224 Paulo Fridman/SambaPhoto.
P.225 Kuttig - Travel - 2 /Alamy/Other Images; Jake Lyell / Alamy/Other Images; Neil Setchfield / Alamy/Glow Images.
P.227 Rogério Reis /Pulsar Imagens.
P.229 Delfim Martins /Pulsar Imagens; Science Photo Library/Latinstock.
P.230 Thinkstock/Getty Images.
P.231 dbimages / Alamy/Other Images.
P.232 Picture Partners /Alamy/Glow Images; Zé Zuppani/Pulsar Imagens.
P.233 Fabio Colombini.
P.234 Laerte.
P.235 Editora Moderna; Editora Ática; Editora Moderna; Editora Atual; Europa Filmes; Sérgio Rezende, Mauá, o imperador e o rei, 1999/Europa Filmes.
P.236 Vik Muniz. A cigana (Mayna), 2008/Licenciado por AUTVIS, Brasil, 2014; Ricardo Funari/Tyba
P.237 Vik Muniz. Mãe e filhos (Suellen), 2008/Licenciado por AUTVIS, Brasil, 2014; Vik Muniz. Morat (Sebastião), 2008/Licenciado por AUTVIS, Brasil, 2014.

Ilustrações e mapas

Alberto Llinares - p. 55, 57, 58, 64.
Alex Silva - p. 60.
Carlos Tadeu de Carvalho Gamba - p. 67 (mapa - Brasil vegetação), 133, 170, 174, 178.
Casa Paulista - p. 121, 124 (distribuição de raios solares), 127.
Céllus - p. 181.
Conceitograf / Fernando Monteiro - p. 76 (planta 2D/mapa), 109.
Estúdio Ampla Arena - p. 84, 175 (Bacia hidrográfica).
Estúdio B3 - p. 48, 66, 85, 88, 94, 110, 129, 157.
Ghristof Gunkel - p. 76 (planta 3D).
João Anselmo - p. 173, 198.
Ligia Duque - p. 36, 39, 41, 52, 82, 89 (recorte da terra), 119.
Luis Moura - p. 91, 102, 104, 112.
Marcelo Martins - p. 27
Marcos Aurélio - p. 122, 124 (paisagem).
Mario Yoshida - p. 31, 53, 65, 71, 72, 73, 74, 89 (globos terrestres), 90, 114, 139, 142, 152, 165, 175 (mapa Brasil), 216.
Patricia Lima - p. 34, 35.
Priscilla Camacho - p. 14, 203.
Rickardo de Krishna - p. 69 (globo terrestre).
Selma Caparroz - p. 49, 61, 62, 63, 69 (projeção de mercator), 70, 77, 89 (camadas da terra), 100, 104, 107, 120, 138, 143, 144, 147, 159, 162, 163, 167, 177, 188, 190, 207, 209, 212, 215, 223, 228, 230, 232.
Vagner C. Santos - p. 125.
Walter Caldeira - p. 42, 50, 59.